MARC NÖLKE

NEURO ATHLETIK

FÜR REITER

DAS NEURO-RIDER-TRAININGSPROGRAMM

MIT KOSMOS MEHR ENTDECKEN

Das Erfolgskonzept für mehr Gleichgewicht & Beweglichkeit

SEIT 1822

KOSMOS

☞ *Inhalt*

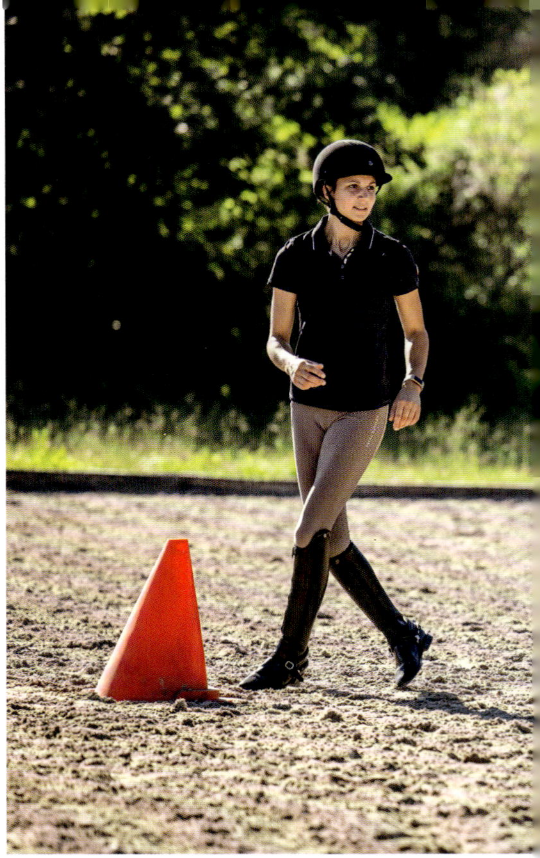

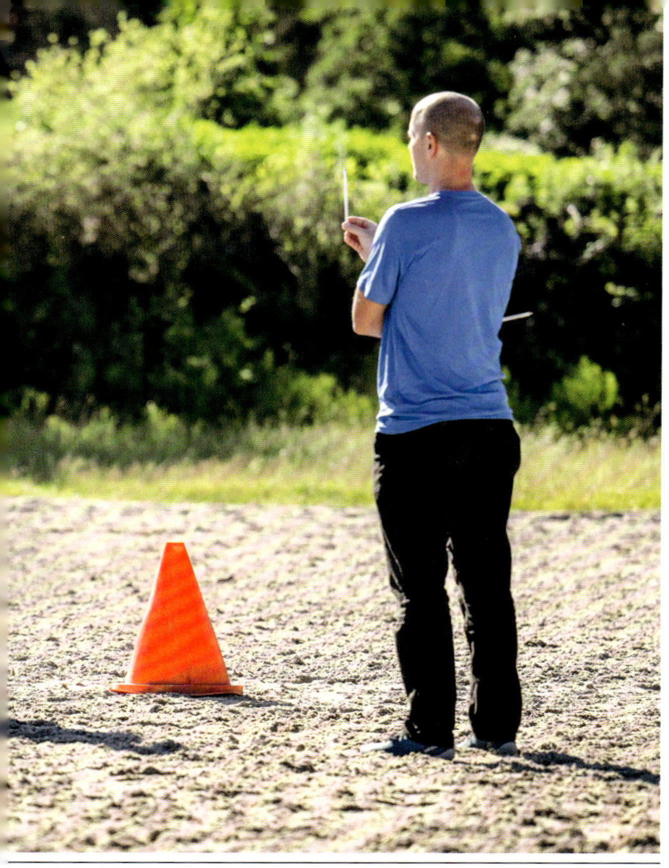

DAS KOSTENLOSE EXTRA: DIE KOSMOS-PLUS-APP FÜR DIGITALE ZUSATZ-INHALTE

Dieses Buch bietet Ihnen weitere Inhalte in Form von Filmen und Vorlagen.

Und so geht's:

1. Besuchen Sie den App Store oder Google Play.
2. Laden Sie die kostenlose App „KOSMOS PLUS" auf Ihr Mobilgerät.
3. Öffnen Sie die App und laden Sie die Inhalte für „Neuroathletik für Reiter" herunter. Geben sie hierfür das Codewort Neuro ein.

Mehr Informationen finden Sie unter plus.kosmos.de

„ICH SPIELE MIT GEHIRNEN"

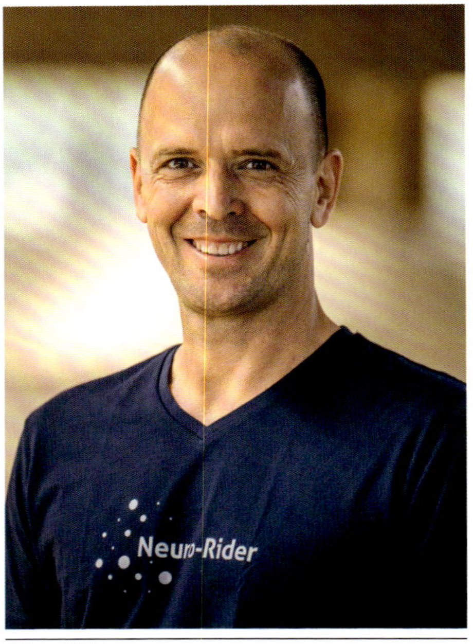

Marc Nölke

„Und was machst du so beruflich?" – diese blöde Party-Frage. Ich habe sie gehasst. Und meistens angefangen, unverständliches Zeug zu blubbern.

„Papa, was machst du denn im Reitstall?"
„Hilfst du den Skispringern, weiter zu springen?" „Wie nennt man denn deinen Beruf?"
Bei meinem Sohn wusste ich, dass er eine gute Antwort verdiente. Ich gab mir Mühe.
„Ich spiele mit Gehirnen. Ich teste, wo dein Gehirn schlapp ist und wo es zu viel arbeitet."
„Wo ist meins denn schlapp?"
„Deins ist nicht schlapp – es ist super!"
„Und wenn du was Schlappes findest, was dann?"
„Dann helfe ich den Menschen, eine Übung zu finden, damit der schlappe Teil wieder fit wird. Und dann bringe ich den Menschen so viel bei, bis sie irgendwann so viel wissen, dass sie mich nicht mehr brauchen."

» Alle Dinge entstehen im Geist, sind unseres mächtigen Geistes Schöpfung. «

Siddhartha Gautama, Dhammapada

WARUM ICH DIESES BUCH SCHREIBE

Leistungssport ist ungesund. Mich hat er fast getötet. Mit 18 Jahren stürzte ich schwer durch einen Materialfehler bei den Olympischen Spielen in Albertville. Während meine Teamkameraden im Theatre des Ceremonies die Eröffnung der Winterspiele feierten, lag ich im OP. Innere Verletzungen, Notoperation. Mein Lebenstraum war geplatzt – quasi zusammen mit meiner Milz. Nicht nur plötzlich fehlende Ziele, auch die Verletzungen schlugen zu wie ein Vorschlaghammer. Nur subtiler. Die 20 Zentimeter lange Narbe am Bauch heilte, nicht weiter schlimm. Die heftige Gehirnerschütterung wurde später ein Problem.
Konzentrationsprobleme, tanzende Buchstaben, Kopfschmerzen. Gesundgeschrieben von allen Ärzten, jedoch gefühlt völlig neben der Spur. Der Alltag – ein Chaos: Sogar Autofahren wurde gefährlich. Ich übersah beispielsweise einmal ein Warnschild und schepperte in ein Baustellenloch. Unruhe und Depressionen kamen hinzu und begleiteten mich in den folgenden 20 Jahren.
Ich hatte von den Mechanismen meiner Verletzungen und deren Spätwirkungen keinen Schimmer. Hätte ich damals gewusst, was ich heute weiß ... hätte, hätte ... Aber hadern ist sinnlos. Die Reise zurück zu meinem alten Ich hat lange gedauert. Neugier und Hartnäckigkeit haben mir geholfen. Ich durfte die Welt bereisen und von den besten Lehrern lernen. Den verpassten Olympiasieg habe ich inzwischen als Trainer erreicht. Alles zu seiner Zeit.
Jetzt ist es Zeit, dieses Buch zu schreiben. Alle Reiter sollen wissen, dass das Gehirn das Potenzial hat, zu heilen und dass auf dem Weg dahin Bewegungen besser werden. Bis ins hohe Alter. Deshalb schreibe ich dieses Buch.

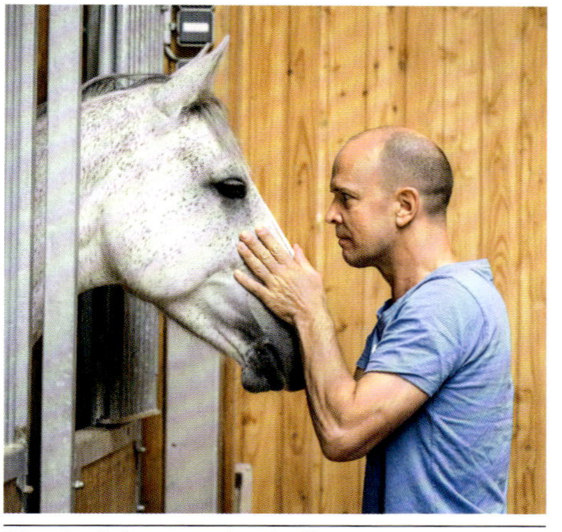

Von der Schanze in den Stall

Marc Nölke

In diesem Buch spreche ich überwiegend vom Reiter. Ich möchte damit den Lesefluss erleichtern, während ich die Themen anspreche, die für uns alle von Interesse sind, egal welches Geschlecht. Die verkürzte Sprachform beinhaltet keine Wertung.

WAS IST NEURO-RIDER-TRAINING?

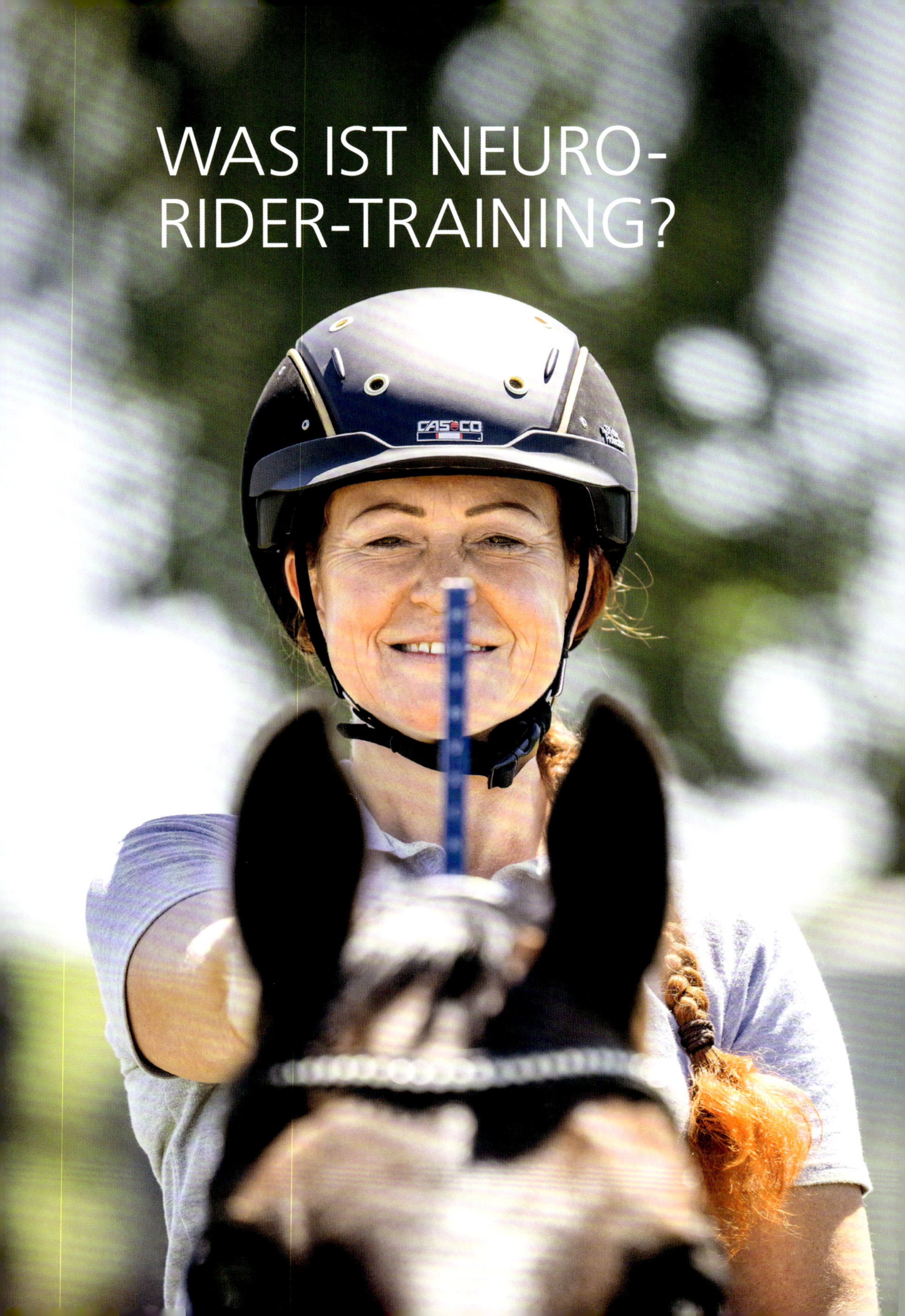

„TRAINIERE MAL WAS!"

Ich komme aus einer Reiterfamilie. Die Damen im Stall, ich im Kraftraum. Manchmal durfte ich auch aufs Pferd. Jedes Mal galoppierte ich sofort los – was haben die Frauen geschimpft. Egal.

REITEN IST KEIN SPORT?!

„Ihr macht keinen Sport. Eure Pferde machen Sport. Trainiert mal was!"
„Marc, du hast keine Ahnung! Und überhaupt – wann denn das noch? Wir haben keine Zeit!"
Die Damen wollten es nicht einsehen. Wer interessiert sich schon für die Provokationen eines 13-jährigen? Für mich war es glasklar: Sie könnten besser sein, wenn sie trainieren würden. Und: Das Reiten würde für sie auch sicherer sein. Dieser Gedanke kam mir allerdings erst viel später.
Als Skispringer wusste ich: Wenn du Faxen machst, nicht bereit und warm bist, nicht fit oder mit den Gedanken woanders bist, dann wirfst du dich schnell selbst von der Schanze. Und beim Reiten ist es nicht anders. Nur hier wirft dich das Pferd und nicht die Schanze.
Sowohl äußere Umstände als auch eigenes Verschulden oder eine Kombination aus beidem können zu Unfällen führen. Aber: Skispringer beherrschen ihren Körper perfekt. Auf Pferden reiten weltweit Menschen, denen grundlegende Basisfähigkeiten fehlen. Sie können ihren Körper präzise durch den Supermarkt bewegen – aber nicht durch Extremsituationen. Die Unfallgefahr steigt, weil diese Menschen weniger gut auf unerwartete Störungen reagieren können.
Ich sehe das Bild meiner Mutter im Krankenhaus: Der Oberarm völlig zertrümmert, von Drähten durchzogen und aufgehängt an Gewichten am Krankenhausbett. Das Gesicht blau und grün geschwollen. Hätte sie den Sturz vermeiden können …?
„Trainiere mal was …!" Zu spät. Es ist schade, wenn man etwas aufgeben muss, das man liebt. Es stirbt ein Stück Identität. Ich kenne das.

TÜCKISCHE GEHIRNERSCHÜTTERUNGEN

Bam! Die zwei Pfund Gelee in deinem Kopf schleudern wie ein Pudding in der Schüssel hin und her. Danach ist die Gehirnfunktion manchmal kurz gestört.
„Wie heißt du? Welcher Tag ist heute? Welches Jahr haben wir? Ist dir übel?"
Obwohl Symptome vorhanden sind, zeigen bildgebende diagnostische Verfahren wie Computer- oder Magnetresonanztomographie in der Regel keine Befunde. Das Tückische: Eine Kettenreaktion von Stoffwechselreaktionen und Entzündungen bringt das Gehirn in eine Energiekrise, die mehrere Wochen anhalten kann.
Die Folge: Das Gehirn verändert sich langsam. Ebenso tückisch: So langsam, dass der Patient die Symptome nicht mehr mit der Gehirnerschütterung in Verbindung bringt. Seltsame Dinge passieren – und du weißt nicht, warum (Pearce u. a. 2015; Giza und Hovda 2014; Simpson-Jones und Hunt 2019).

Immer müde. Der Puls ruckzuck durch die Decke, Angst, du brauchst eine Brille. Kopfschmerzen. Schwindel. Noch schlimmer: zwei oder drei Jahre später kommt die Parkinson-Diagnose. Nicht ungewöhnlich, der Zusammenhang ist bewiesen (Gardner u. a. 2018; Abu Talh u. a. 2017; Delic u. a. 2020). Reiter gehören zur Risikogruppe unter den Sportlern. Wie Rugbyspieler, Abfahrtsskiläufer, Motorrad- und Autorennfahrer. Aber weißt du, wie fit diese Sportler sind? Und wie hart sie trainieren? Deshalb erholen sie sich meist wieder recht gut. Reiter nicht. Reiter leiden lange. Und die meisten Reiter wissen nichts von möglichen Spätfolgen.

PRÄVENTION

In Deutschland gibt es 2,32 Millionen Reiter (Studie IPSOS Marktforschung, 2019). Davon sind 840 000 regelmäßig aktive Reiter und 1,48 Millionen Gelegenheitsreiter. Wie viele Gehirnerschütterungen sind das pro Jahr? Wie viele reiten mit Spätfolgen durchs Leben?

Prävention ist nicht sexy. Ist schon klar. Was wäre, wenn du durch das unfallverringernde Training auch noch besser wirst und mit mehr Spaß reiten könntest? Was wäre, wenn dein Pferd dafür Danke sagen würde, wenn es das könnte?

☞ GEHIRNERSCHÜTTERUNGEN BEI REITERN

Eine US-Studie befragte 115 Reiter: Alle Teilnehmer hatten schon einen Sturz sowie mehrere Symptome einer Kopfverletzung erlebt. 44 % gaben an, mindestens einmal eine Gehirnerschütterung erlitten zu haben. Sie berichteten von folgenden Symptomen (Kuhl u. a. 2014), alle Angaben in %:

Nackenschmerzen 63,8 %	Kopfschmerzen 56,4 %
Schwindel 43,6 %	Schlechtes Gleichgewicht 27,7 %
Konzentrationsschwäche 24,5 %	Bewusstseinsverlust 23,4 %
Müdigkeit 23,4 %	Gereiztheit 23,4 %
Gefühl der Verlangsamung 20,2 %	Taubheit/Kribbeln 19,1 %
Gefühl, geistig benebelt zu sein 17,0 %	Gedächtnisprobleme 17,0 %
Lichtempfindlichkeit 16,0 %	Übelkeit 16,0 %
Verschwommenes Sehen 14,9 %	Geräuschempfindlichkeit 13,8 %
Schläfrigkeit 12,8 %	Erbrechen 10.6 %
Klingeln in den Ohren 10,6 %	Amnesie 10,6 %
Traurigkeit/Depression 8,5 %	Schlafprobleme 8,5 %

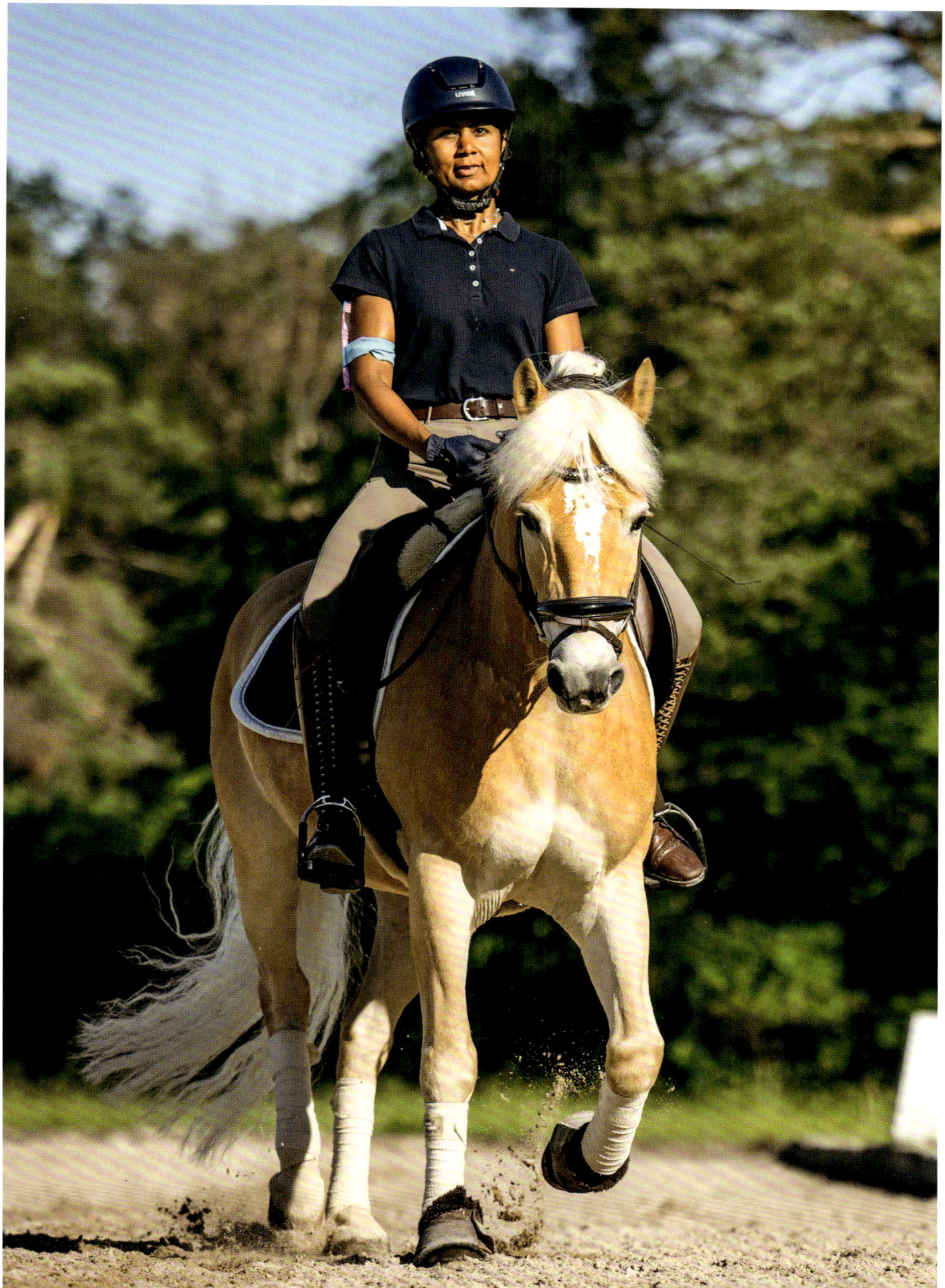

Eine vibrierende Einwegzahnbürste am Oberarm verbessert die Wahrnehmung des Arms, sodass die Reiterin ihn besser steuern kann.

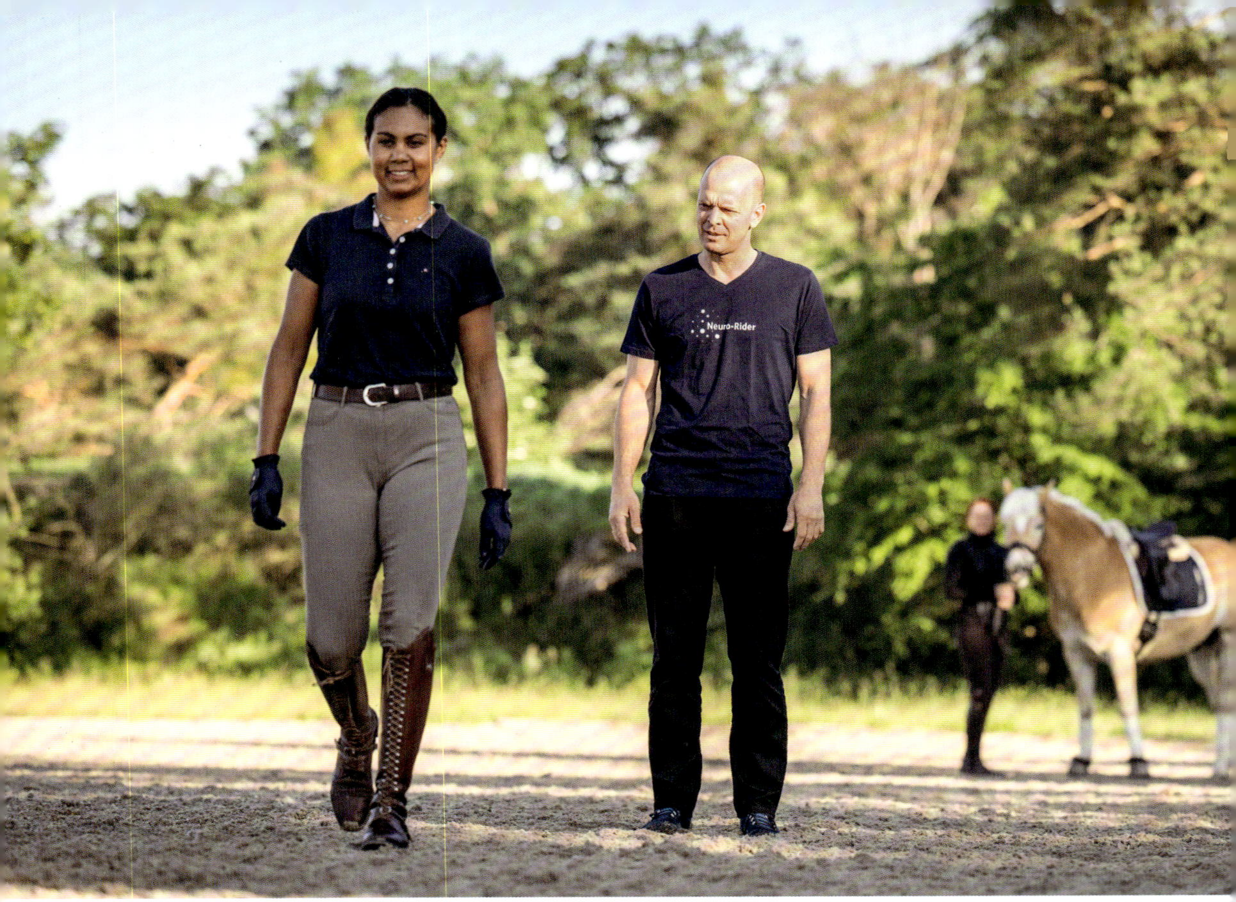

Die Ganganalyse ist ein unverzichtbarer Test, der dem Trainer viele Hinweise gibt.

WAS BEWIRKT NEURO-RIDER-TRAINING?

Du kannst mit Neuro-Rider-Training gezielt an bestimmten Themen arbeiten oder es allgemein zur Verbesserung deiner gesamten Leistungsfähigkeit einsetzen.

- Koordination und Feinabstimmung der Hilfengebung
- Körpersymmetrie
- Kopfhaltung
- Handhaltung
- Angst in bestimmten Situationen
- Unpassende/nicht hilfreiche Emotionalität
- Unangemessene emotionale Reaktionen
- Rhythmusschwierigkeiten
- Hüftschiefstand
- Schulterschiefe
- Fokus und Konzentration

KEIN „ONE SIZE FITS ALL"-TRAINING

Ich weiß, du willst einen Plan, um deine Probleme zu lösen. Alle wollen Pläne. Vorgefertigte Pläne lassen sich gut verkaufen. Und für manche Menschen funktionieren Pläne auch. Für einen großen Teil aber auch nicht. Für viele Menschen funktioniert selbst der beste, nach den aktuellsten wissenschaftlichen Kenntnissen und mit reichlich Erfahrung von Experten gespickte Trainingsplan nicht. Nada. Niente. Wie kann das sein?
Du denkst: Tja, nicht richtig durchgezogen. Willenskraft gefehlt. Nicht konsequent. Stimmt. Aber ganz so einfach ist es auch nicht. Unsere Gehirne und Körper ähneln sich, sind im Detail aber genauso individuell wie unsere Fingerabdrücke. Denn wir haben

alle unterschiedliche Leben gelebt, haben unterschiedliche oder gar keine Trainingserfahrungen gemacht, ernähren uns unterschiedlich, haben unterschiedliche Hormonspiegel und verschiedene Verletzungen erlitten, Unfälle erlebt, Krankheiten besiegt. All das hat unser Nervensystem geprägt. Führt man sich das vor Augen, so sollte klar werden, dass ein und derselbe Trainingsplan oder ein und dieselbe Übung natürlich nicht für alle Menschen gleich gut funktionieren kann.

Du bekommst keinen Plan hier. Sorry. Du bekommst auch keine „magic pill“, die den Job wie von selbst für dich macht. Das passiert zwar bemerkenswert oft, aber ob, wann und wie schnell das geht, ist unmöglich zu sagen, weil es viel zu viele Einflussfaktoren gibt.

Mein Freund Zachariah Salazar hat Kampfsport, Gitarre, Philosophie, Physiologie und Training gelehrt. 40 Jahre lang. Er sagt: *„Die Leute akzeptieren, dass man zehn Jahre braucht, um gut Gitarre spielen zu lernen. Sie akzeptieren, dass es zehn Jahre dauert, um sich einen schwarzen Gürtel in Karate zu verdienen. Sie schnallen, dass man Philosophie nicht in einem Jahr erfassen kann. Wenn es um Fitness und Gesundheit geht, fallen sie auf Pillen und 6-Wochen-Programme rein. Gesundheit und Fitness muss man sich verdienen, so wie man sich einen schwarzen Gürtel in Karate verdient.“*

Sieh dieses Buch bitte als einen Startpunkt. Es ist nicht der schwarze Gürtel. Es ist nicht das 6-Wochen-Programm. Du wirst lernen, bessere Entscheidungen für deine Gesundheit, dein Training und deine Fitness zu treffen.

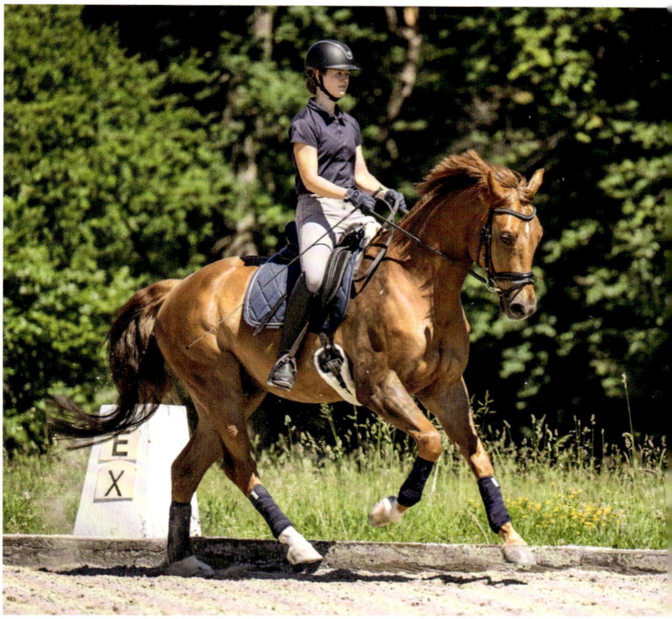

Auch wenn die Fehler von Reitern ähnlich sind …

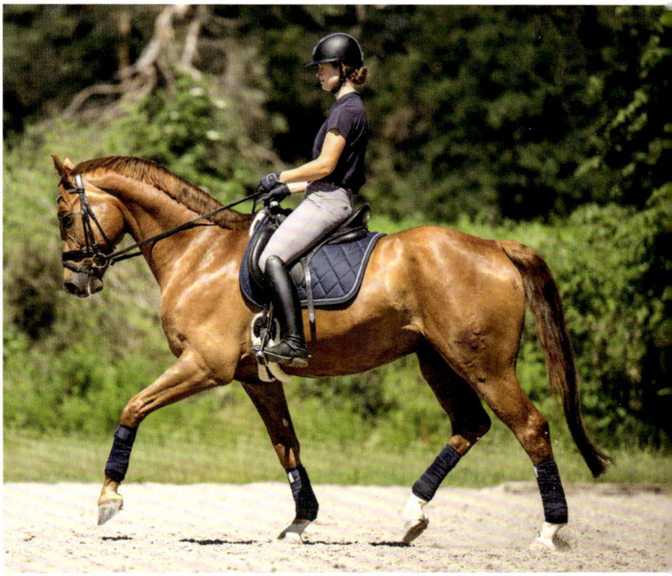

… die Problemlösungswege sind es meist nicht.

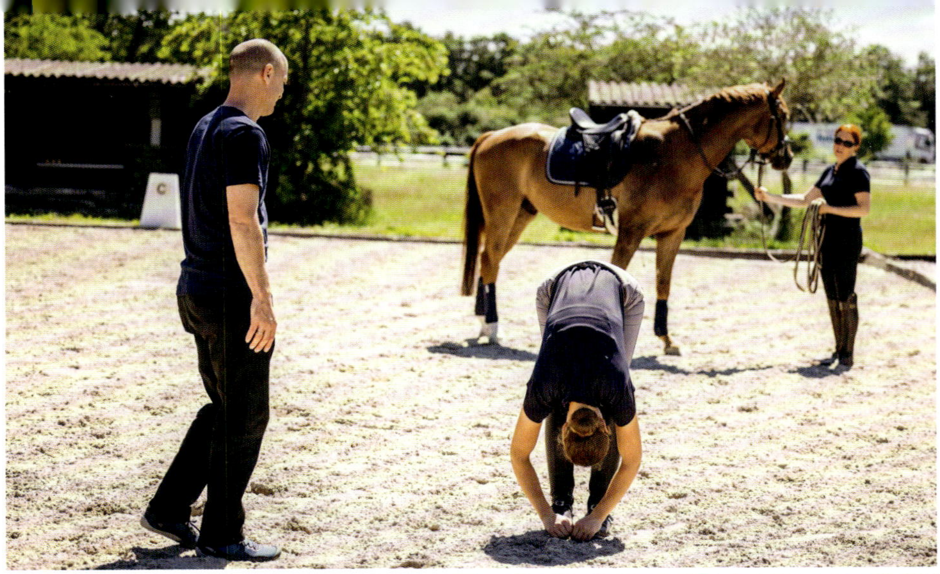

Beweglichkeits-Test: Die Vorbeuge

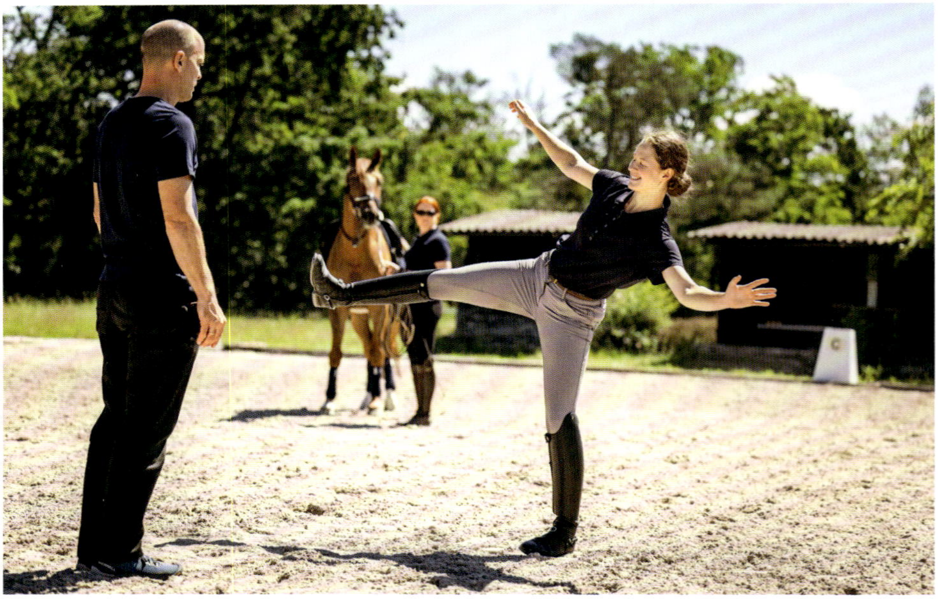

Balance-Test: Der einbeinige Stand – nach drei Sekunden war dieser Test vorbei.

Ich gebe eine Auswahl an Übungen, sogenannte Drills vor. Welche Übungen für dich die richtigen sind, darfst du selbst herausfinden, in dem du sie austestest. Wie das geht, beschreibe ich dir im Kapitel 2 *„Das Herzstück – Testen und Re-Testen"* ab Seite 49. Testen und Re-Testen sind ein wichtiger Teil des Trainingsprozesses. Bitte gehe mit einer experimentierfreudigen Haltung heran und betrachte es wie ein Spiel.

Alles, was du bisher getan hast, ob Joggen, Stretching, Yoga, Tai-Chi, Tango, Hip-Hop-Dance, Functional-fit, Crossfit, Handball, Fussball, vom Balimo bis zum Franklin-Ball, wirken in bestimmter Weise auf das Nervensystem. Aber ich denke, dass es von großer Wichtigkeit ist, zu verstehen, wie genau deine Werkzeuge auf dein Nervensystem einwirken, warum sie vielleicht hilfreich oder nicht hilfreich sind.

ZIELSETZUNG

Mein Ziel ist, dass du am Ende dieses Buches folgende Dinge gelernt hast:

— Du sollst wissen, welche verschiedenen Reize es überhaupt gibt und wie sie sich unterscheiden.

— Du sollst eine Idee davon bekommen und spüren, wie die wichtigsten bewegungssteuernden Systeme funktionieren, zusammenarbeiten und sich gegenseitig beeinflussen.

— Du lernst, deine eigenen kritischen Probleme und Schwachstellen zu erkennen.

— Du lernst, welche Reize für dich die richtigen sind und kannst selbst entscheiden, wie und womit du dein individuelles Training startest und wie du es inhaltlich gestaltest.

— Du lernst, wie du deine eigenen Probleme lösen kannst.

Neuro-Rider	Klassisches Training
Lehrt Prinzipien	Lehrt Disziplin
Nach Regeln oder freies Spiel	Meist vorgegebene Abläufe mit linearer Struktur, starre Schemata
Testen und Ausprobieren	Planmäßiges Festlegen von Inhalten vor dem Trainingsprozeß
Spaß	Konsequenz
Liefert automatisch ständiges Feedback	Kein Feedback, nur Trainingskontrollen
Permanentes Feedback und permanentes Anpassen	Feedback und Anpassung nur bei gelegentlichen Leistungskontrollen
Variables Verhalten wird gefördert	Planmäßiges Verhalten wird gefordert

KDS-EFFEKTE

Ich habe schon viele Reiterinnen und Reiter weinen sehen. Magic Moments: Wenn Kommunikation zwischen Mensch und Pferd reibungslos und entspannt funktioniert, macht das Spaß! Aber neben den direkten Effekten beim Reiten können auch ganz andere Wirkungen durch das Neuro-Rider-Training auftreten. Ich nenne sie die „KDS-Effekte". Weil meine Klienten und Absolventen von Seminaren immer wieder „Kann das sein"-Fragen stellen, zum Beispiel:

— „Ich habe zum ersten Mal wieder eine Nacht durchgeschlafen – kann das sein, dass das auch vom Training kommt?"

— „Ich sehe beim Autofahren am Abend besser, ..."

— „Ich bin irgendwie viel konzentrierter bei der Arbeit, ..."

— „Ich habe seit sechs Wochen keine Migräne mehr, ..."

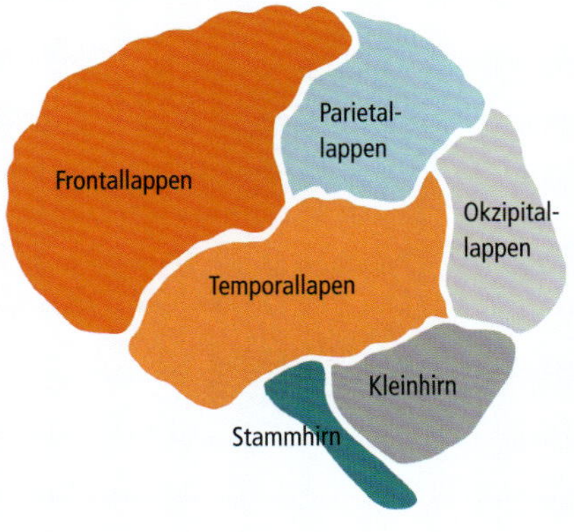

Von außen sichtbare Gehirnbereiche: Die Trennung ist nicht real, alle Bereiche arbeiten zusammen.

— „Ich nehme ab, obwohl ich so viel esse wie immer, ..."
— „Meine Psoriasis ist deutlich weniger geworden, ..."
— „Ich bin viel entspannter mit meinem Pferd geworden, ..."
— „Mein Pferd hat keine XYZ-Probleme mehr gehabt, seitdem ich angefangen habe, ..."
— Ich habe das Gefühl, dass ich viel klarer denken kann, ...
— Ich habe gar keine emotionalen Ausbrüche mehr, ...
— ... und viele mehr.

Hey, die Antwort ist „JA!" Gib deinem Gehirn einen Input, nach dem es sich sehnt – und es ist happy. Wenn es happy ist, dann fluppt alles besser. Erwarte also ruhig ein paar KDS-Effekte und halte Ausschau nach ihnen. Denn wenn du die neuronalen Grundvoraussetzungen für Bewegung entwickelst, dann geht alles leichter im Leben.

UNSER GEHIRN MACHT IMMER DREI DINGE

Die Gehirn-Darstellung ist natürlich sehr vereinfacht, aber im Grunde richtig und nützlich, um das Training zu verstehen und um die Übungen im Buch richtig einzusetzen.

1. DAS GEHIRN EMPFÄNGT INPUT ÜBER DEN KÖRPER UND DIE UMGEGUNG

Diese Inputs kommen von Rezeptoren, also kleinen Messfühlern. Diese Rezeptoren befinden sich in den Schichten der Haut, in unseren Muskeln, Sehnen und Bändern, sogar in den Knochen. Diese Art von Rezeptoren liefern unserem Gehirn Informationen über die Bewegung der Gliedmaßen und ihre Lage zueinander. Wir haben auch Rezeptoren für chemische Veränderungen im Körper und für Temperaturveränderungen. Beispielsweise verändern wir durch unsere Atmung den ph-Wert unseres Blutes, und diese ph-Wert-Veränderungen steuern wiederum das Atmungssystem. Auf der Netzhaut unserer Augen haben wir Photorezeptoren, die lichtsensibel sind und Input für das visuelle System geben. Und im Innenohr wohnen die Fühler für Schallwellen und die hoffentlich hochsensiblen Sensoren für Beschleunigung und Schwerkraft – die Taktgeber des vestibulären Systems.

2. DAS GEHIRN VERARBEITET UND INTERPRETIERT INPUTS UND ENTSCHEIDET

Wie der Chef einer großen Firma, der permanent die Berichte aus den verschiedenen Standorten und Abteilungen seines Unternehmens auf Vollständigkeit überprüft und auswertet, genauso beschließt das Gehirn anhand der Datenlage und der Datenverarbeitung, was als nächstes getan wird. Das passiert alles „unter dem Radar" deiner bewussten Wahrnehmung.

3. DAS GEHIRN PRODUZIERT EINEN OUTPUT

Ein Output kann vieles sein: Eine absichtliche oder unabsichtliche Bewegung in einer bestimmten Qualität, Symmetrie oder Asymmetrie, eine hängende Schulter, ein Wackelkopf beim Reiten, eine schnelle oder langsame, eine kraftvolle oder gehemmte, verkrampfte Bewegung. Ein emotionaler Ausbruch.

Ein Output kann aber auch sein, dass uns etwas weh tut – Schmerzen sind ein Output unseres Gehirns. Auch unsere Verdauung ist ein Output unseres Gehirns. Oder unser Blutdruck. Oder die Ausschüttung von Hormonen und die Funktionen des Immunsystems.

WIE DU REITEST …

Diese drei Dinge – Input emfangen, Input verarbeiten und interpretieren, Output produzieren – passieren permanent. Sie sind ein sich selbst neu erschaffender Kreislauf. Neue Bewegungen erzeugen neue Inputs, die wiederum empfangen und interpretiert werden, darauf basierend entscheidet das Gehirn wieder, was zu tun ist und produziert wieder einen neuen Output, der wiederum neue Inputs erzeugt und so weiter. WIE du reitest, ist der Output deines Gehirns.
Nun denke mal an dein Reiten. Meist ist es so, dass wir Bewegungen, die wir verbessern möchten, wieder und wieder mit bewusster Anstrengung und bewusster Kontrolle

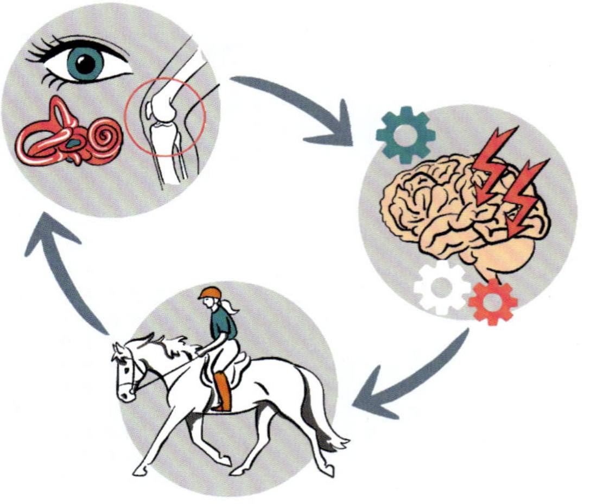

Unser Gehirn macht immer drei Dinge.

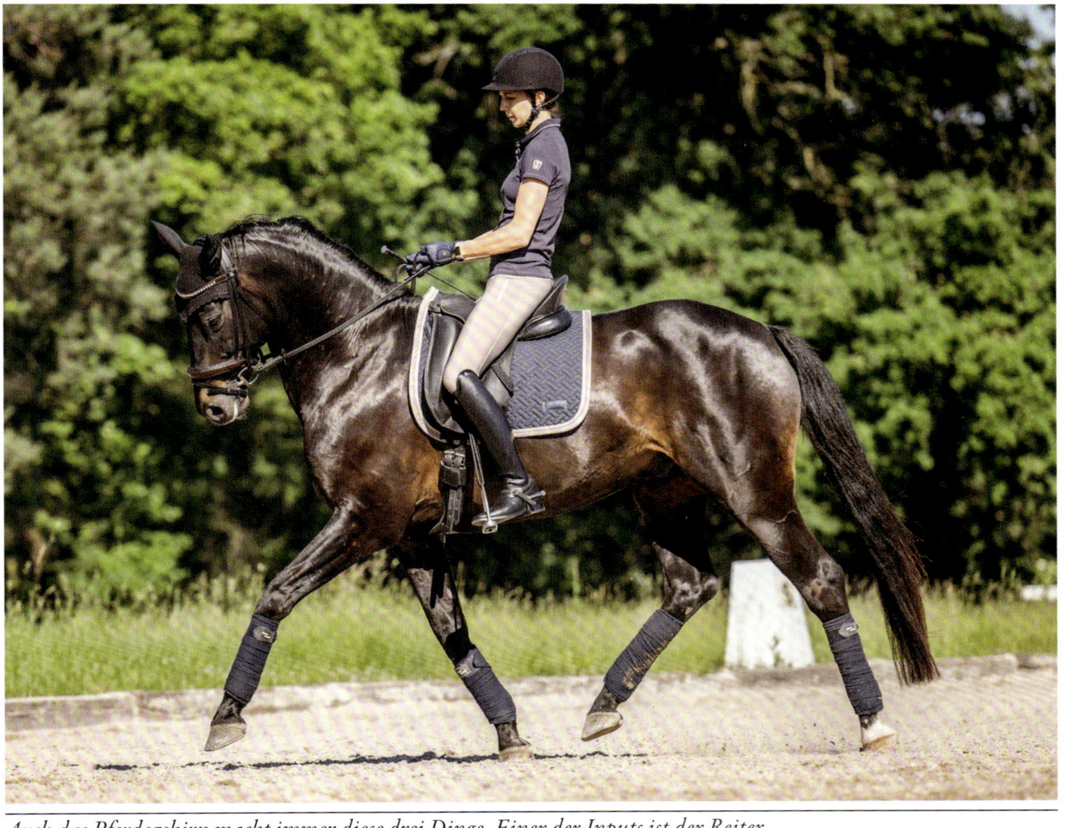

Auch das Pferdegehirn macht immer diese drei Dinge. Einer der Inputs ist der Reiter.

FRAGE DICH

Welche veränderten oder zusätzlichen, besseren Inputs kann ich meinem Gehirn geben, damit es happy ist und einen besseren Output produziert? Das ist eigentlich völlig easy und logisch, oder? Trotzdem sind bisher noch nicht viele Menschen darauf gekommen, die Inputs zu verändern und anzupassen. Dabei ist es ganz einfach. Später zeige ich dir eine Vielzahl von Inputs für die vier wichtigsten Systeme und auch den Weg, wie du hilfreiche Inputs, die deinen Output verbessern, identifizieren kannst: mit der Test/Re-Test-Methode. Vorher aber noch ein paar wichtige Dinge, die du wissen solltest, damit du die Spielregeln und Besonderheiten alle kennenlernst und verstehst.

üben. Wir versuchen also, den Output zu verbessern, indem wir den Output trainieren. Aber ist das sinnvoll? Manchmal, aber wenn sich keine nachhaltigen Verbesserungen erzielen lassen, sollten wir die Strategie des „mehr vom Gleichen“ ändern und statt dessen überlegen, ob es nicht sinnvoll wäre, die Inputs zu verändern?

ÜBERLEBEN ODER OXER?

Hier kommt der wichtigste Job, den unser Gehirn zu erfüllen hat: Überleben. Es gibt nichts, was unserem Gehirn wichtiger ist, als unser Überleben zu sichern! Nett, oder? Das heißt aber auch: Überleben ist unserem Gehirn wichtiger, als über einen Oxer zu springen oder besonders elegant zu reiten. Oder einen Doppelsalto vom Reck zu machen. Neuronale Spielereien, aber nicht wirklich systemrelevant.
Wir haben einen Haufen Überlebensreflexe, aber keinen Reflex, der uns eine Piaffe reiten lässt. So wichtig ist unserem Gehirn eine Piaffe: Zero. Vielleicht wichtig für dein Ego – den Frontallappen, den Bereich des bewussten Denkens. Für den Rest: Spielereien.

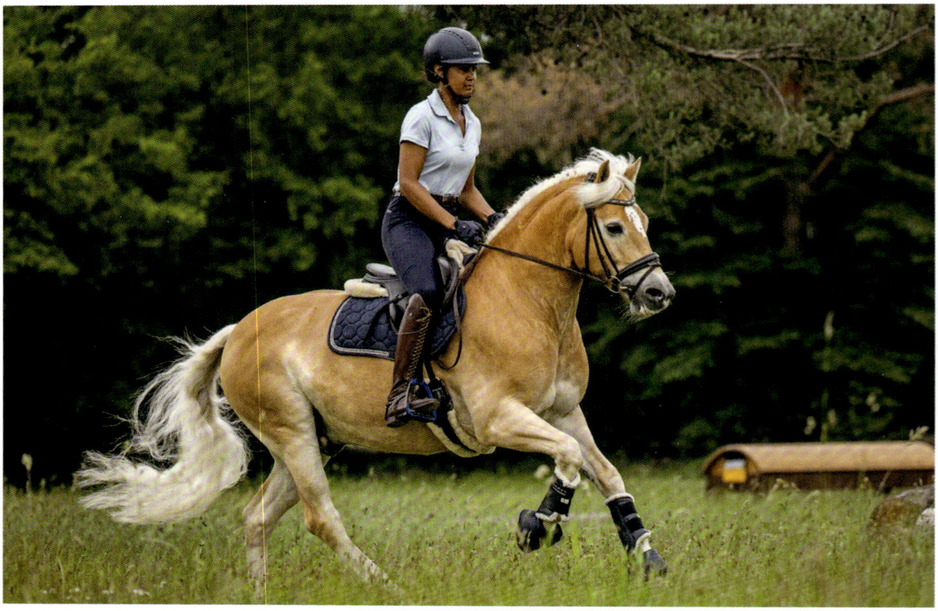

Über ein Hindernis zu springen ist für unser Gehirn kein überlebenssicherndes Verhalten.

Wir haben nur Reflexe, die unser Überleben sichern.
Jetzt kommt der Punkt: *Unser Gehirn lässt uns alle Bewegungen nur dann ohne Probleme und mit voller Kraft ausführen, wenn es der Meinung ist, dass diese Bewegung tatsächlich sicher ist. Und ob diese Tätigkeit sicher ist, hängt – für unser Gehirn – von der Qualität und der Interpretation der Inputs ab. Und von der Vorhersage, die es daraus modelliert.* Unser Gehirn macht also permanent Vorhersagen über die unmittelbare Zukunft. Um Sicherheit und Überleben zu gewährleisten, reicht es nicht aus, rein deskriptiv, also die momentane Situation beschreibend, zu arbeiten: Ergibt Sinn, oder? Wenn du den Aufprall deines Kopfes nach dem Fall vom Pferd spürst und dein Gehirn dich dann erst vor der Gefahr warnt, ist es definitiv zu spät. Jetzt kommt der nächste wichtige Punkt: Je besser die Signale sind, die dein Gehirn von allen Rezeptoren bekommt, desto leichter tut es sich mit der Verarbeitung und mit einer guten Vorhersage.

WIR BRAUCHEN GUTE SIGNALE AUS
- dem propriozeptiven System
- dem visuellen System
- dem vestibulären System
- dem Atmungssystem

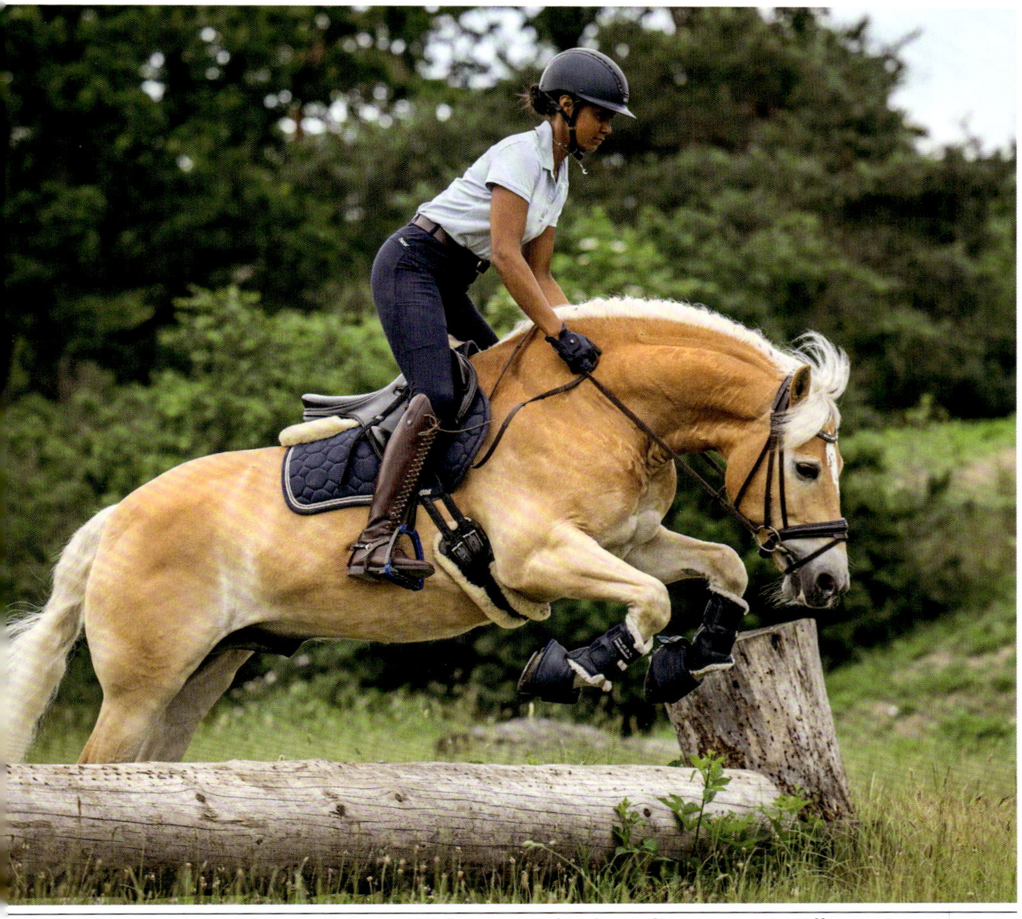

Nur wenn unser Gehirn eine sichere Vorhersage machen kann, lässt es uns mit Vollgas springen.

SICHER ODER NICHT SICHER?

Das Gehirn nimmt dieses riesige Datenset und vergleicht es mit den gespeicherten Informationen vorheriger Erfahrungen. Dann entscheidet es, ob du SICHER oder NICHT SICHER bist. Wenn dein Gehirn die kommende Situation als SICHER einschätzt, dann wird es deine Muskulatur lockern, deinen Atemrhytmus reduzieren, deinen Herzschlag konstant halten und deine Gelenke können sich in voller Bewegungsweite bewegen.
Wenn es aber die kommende Situation als UNSICHER einschätzt, dann wird es die Spannung der Muskulatur, die Atemfrequenz, die Pulsfrequenz erhöhen, ebenso ist es möglich, dass du Schmerzen empfindest oder Atemnot, viele Menschen bekommen

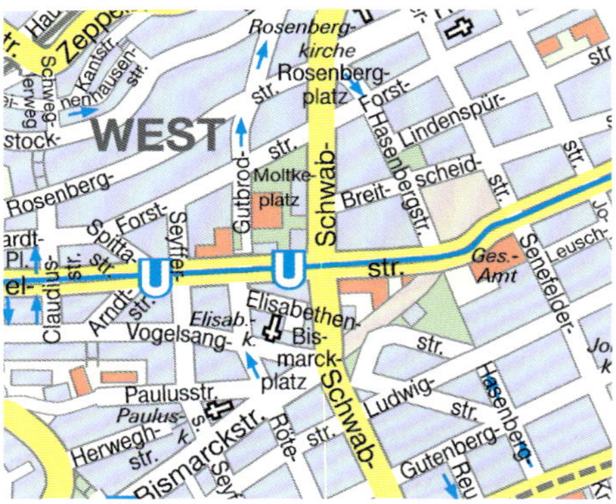

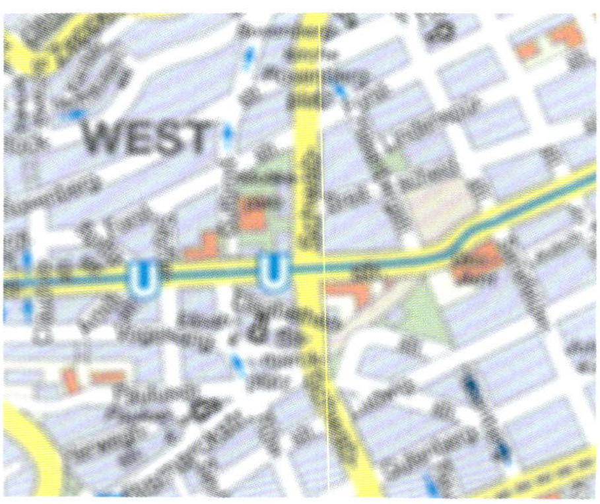

Mit welcher Karte möchtest du unterwegs sein?

Rückenschmerzen. Außerdem kann dein mentaler Zustand sofort vom Gehirn beeinflusst werden: Du bekommst Angst. Und wenn dauerhaft NICHT SICHERE Zustände detektiert werden, dann können sogar Depressionen entstehen. Das alles dient dazu, die Bedrohungssituationen zu vermeiden und mehr Sicherheit zu erreichen.

WAHRNEHMUNG VON SICHERHEIT!

Wir müssen Reize finden, die die Wahrnehmung von Sicherheit erhöhen. Was das praktisch heißt, möchte ich an einem Beispiel verdeutlichen: Stell dir vor, du hattest einen Bänderriss im Fußgelenk. Das Gelenk war lange ruhiggestellt. Dein Gehirn hat von den Bewegungsmeldungsrezeptoren im Fußgelenk kaum noch Signale bekommen. Die Neuronen, die die Informationen vom Fußgelenk ins Gehirn übertragen, waren wochenlang im Dornröschenschlaf. Wenn Neuronen nicht mehr feuern, werden ihre Verbindungen schwächer. Die „Landkarte" deines Fußgelenks im Gehirn war vor der Verletzung präzise (Bild links oben), aber jetzt, nach wochenlanger, fehlender Aktivierung, sieht die Landkarte so aus, wie im Bild links unten.
Das bedeutet: Dein Gehirn weiß jetzt nicht ganz genau, in welcher Position sich dein Fuß gerade befindet. Und demzufolge kann es auch keinen gute Vorhersage entwickeln, wie der Fuß belastet werden kann. Ist das eine gute Ausgangslage für dein Gehirn, um „Überleben" zu sichern? Nope! Das Gehirn denkt sich: „Keine Ahnung, was der Fuß gerade macht, ich kann für nix garantieren." Der Oxersprung bedeutet in diesem Zusammenhang NICHT SICHER – es wird keine volle Kraft zur Verfügung gestellt. Und das gilt natürlich nicht nur für einen Oxer-Sprung, das gilt für alle Bewegungen. Und wenn du dich dann trotzdem entscheidest,

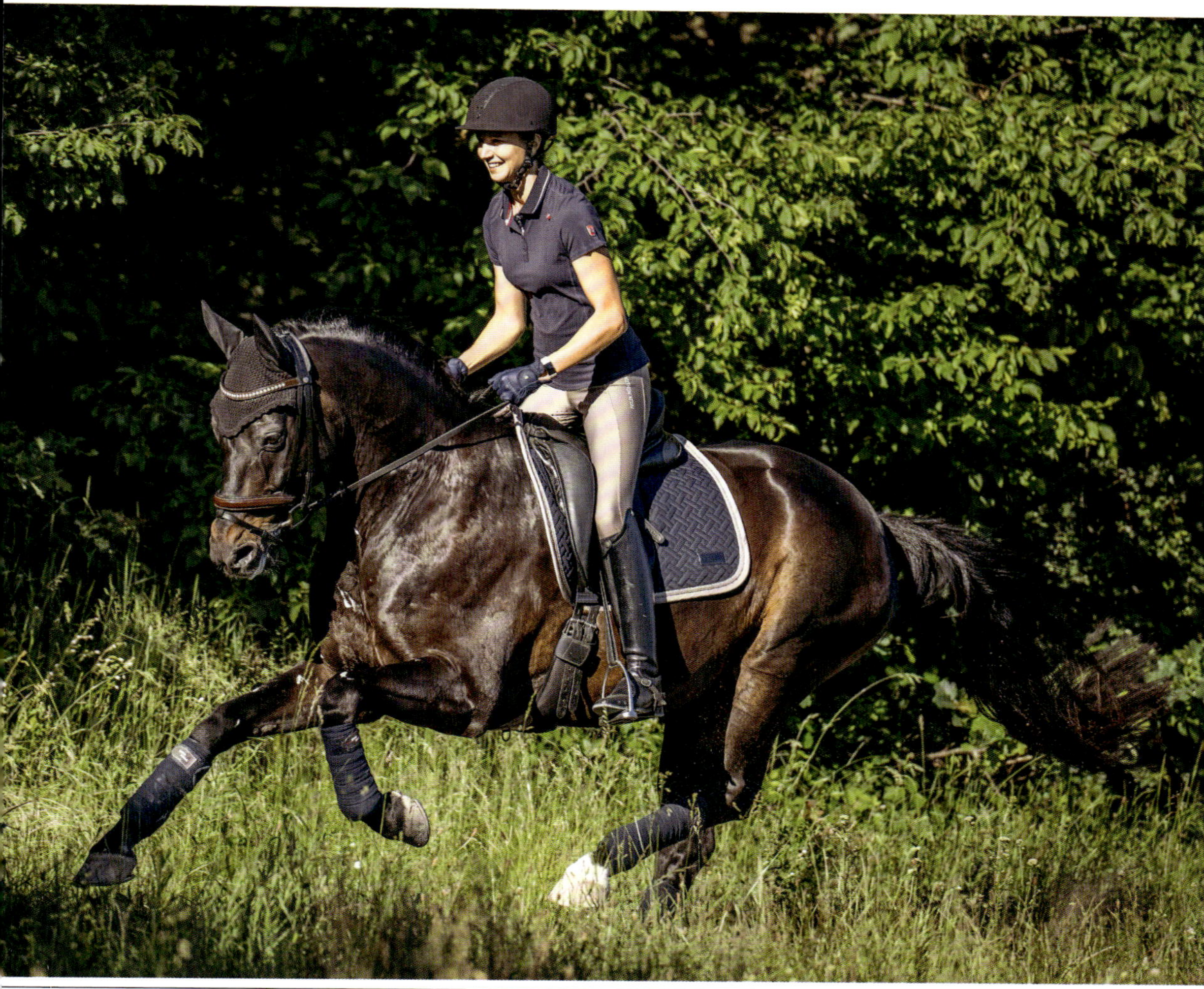

Vollgas im Gelände mit einem Lächeln.

den Oxer zu springen, dann hat dein eigensinniges Frontalhirn einen Egotrip. Das *kann* möglicherweise klappen, dann aber auch nur, weil Menschen unglaublich gut im Kompensieren sind. Zu erwarten wäre, dass das Gehirn zu seiner ultimativen Notbremse greift: Es produziert Schmerz. Du solltest ihm das nicht übel nehmen, es will dich beschützen. Dein Gehirn produziert Schmerzen, wenn es der Meinung ist, dass zu viele bedrohende Signale und zu wenige Sicherheit versprechend Signale vorhanden sind (G. Lorimer Moseley 2017).

INPUT- UND OUTPUT-PRINZIPIEN

- Die wichtigste Aufgabe unseres Gehirns ist es, für Sicherheit zu sorgen. Sicherheit geht immer vor Leistung!
- Das Gehirn macht dauernd Prognosen über das, was als Nächstes passiert. Für gute Prognosen sind ausreichende und genaue Inputs notwendig.
- Bessere Inputs führen zu besseren Prognosen, bessere Prognosefähigkeit führt zu besseren Outputs.

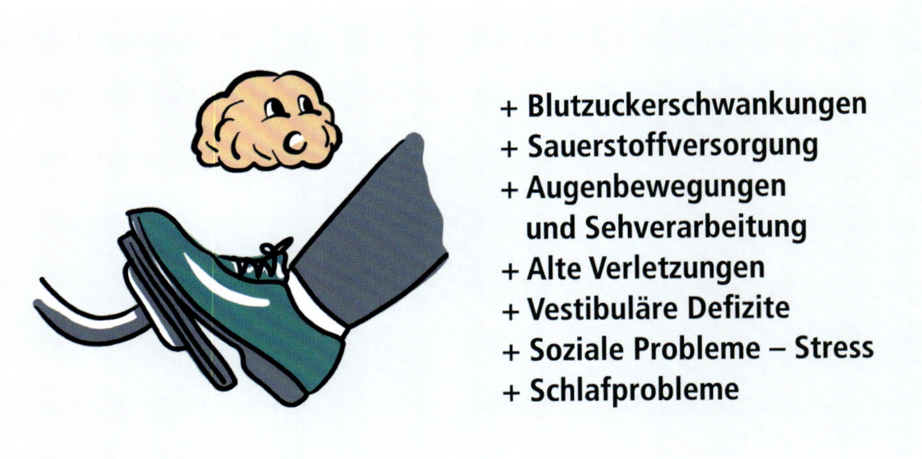

„Bremskraftverstärker" – identifizieren und entfernen

BREMSEN LÖSEN

Wenn wir also ganz allgemein unsere Leistung verbessern wollen, Bewegungen verbessern oder auch Schmerz verringern wollen, dann müssen wir die Wahrnehmung von Sicherheit erhöhen und die Wahrnehmung von Gefahr verringern. Zuerst müssen wir die Bremsen finden und lösen.
Wie finden wir diese blockierenden Hemmnisse? Welche Inputs müssen wir verändern? Es gibt dafür keine Standardlösung oder auch keinen Trainingsplan. Diese Frage musst du individuell beantworten. Ich helfe dir gerne dabei: Zuerst schauen wir nach offensichtlichem Potenzial für die „Threats" oder „Bremsen".

HÄUFIGE BREMSKRAFT-VERSTÄRKER

TREIBSTOFFPROBLEM BLUTZUCKER

Ein Blutzuckerspiegel wie eine Achterbahn ist nichts, was das Gehirn supercool findet. Ob zu hoch oder zu niedrig, beides macht Bewegungen schlechter und kann sie sogar gefährlicher machen (Serra u. a. 2009; Khan, Barlow, und Weinstock 2011). Wenn der Tank leer ist, bekommt unser Gehirn schneller Panik.

TREIBSTOFFPROBLEM SAUERSTOFF

Neben Glukose ist Sauerstoff der wichtigste Treibstoff für unser Gehirn. Verletzungen wie Rippenbrüche oder -prellungen sowie Erkrankungen wie Asthma oder COPD oder auch ungünstige Gewohnheiten geprägt durch Stress können die Versorgung des Gehirns mit Sauerstoff sehr stark beeinträchtigen. In diesem Fall sind neuroplastische Veränderungen – sprich langfristiges Lernen – nur sehr schwer möglich. Betroffen davon sind gut 2/3 meiner Klienten, olympische Athleten nicht ausgenommen.

DEFIZITPROBLEME AUGENBEWEGUNGEN UND SEHVERARBEITUNG

Für unser Gehirn ist es wichtig, schnell von beiden Augen ein scharfes Bild von der Umgebung zu bekommen, in der wir uns bewegen. Verlangsamte oder ungenaue Augenbewegungen verlangsamen die Wahrnehmung unserer Umwelt. Die Interpretation visueller Daten wird kalorisch aufwendiger, also anstrengender, wenn sich die Bilder vom rechten und linken Auge zu stark unterscheiden. Wenn unsere Augen und unsere Sehverarbeitung nicht auf Zack sind, drückt unser Gehirn auf die Bremse. Wenn dein Scheibenwischer bei Regen nicht geht, würdest du das auch machen, oder? Hattest du schon mal eine oder gar mehrere Gehirnerschütterungen? Reagierst du empfindlich auf helles Licht oder auf Lärm? Wirst du beim Lesen schnell müde und trägst eine Brille oder Kontaktlinsen? Kannst du volle Konzertsäle, Supermärkte oder generell wuselige Menschenansammlungen nicht ausstehen? Dann solltest du hier suchen!

ALTE VERLETZUNGEN UND „UNSCHARFE LANDKARTEN"

Narben, Tätowierungen, Brüche, Bänderrisse usw. hinterlassen geschädigte Rezeptoren am Ort der Verletzung einerseits, andererseits können die über den Verletzungszeitraum verringert fließenden Informationen die „Landkarten" unseres Gehirns erheblich verändern und „unscharf" machen. Auch wenn die Verletzung längst geheilt ist, muss die neuronale Repräsentation des ehemals verletzten Gewebes im Gehirn noch lange nicht wieder hergestellt sein.

Wenn Gelenke über einen längeren Zeitraum nicht mehr durch ihre gesamte Bewegungsweite geführt werden, dann haben die Mechanorezeptoren, die in Gelenken in größter Häufigkeit zu finden sind, ein Aktivierungsdefizit, was sich auch negativ auf die Qualität der „Landkarten" auswirkt. Würdest du mit einer unscharfen oder ungenauen Landkarte eine Wanderung durch unbekanntes und gefährliches Gebiet wagen?

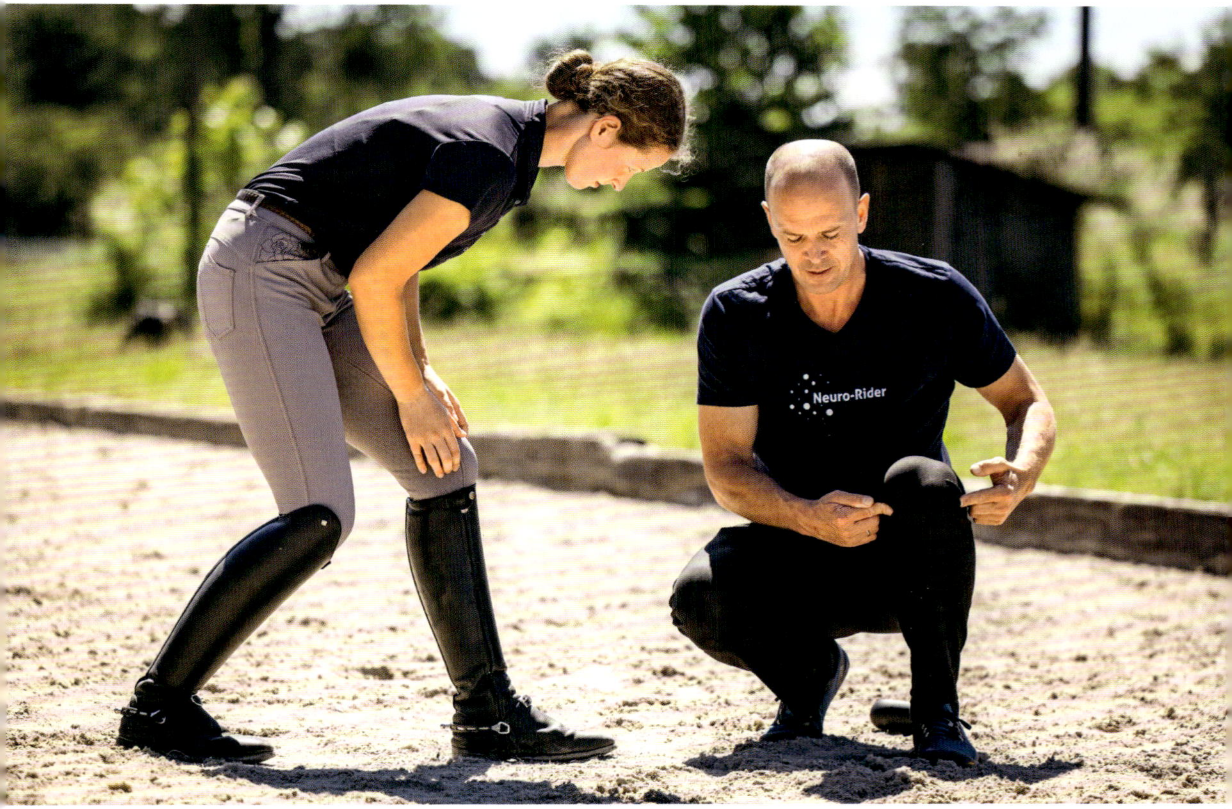

Wenn die Mechanorezeptoren des Knies keine guten Inputs senden, wird feine Einwirkung schnell grob.

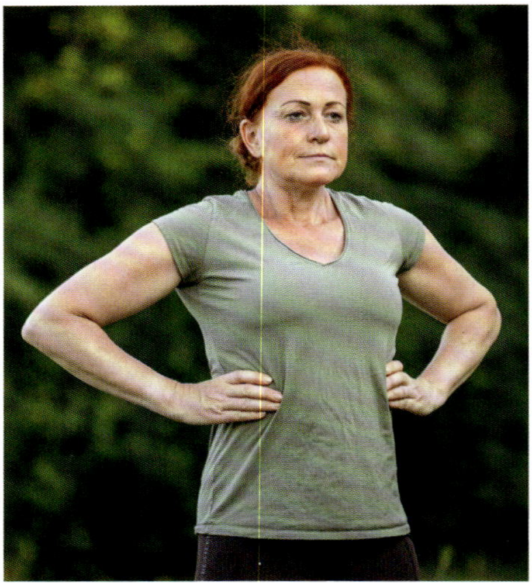

01

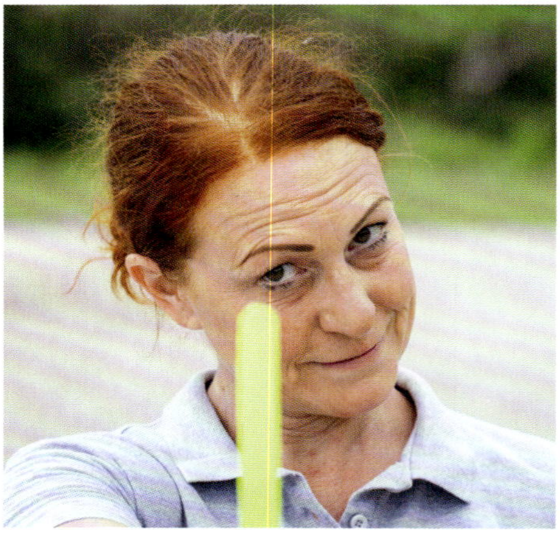

02

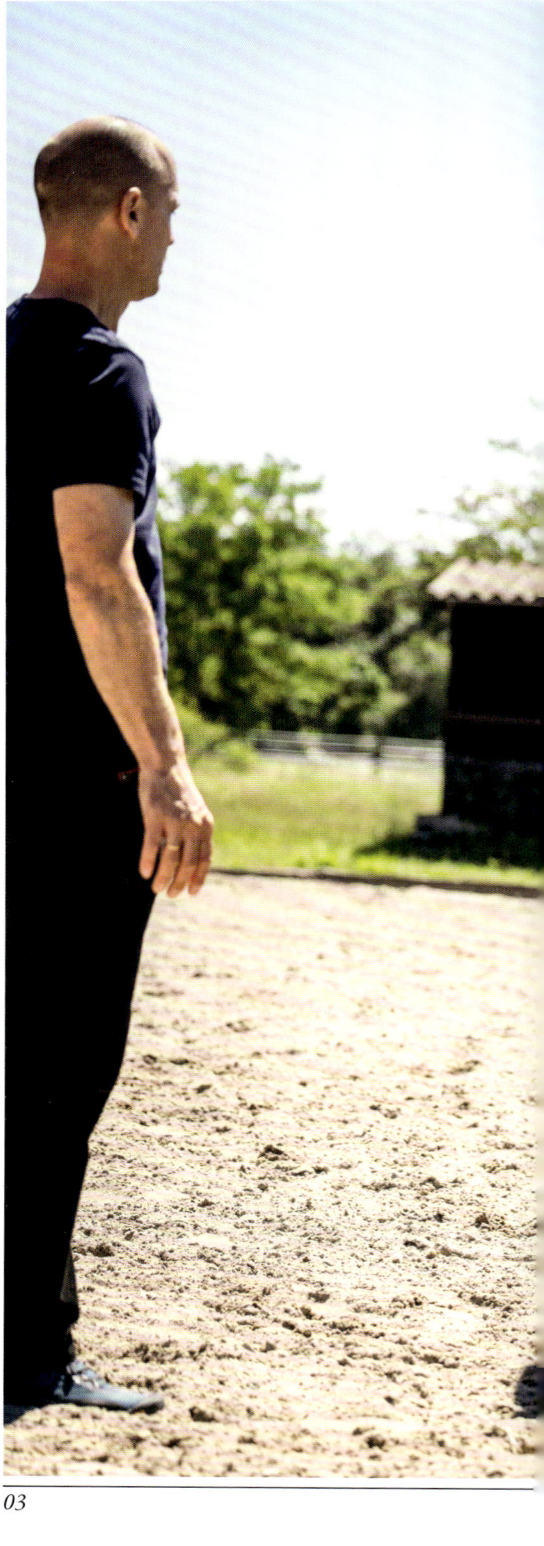

03

01 Atmen gegen Widerstand zur symmetrischen Aktivierung des Zwerchfells.

02 Aktivierung des Gleichgewichtssystems: Blickstabilisierung mit schneller Kopfbewegung.

03 Liniengang mit geschlossenen Augen: Hier eine erschwerte Version auf einem Holzbalken.

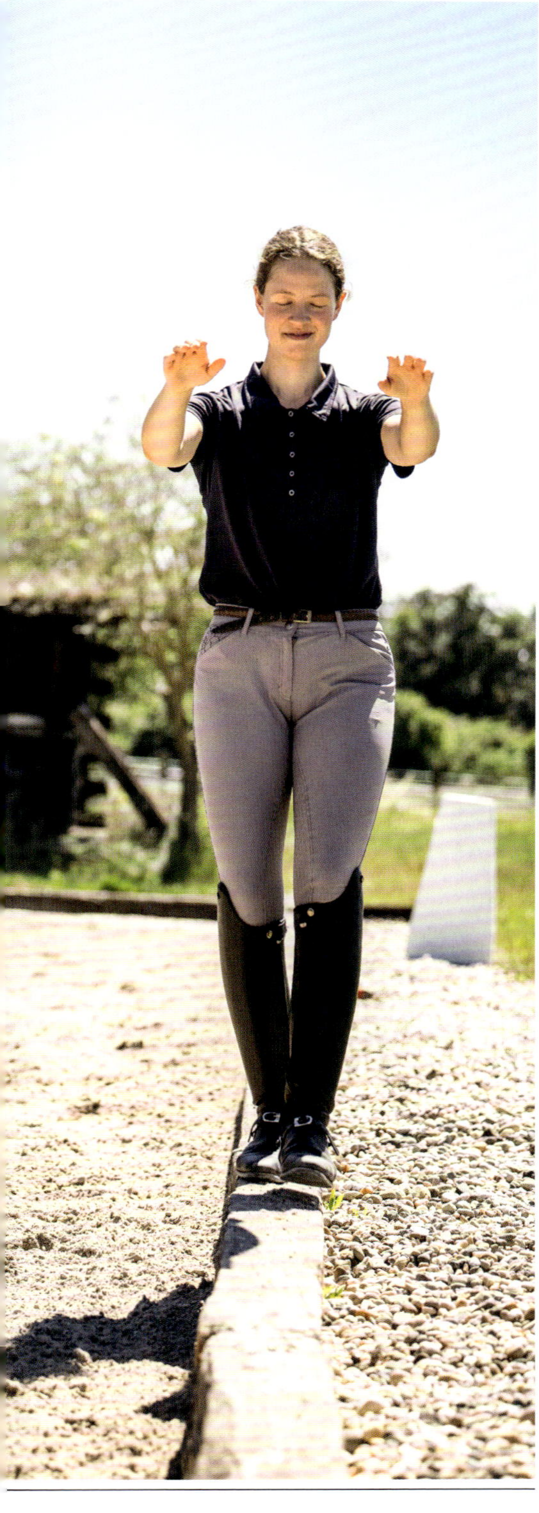

VESTIBULÄRE DEFIZITE

Zum Gleichgewichtssystem in unserem Innenohr kommen wir später noch. Klar ist, dass unser Gehirn es überhaupt nicht mag, wenn es nicht genau weiß, wo die Erdanziehungskraft herkommt und wie schnell wir uns durch die Welt beschleunigen. Jeder, der schon mal von einem buckelnden Pferd abgeworfen wurde, der weiß, wovon ich rede.

SOZIALE PROBLEME

Menschen sind Herdentiere. Ärger und Probleme im Job, mit Freunden, Familie, Partner oder Kindern verursachen emotionalen und psychischen Stress. Dadurch verändern sich Hormonausschüttungen, Blutzuckerspiegel und Atemmuster – und wir sind wieder bei Punkt 1 und 2.

SCHLAFDEFIZIT

Zu wenig Schlaf ist böse. Sehr böse. Alles wird schlechter, wenn du zu wenig Schlaf bekommst: Stimmung, Sexualtrieb, Sehfähigkeiten, Balance, Bewegungsgefühl, Reaktionsvermögen, Aufmerksamkeit und vieles mehr. Während des Schlafes passieren wichtige Reparatur- und Abfallbeseitigungsmaßnahmen im Gehirn. Schlaf is king. Also los, ab ins Bett mit dir. Augen zu. Schlafen!

FAZIT

Wenn dein Gehirn also manchmal beim Reiten auf der Bremse steht, dann solltest du die Faktoren, die die Bremskraft verstärken, finden und eliminieren.
Die richtigen Reize gegen die Bremsen findest du mit dem Test/Re-Test-Prinzip auf Seite 49 heraus: Wenn du magst, springe direkt dorthin. Aber denke daran, die nächsten Seiten später nachzulesen. Sonst werden dir wichtige Informationen fehlen.

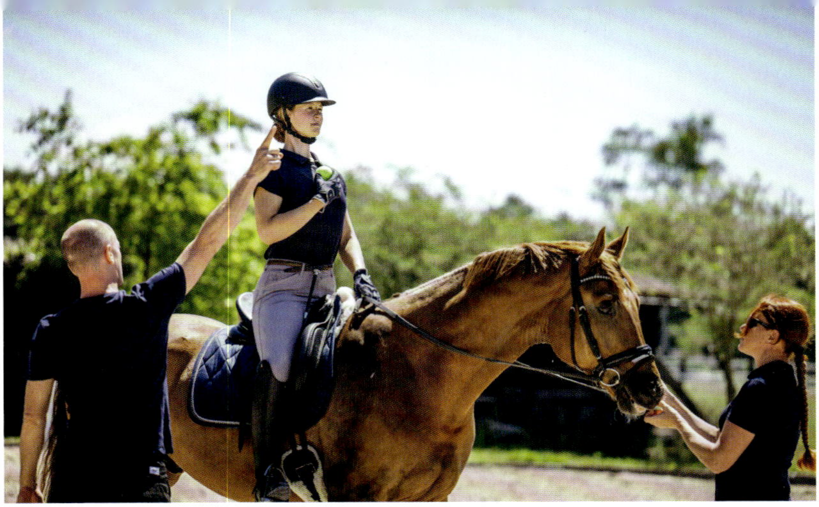

Brustwirbelsäulengleiten mit Tennisball

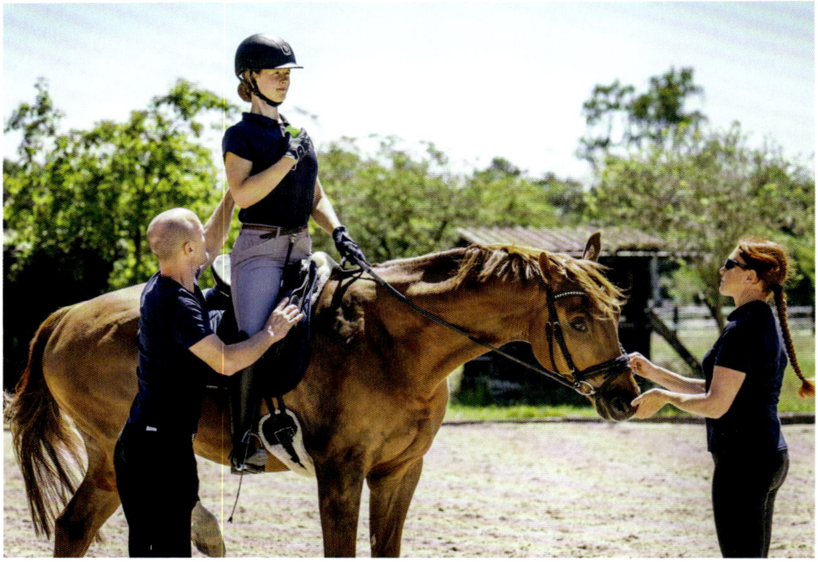

Strecken und beugen mit Augenbewegung

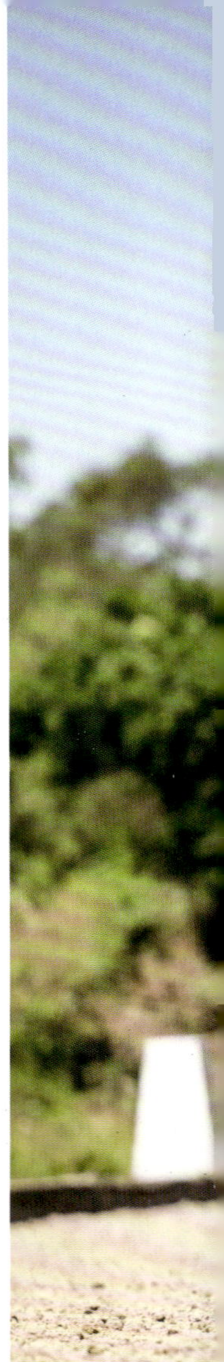

WENN DAS NERVENSYSTEM ES ÜBERTREIBT

Angst ist ein Thema im Reitsport, über das viele Reiter nicht gerne sprechen. Angst ist doof. Alles macht weniger Spaß, wird zu einer Mutprobe, der Auslöser der Angst wird vermieden. Angst überträgt sich auf das Pferd. Angst lässt uns übertrieben reagieren und uns manchmal seltsame Dinge tun – unter denen oft das Pferd leidet. Dabei basiert Angst meist auf falschen Annahmen und Erwartungen an zukünftige Ereignisse.

Wir können Angst haben vor Menschen, Tieren, Dingen, Situationen, vor Bewegungen und vor Schmerzen. Das Leugnen oder Nichtannerkennen von Angst macht die Probleme leider nicht kleiner. Ganz im Gegenteil.
Es ist viel hilfreicher, Angst genau zu kennen und zu verstehen. Der führende Wissenschaftler im Bereich der Angstforschung Joseph leDoux sagte einmal: „Angst ist der Preis, den wir für die Fähigkeit unseres Gehirns bezahlen, uns die Zukunft vorzustellen.“ Ich finde, das trifft es ziemlich gut.

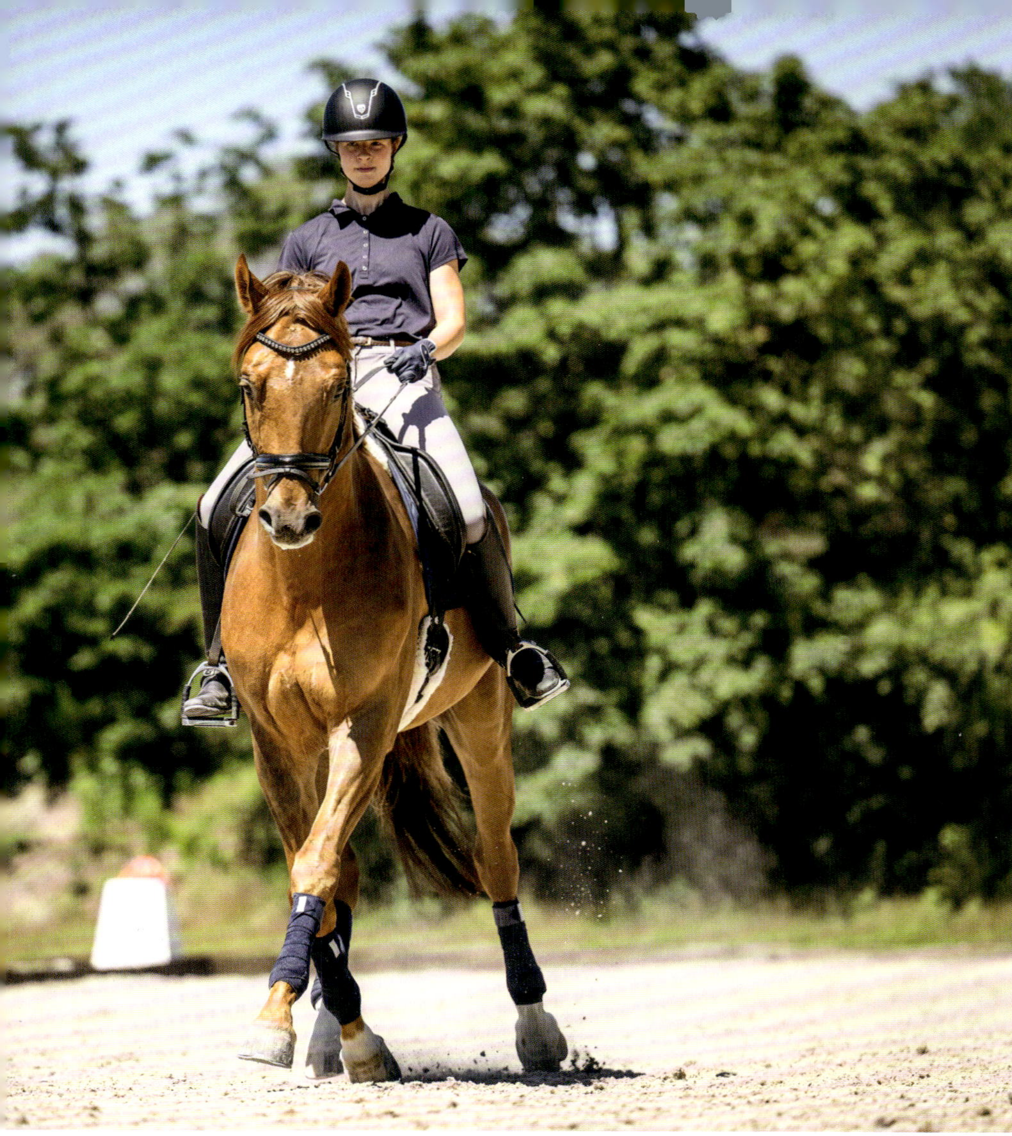

Mit mobilisierter Brustwirbelsäule klappt das Schenkelweichen viel besser.

Lorimer Moseley aus Australien ist einer der weltweit führenden Wissenschaftler, die sich mit der Frage beschäftigen, was Schmerz überhaupt ist und wie Schmerz entsteht und natürlich auch mit der Frage, wie man Schmerzen veringern kann. Seine Forschungsergebnisse fasst er minimalistisch so zusammen: „Schmerz ist eine Konstruktion unseres Gehirns" (L. Moseley 2011).

Die Spitzenforscher beider Bereiche sind sich einig darüber, dass Schmerzen und auch Angst „Outputs" sind, sie sind also quasi *Meinungen* unseres Gehirns zum Zustand der momentanen und zukünftigen Gefährdungslage in unserem Körper und um unseren Körper herum.

Bei der Höhenangst und beim Höhenschwindel gibt es experimentelle Hinweise darauf, dass dieses unangenehme Gefühl aus einer „intersensorischen Fehlanpassung resultieren könnte, wenn die visuellen Informationen nicht mit den vestibulären und propriozeptiven Eingaben übereinstimmen" (Brandt et al. 1980).

Bei dieser unbewussten Meinungsbildung spielen natürlich unsere Erfahrungen eine große Rolle und ebenso die sozialen und kulturellen Rahmenbedingungen, in denen wir leben. Kontext beeinflusst Angst und Schmerzempfindungen (G. L. Moseley und Arntz 2007). Beispielsweise kann ein und dieselbe Bewegung im Kontext „Stall/Pferde“ auftreten, im Kontext „Familie“ oder „Büro“ jedoch nicht – oder umgekehrt. Schmerzen (und Angst ebenso) warnen uns vor drohender Gefahr und drohendem Schaden und mobilisieren sofort unsere Stress- und Notfallsysteme, um uns gegen die potenziell drohende Gefahr zu wappnen. Angst und Schmerz stehen allerdings nicht proportional zur tatsächlichen Verletzung, dem tatsächlichen Schaden im Gewebe oder der tatsächlichen Bedrohung oder Gefahr: Wir können unglaubliche Angst verspüren, die uns lähmt, auch ohne einen realen Tiger, der uns gerade anspringt. Höhenangst befällt uns auch dann, wenn unserem Verstand klar ist, dass es keine realistische Möglichkeit gibt, hinabzustürzen. Genauso können wir starke Schmerzen empfinden, obwohl gar nichts kaputt ist. Schmerzen und Ängste sind einerseits wichtige und schützende Gefühle, andererseits nervig, wenn sie unangemessen und oft auftauchen. Spannenderweise zeigen zahlreiche Forschungsarbeiten, dass Schmerzen und Angst stark verringert werden können, wenn Menschen verstehen, wie diese Gefühle entstehen. Wissen ist also ein sehr potentes Schmerzmittel und ein Angstlöser (G. L. Moseley 2004). Gut, jetzt weißt du ja schon mehr.

VERBÜNDETE FÜRS ÜBERLEBEN

Es ist hilfreich, wenn wir uns Angst und Schmerzen als Freunde und Verbündete vorstellen, denn schließlich wollen beide nur, dass wir überleben. Manchmal ist es dummerweise aber so, dass beide Gefühle schlicht und einfach nicht der Situation angemessen und auch objektiv gesehen unangebracht sind.

Eine Maus in der Sattelkammer bringt uns ebensowenig um, wie ein Schnitt in den Finger mit einem scharfen Papier – doch beides kann heftige Emotionen auslösen. Schmerzen werden besonders dann sehr nervig, wenn die Verletzung längst verheilt ist oder eine Bedrohungssituation objektiv absolut nicht besteht. Dann ist unser „Schutzsystem“ sozusagen völlig übermotiviert bei der Arbeit. Es protegiert uns unnötig, so ähnlich wie „Helikoptereltern“ auf dem Spielplatz, die ständig ihr Kind umkreisen, unnötig ins Spiel eingreifen und ihren Kindern Lernchancen nehmen. Beteiligt an diesen Reaktionen sind viele verschiedene Gehirnbereiche. In der Schmerzforschung spricht man von der „Schmerz-Neuromatrix“ (Melzack, o. J.; G. Lorimer Moseley 2017; Chapman 1996; Legrain u. a. 2011).

NEUROMATRIX

Ein Beispiel: Denk bitte mal kurz an deine Oma. Und denke an alle Assoziationen, die du zu deiner Oma hast. „Oma“ steht hier für einen auslösenden „Trigger“ für andere Gedanken, Gefühle und vielleicht sogar körperliche Empfindungen. Genauso kann ein altes Lied, ein Song aus der Schulzeit, eine Kaskade von Erinnerungen und damit verbundenen Gefühlen auslösen. In beiden Fällen werden verschiedenste Gehirnbereiche mehr oder weniger aktiviert. Hier hätten wir eine „Oma-Neuromatrix“ – aber deine Oma-Matrix sieht garantiert anders aus als meine Oma-Matrix. Und so ist es auch mit der Schmerz-Neuromatrix. Schmerz und Angst sind individuell und für die Person immer real. Mit Sprüchen wie „Stell dich nicht so an“ oder „Ist doch nicht so schlimm“ ist niemandem geholfen.

Freude statt Angst: So macht reiten Spaß!

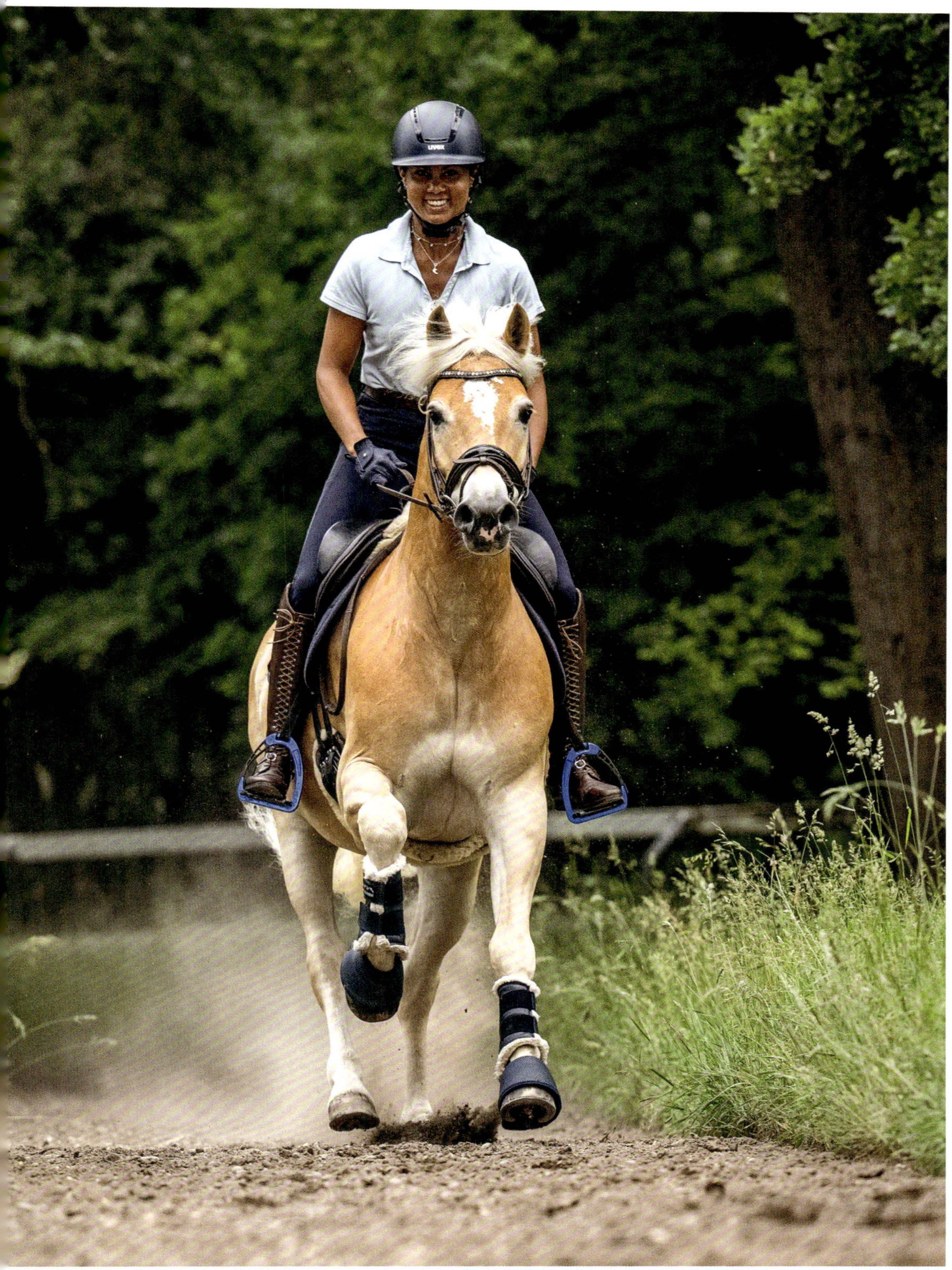

ATMUNG

Gegen beide Probleme, Schmerzen und Angst, ist unsere Atmung EIN Schlüssel. Versuche deshalb, eine entspannte Nasenatmung in einer Frequenz von um die zehn Sekunden pro Atemzug während deiner Drills zu erreichen. Ich werde dich immer wieder daran erinnern. Eine regulierte Atmung potenziert die Wirkung deines Trainings.

Es ist nach meiner Erfahrung sehr wahrscheinlich, dass viele Schmerzen und Ängste geringer werden, wenn du dein Training mit diesem Buch entwickelst und täglich übst – das gehört zu den KDS-Effekten, die ich schon erwähnt habe (Seite 13), weil dein Gehirn bessere Inputs aus den verschiedenen Systemen deines Körpers bekommt. Die „Landkarten" werden präzise – und mit besseren Landkarten kann das Gehirn sicherer navigieren und bessere Vorhersagen über die Zukunft erstellen.

DIE BEWEGUNGS-STEUERENDEN SYSTEME

Vier gewinnt! Die Aufteilung in vier Systeme bringt Vorteile mit sich, weil wir die einzelnen Systeme besser verstehen können. Wir müssen uns aber bewusst sein, dass es diese Aufteilung in der Wirklichkeit gar nicht gibt. Alle genannten Bereiche sind intrinsisch miteinander verbunden, sie beeinflussen sich gegenseitig und sind voneinander abhängig.
Zu Beginn deines Trainings solltest du die Übungen für die vier Bereiche separat voneinander lernen. Im zweiten Schritt solltest du beginnen, die Übungen aller vier Bereiche miteinander zu verknüpfen. Dazu findest du im letzten Kapitel des Buches mehr Informationen (Seite 149).

SYSTEM 1: PROPRIOZEPTION – BESSER FÜHLEN

(von lateinisch proprius „eigen" und recipere „aufnehmen")
Der propriozeptive Sinn macht es uns möglich zu spüren, wo sich unsere Körperteile befinden – in Beziehung zueinander und im Raum –, ohne dass wir sie berühren oder sehen. Das hilft uns, Körperbewegungen zu planen und auszuführen, ohne dauernd mit dem visuellen Sinn zu kontrollieren, was unsere Körperteile tun. Man kann den propriozeptiven Sinn spüren, wenn man mit geschlossenen Augen die Arme seitlich ausstreckt und dann mit dem rechten Zeigefinger zuerst die Nase und dann den linken Daumen berührt. Anfangs trifft man vielleicht noch leicht daneben, aber der Erfolg stellt sich schon nach kurzem Üben ein.
Der propriozeptive Sinn hängt eng mit dem Tastsinn zusammen.

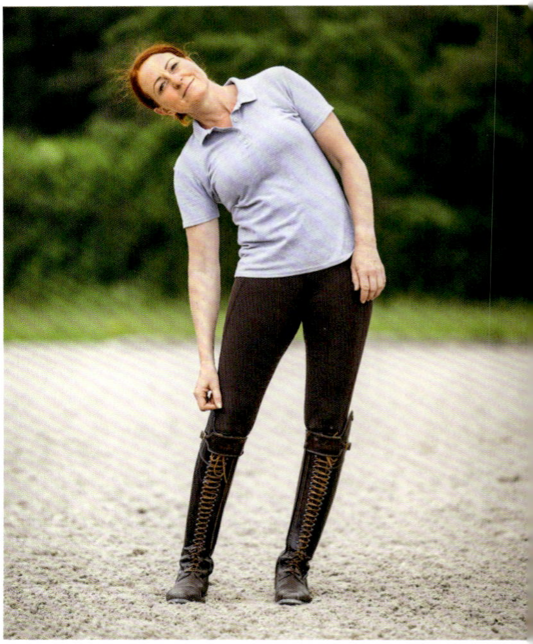

01

Sogenannte Propriozeptoren – also Rezeptoren, die der Propriozeption dienen – befinden sich in Muskeln und Gelenken über den ganzen Körper verteilt. Sie reagieren auf Dehnung und Kompression (Druck) sowie auf Veränderungen der Gelenkswinkel. Wenn der propriozeptive Sinn funktioniert, senden die Propriozeptoren ständig Informationen an unser Hirn, sodass es jederzeit weiß, wo sich die einzelnen Körperteile gerade befinden, ob sie sich bewegen und wenn ja, wie schnell und in welche Richtung sie sich bewegen. Damit der propriozeptive Sinn reibungslos funktioniert, muss der Muskeltonus, also die Grundspannung der Muskeln, innerhalb eines bestimmten Rahmens liegen. Die propriozeptive Sinneswahrnehmung kann durch vielerlei Ursachen eingeschränkt werden, vom „eingeschlafenen" Bein über zu wenig Bewegung bis Arthritis und Hirnschädigungen. Wenn Teile des Körpers nicht gut wahrgenommen werden, dann können wir diese Bereiche meist auch nur schlecht bewegen. Wir sprechen dann von sensomotorischer Amnesie (nach Thomas Hannah). Sensomotorische Amnesie entsteht überall dort, wo unser Gehirn keine genauen Informationen mehr zum Ist-Zustand unseres Körpers bekommt. Was unserer Empfindungs- und Bewegungskompetenz normalerweise dient, kann aus verschiedenen Gründen gestört sein und teilweise oder ganz ausfallen.
Der Schlüssel zum Verständnis der Propriozeption sind die Repräsentationen unseres Körpers im Gehirn, von denen wir schon gesprochen haben (Seite 18). Die Propriozeption funktioniert gut, das Gehirn ist happy, wenn es über gute „Karten" unseres Körpers verfügt.

01 Die Sanduhr: Kopf nach rechts, Hüfte nach links

02 Kopf nach hinten, Hüfte nach vorne

03 Kopf nach links, Hüfte nach rechts

04 Kopf nach vorne, Hüfte nach hinten

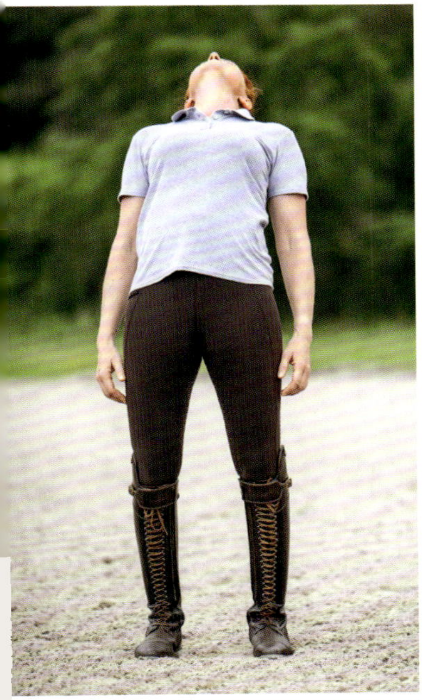

02

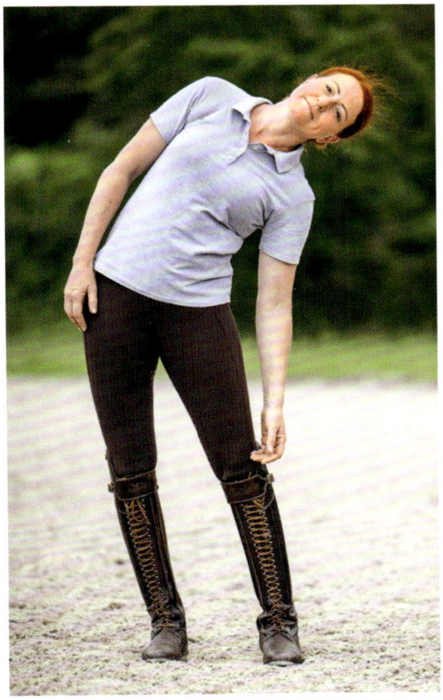

03

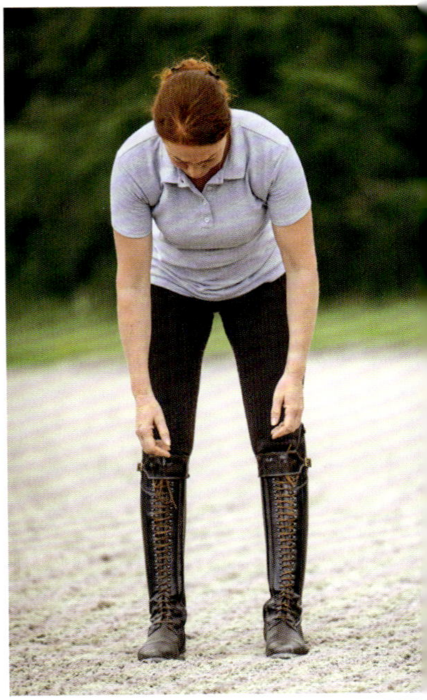

04

ALLE SYSTEME TRAINIEREN

Probleme mit der Propriozeption werden verstärkt, wenn gleichzeitig auch Schwierigkeiten mit dem Gleichgewichtssinn, dem Tastsinn und dem Sehsinn bestehen. Deshalb trainieren wir auch diese Bereiche!

GUTE KARTEN – GUTE BEWEGUNGEN

Wie verbessern wir diese Karten am besten? Das ist die Preisfrage!

- Wir bewegen die Bereiche bevorzugt, in denen die meisten Mechanorezeptoren sitzen. Das sind unsere Gelenke!
- Wenn wir alle Gelenke gleichzeitig bewegen, dann ist es für unser Gehirn viel schwerer, die Aufmerksamkeit auf den richtigen Bereich zu legen, in dem die

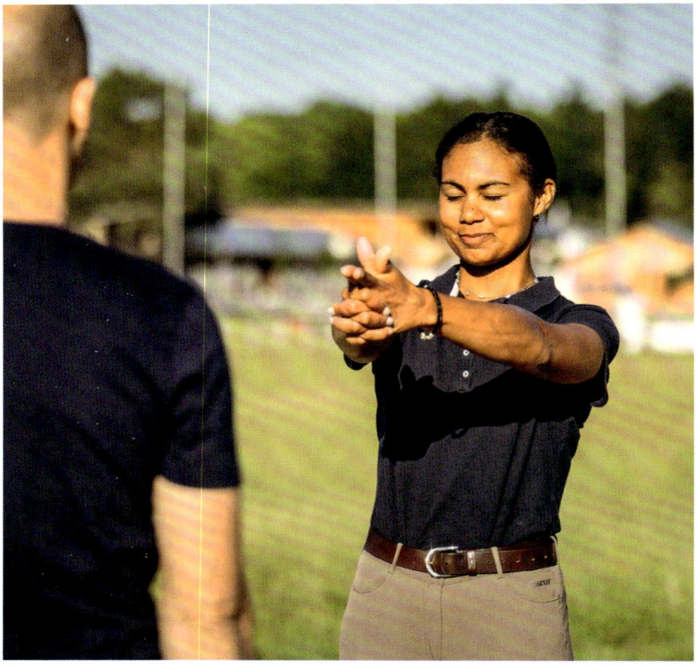

01

02

KOMM IN BEWEGUNG!

Mit gezielten Gelenkmobilisierungen können wir unsere Bewegungslandkarten am besten rehabilitieren.

Karten besser werden sollen. Deine eigene Aufmerksamkeit, dein Fokus, ist also extrem wichtig.

— Um den Fokus zu vereinfachen, brechen wir die Bewegungen auf fokussierte Mobilisierung und Ansteuerung einzelner Gelenke herunter. Wir lernen das ABC der Bewegung, das sind präzise Gelenksbewegungen. Motorische Kontrolle lernen für einzelne Körperteile. Das machen wir im Trainingsteil „Propriozeption". Du verbesserst alle Körperkarten von jedem Gelenk. Nach und nach. Du lernst, jedes einzelne Gelenk präzise nach deinen Wünschen zu bewegen. Das sind die Basics.

01 – 02 Eine weite Ganzkörperrotation braucht ein effizientes Zusammenspiel von Beuge- und Streckmuskeln. Asymmetrische Rotationsfähigkeit zeigt uns ein Defizit dieses Zusammenspiels an.

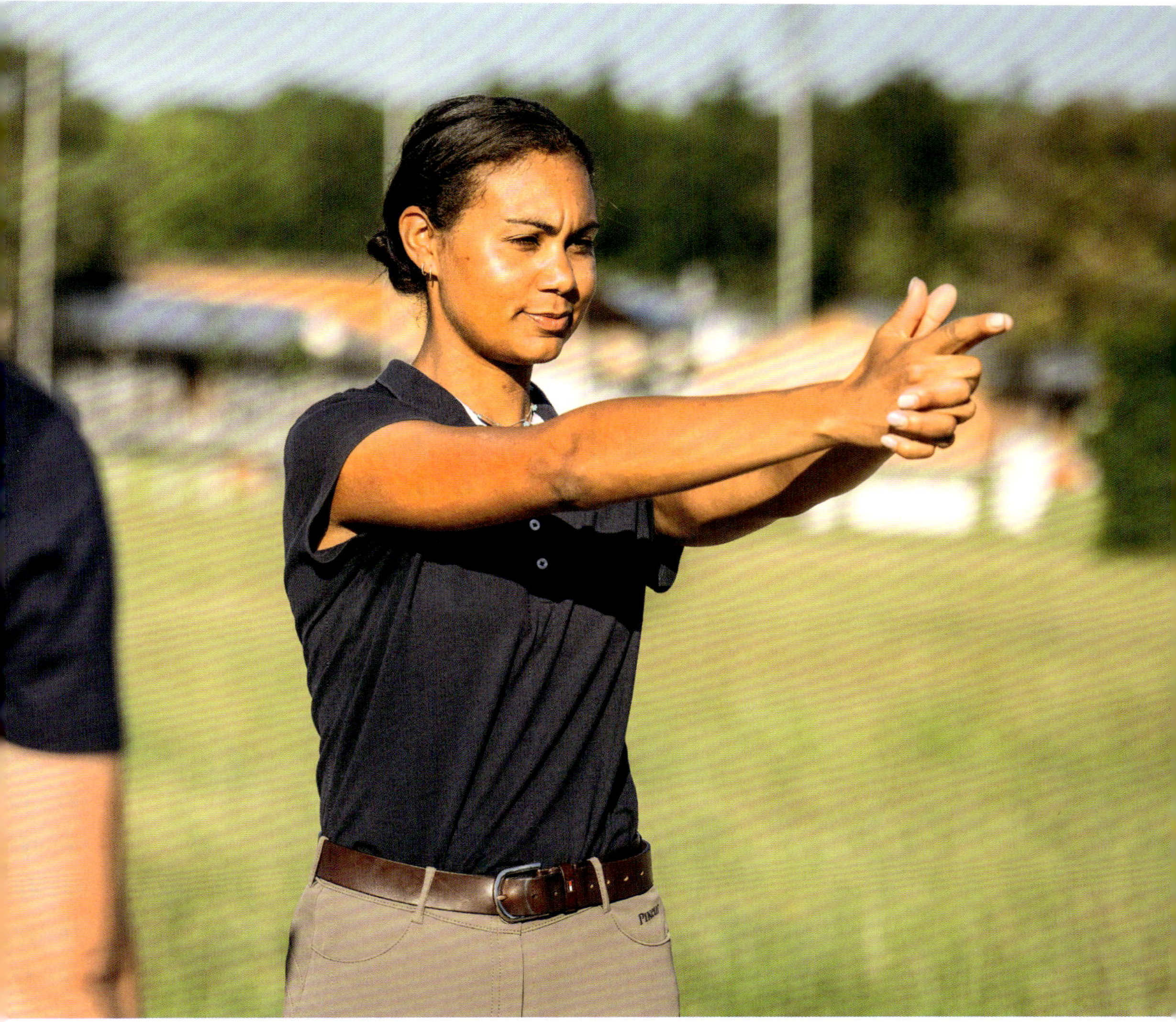

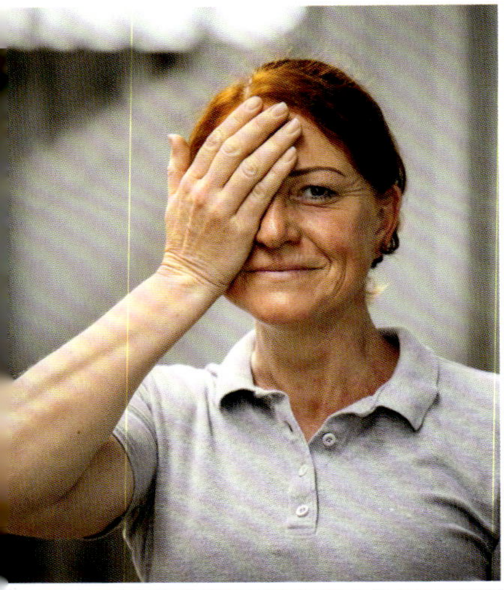

Bestimmung der Sehschärfe

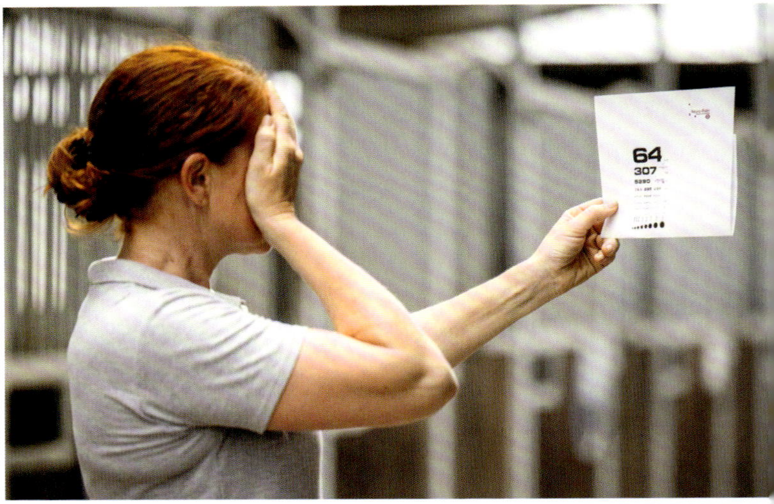

Siehst du mit dem linken Auge genauso scharf wie mit dem rechten?

SYSTEM 2: SEHSYSTEM – VISION

Die Definition des berühmten Optometristen Padula auf Seite 34 bringt alle Komponenten von „Vision“ und seiner Funktion zusammen. Vision ist mehr, als scharf in der Nähe und scharf in der Ferne sehen zu können. Vision beeinflusst stark, wie wir uns in der Umwelt bewegen, beeinflusst unsere Haltung, unsere Kognition, unsere Gefühle. Vision beeinflusst unsere Fähigkeit, zu denken. Aber „Vision“ ist nicht das Gleiche wie „sehen“. Wenn wir „sehen“ sagen, meinen wir meist nur die Funktion unserer Augen. Aber unsere Augen sind „nur“ ziemlich abgefahrene, biologische Kameras. Das eigentliche Sehen – „Vision“ – passiert im Gehirn. Unsere Augen sind ein Teil des Gehirns, aber dahinter steckt viel mehr.

Das visuelle System – gemeint sind neben den Augen alle Muskeln, Nerven und Gehirnbereiche, die für gelungenes Sehen im Einsatz sind – kann sehr gut trainiert werden, mit positiven Auswirkungen auf die Art und Weise, wie wir uns bewegen, wie wir uns fühlen und wie wir denken. Genauso wie wir das Herz, die Muskeln oder Fähigkeiten wie Kraft und Flexibilität trainieren und verbessern können, ist es sehr sinnvoll, die Sehfähigkeiten zu trainieren. Wenn du jetzt denkst: „Ich hab doch schon eine Brille, das brauche ich nicht“, dann lies bitte noch ein bisschen weiter, denn gutes Sehen ist mehr als eine 100 %ige Sehleistung, die beim Optiker getestet wird.

BEWEGUNG IN ZEIT UND RAUM

Es ist ziemlich einleuchtend, dass wir ein gutes Bild von unserem Umfeld haben müssen, wenn wir uns unfallfrei und präzise bewegen wollen. Ohne ein präzises Bild von unserer Umgebung, ohne Kenntnisse über Hindernisse, die vielleicht im Weg liegen, ohne die Geschwindigkeit von heranfliegenden Objekten präzise einschätzen zu können oder mit fehlerhaften Schätzungen über unsere eigene Geschwindigkeit im Raum haben wir große Probleme, unsere Bewegungen entsprechend zu planen und adäquat in Raum und Zeit auszuführen.

Wir haben drei wichtige Verarbeitungsbereiche für visuelle Informationen im Gehirn. Den okzipitalen Cortex, die oberen Hügel im Mittelhirn und den Thalamus. Man könnte sagen, dass es zwei eingebaute

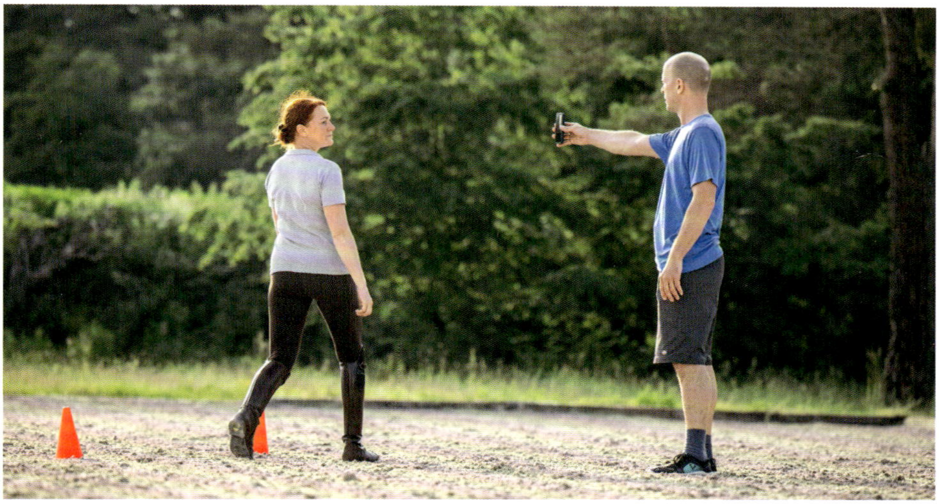

Achterlaufen: Alex geht eine Acht um beide Pylonen herum.

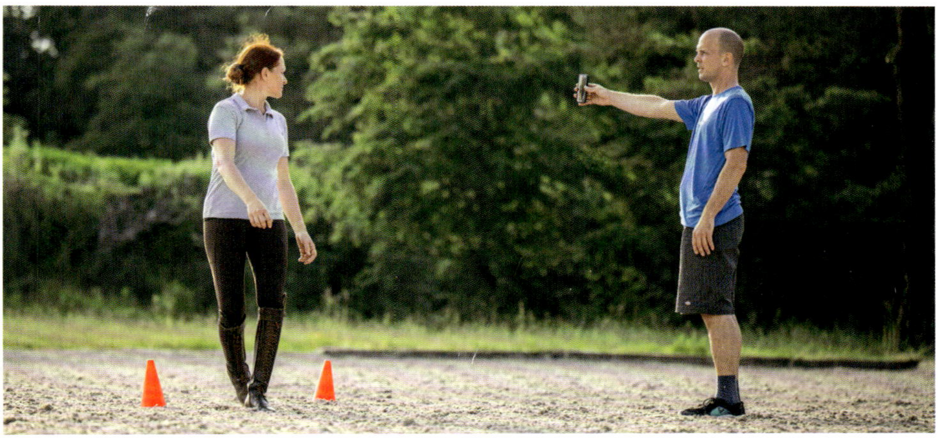

Die Aufgabe: Immer geradeaus gehen, dabei das visuelle Ziel fokussieren und scharf sehen.

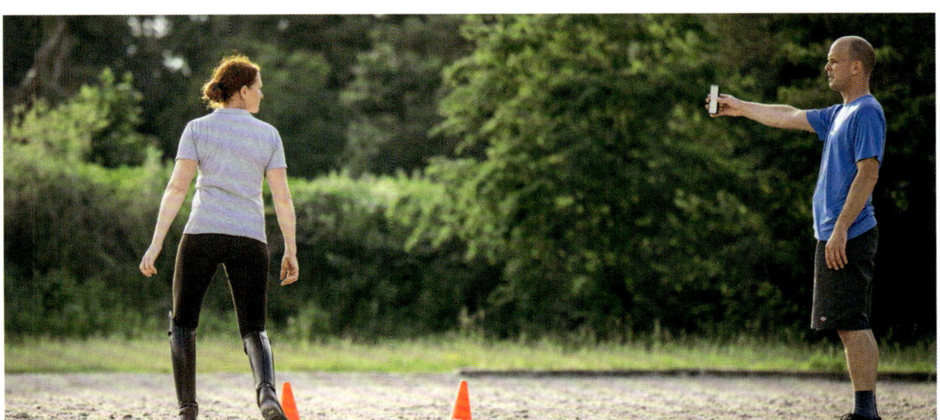

Nie zum Boden blicken - die Pylonen müssen peripher erkannt werden.

Programme für Vision gibt: einmal das Detailsehen, welches wir brauchen, wenn wir am Computer arbeiten oder beim Lesen und Schreiben. Im Hintergrund arbeitet, während wir Details sehen und verstehen, aber noch ein zweites Sehprogramm, nämlich das Ambient-Programm. Man könnte es auch als „peripheres Sehen“ bezeichnen: All das, was wir rundherum sehen, während wir etwas anderes fokussieren.

Dieses Hintergrundprogramm funktioniert schon, wenn wir auf die Welt kommen. Das Baby sieht nicht, wie die Mutter aussieht, aber es sieht, dass sich etwas bewegt. Es steht im Gegensatz zum Detailprogramm, das sich erst entwickeln muss. Das periphere-Sehprogramm braucht unser Gehirn, um Bewegung zu sehen, zu antizipieren und um unsere eigenen Bewegungen im Raum sinnvoll und adäquat ausführen zu können. Wir trainieren und kontrollieren es leider nie, obwohl es – gerade beim Reiten – extrem wichtig ist.

»Vision ist ein dynamischer interaktiver Prozess von Motorik und sensorischer Funktion, vermittelt durch die Augen zum Zweck der gleichzeitigen Organisation von Körperhaltung, Bewegung und räumlicher Orientierung, zur Manipulation der Umwelt und, in höchstem Maße, der Wahrnehmung und des Denkens.«

Dr. William Padula

Es verschafft Reitern mehr Zeit, wenn sie ihre Umgebung schneller und präziser sehen und die zum visuellen System gehörenden Gehirnbereiche schneller und präziser funktionieren. Studien haben gezeigt, dass sich Vision-Training positiv auf kognitive Fähigkeiten auswirkt und Konzentrationsfähigkeiten verbessert. Ebenso nimmt die Verletzungshäufigkeit ab, während sich die Gesamtleistung verbessert.

Betrachtet man die an allen Sehfähigkeiten beteiligten Gehirnbereiche und die Masse der Informationen, die wir über das visuelle System aufnehmen und verarbeiten müssen, so ist das nicht weiter verwunderlich: Kein anderes sensorisches System sendet so viele Daten ins Gehirn. Wenn diese Daten von Grund auf fehlerhaft sind oder nicht gut weiterverarbeitet bzw. integriert werden können, dann kostet uns das Energie, dann wird Sport – beziehungsweise das Leben im Allgemeinen – anstrengender und irgendwann bestimmt auch schmerzhaft. Ich habe zahlreiche Klienten kennengelernt, deren Energielevel durch visuelles Training erheblich gestiegen ist. Sie konnten sich länger konzentrieren, länger lesen, länger trainieren, waren nach einem normalen Arbeits- bzw. Trainingstag abends noch fit statt gerädert und müde. Sie saßen schief auf dem Pferd und gingen schief durch die Welt und wurden mit visuellem Training gerade und stabil. Auch wenn du eine perfekte Sehschärfe hast, heißt das noch lange nicht, dass dein visuelles System gut funktioniert. Es kann dir trotzdem leicht passieren, dass du im Straßenverkehr ein Auto oder die Schlüssel, die vor dir auf dem Tisch liegen, übersiehst.

SYSTEM 3: GLEICHGEWICHTS-SYSTEM – VESTIBULÄR

Jean Ayres hat in ihrem Buch „Bausteine der kindlichen Entwicklung“ die Wichtigkeit und integrale Bedeutung dieses Sinnes auf den Punkt gebracht:
„Solange der Körper mit all seinen Sinnen als ein Ganzes zusammenwirkt, sind Anpassung und Lernen für das Gehirn mühelos zu bewerkstelligen. Der Gleichgewichtssinn ist dabei das alles vereinende Bezugssystem. Er formt die Grundbeziehungen, die ein Mensch zur Schwerkraft und seiner physischen Umwelt hat. Alle anderen Arten von Empfindungen werden unter Bezug auf diese grundlegende vestibuläre Information verarbeitet.“
Das „alles vereinende Bezugssystem“ beinhaltet verschiedene Bereiche und Teile des Gehirns, die es in enger Zusammenarbeit ermöglichen, dass wir nicht permanent auf die Nase fallen. Welch scheinbar einfache Aufgabe.
Das „alles vereinende Bezugssystem“ bedeutet: Alle Gehirnbereiche wollen wissen, wo oben und unten ist und wie schnell wir wo im Raum wohin beschleunigen. Diese Informationen sind verdammt wichtig. Und das Gleichgewichtssystem liefert diese Infos. Wir selbst können die Empfindung unserer Gleichgewichtsorgane nicht direkt spüren, so wie wir einen Geruch riechen können oder eine Farbe sehen, dennoch tragen vestibuläre Signale zu einer überraschenden Bandbreite von Gehirnfunktionen bei, von den automatischsten Reflexen bis hin zur räumlichen Wahrnehmung, kognitive Funktionen und motorischer Koordination (Hitier, Besnard, und Smith 2014; Angelaki und Cullen 2008).
Sehr viele Menschen haben Fehlfunktionen in diesem so wichtigen System. In den USA

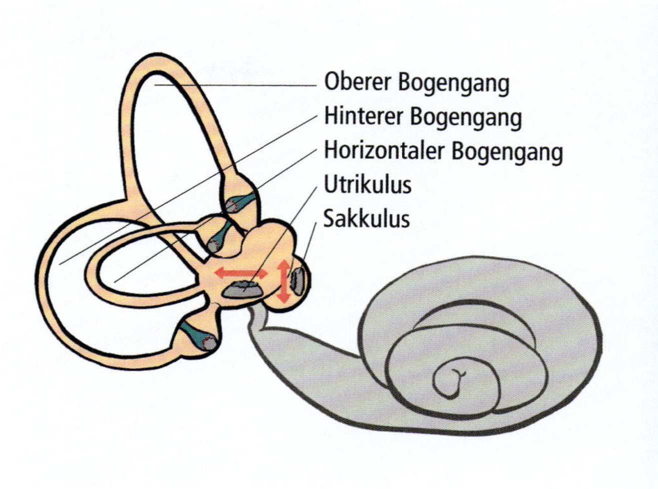

Wo ist unten? Wohin geht die Beschleunigung?

fand eine Forschergruppe heraus, dass 35 % der Erwachsenen ab 40 Jahren vestibuläre Dysfunktionen zeigen. Die Zahl der Menschen mit Gleichgewichtssystemstörungen steigt mit dem Alter dramatisch an, bis auf 85 % bei den Achtzigjährigen (Agrawal, Ward, und Minor 2013). Man könnte glatt auf die Idee kommen, dass die vestibuläre Aktivierung ein wichtiger Schlüssel für gesunde geistige und körperliche Leistungsfähigkeit bis ins hohe Alter ist. Übrigens: Das populäre „Gesundheitstraining“ an Maschinen in vielen Fitnesstudios bietet fast keine Übungen, in denen des Vestibulärsystem beansprucht wird.
Grundlegende Daten für dieses System stellt ein winziges, kompliziertes Rezeptorsystem bereit, das in einer ausgeklügelten Positionierung im Innenohr hoffentlich stets akribisch seinen Job macht. Ich möchte nicht näher auf die genaue Anatomie und Funktionsweise dieser eleganten Strukturen eingehen, aber die Basics solltest du kennen, damit du verstehst, warum es so entscheidend sein kann, ganz bestimmte Drills in einer sehr präzisen Art und Weise zu machen.

SO FUNKTIONIERT DAS GLEICHGEWICHTSSYSTEM

Wir haben in jedem Innenohr drei Bogengänge und zwei Makulaorgane – zusammen also fünf Rezeptoren pro Seite. Die Bogengänge sind die Ringe, die Makulaorgane die beiden Knubbel darunter, man nennt sie Utrikulus und Sakkulus (die Cochlea, also die Schnecke, ist für das Hören zuständig, wir lassen sie jetzt mal außen vor). Die drei Bogengänge registrieren Kopfbewegungen:

- Die horizontalen Bogengänge registrieren Rotationen des Kopfes nach rechts und links (wie beim übertriebenen „Nein"–sagen).
- Die vorderen Bogengänge registrieren das Kippen des Kopfes nach vorne (Kopf nach vorne beugen und auf eigene Brust schauen beispielsweise).
- Die hinteren Bogengänge werden aktiviert, wenn wir den Kopf aufrichten und nach hinten strecken (schau auf den Punkt über dir an der Decke!).
- Unsere wunderbaren Sensoren für Beschleunigungen und Erdanziehung klären die Fragen: „Wo ist oben und unten und wie schnell beschleunige ich mich in welche Richtung?

Der Sakkulus ist bei Reitern permanent in Aktion, er detektiert Beschleunigungen in der Vertikalen, also Auf-und-nieder-Bewegungen.

Der Utrikulus sensiert Beschleunigungen in der horizontalen Ebene, also vor, zurück, seitlich und so weiter. Sakkulus, Utrikulus und die drei Bögengänge jeder Seite schicken ihre Messdaten durch einen Nerv ins Stammhirn. Ziel der Daten ist das Hauptquartier des Gleichgewichtssystems: die sogenannten Vestibulariskerne.

Diese Zellkerne sind wichtige Verarbeitungszentren, denn hier kommen auch Informationen aus anderen Systemen wie dem visuellen System und dem propriozeptiven System an (du merkst es schon … Wir sind wieder bei „Input – Interpretation – Output"). All diese Inputs werden hier verarbeitet, miteinander abgeglichen und auf Plausibilität geprüft – und dann wird ein entsprechender Output generiert.

Es kann sein, dass die Informationen nicht zueinanderpassen. Dann spricht man von sensorischem Mis-match. Das passiert zum Beispiel bei der Seekrankheit.

Die Vestibulariskerne haben aber auch noch andere Unterabteilungen, die Outputs produzieren, die zum Beispiel unsere Anti-Schwerkraft-Muskeln aktivieren. Und Herz-Kreislauf-Funktionen samt Blutdruckveränderungen triggern, oder unseren Augen sagen, wie schnell sie wo hingucken sollen.

KURZ GESAGT

Ohne akkurates Vestibulärsystem gibt es Bewegungschaos. Das Ding muss funktionieren. Natürlich ist der Körper immer dazu in der Lage, fehlende Inputs lange Zeit zu kompensieren. Aber Kompensation ist keine Integration – es kostet immer etwas. Den Preis bezahlen wir mit Muskelverspannungen, Verformungen von Knochen, Gelenken und degenerativen Prozessen.

Ein zweiter Teil des Gleichgewichtssystems ist noch immer ziemlich unerforscht. Der deutsche Kybernetiker Hans Mittelstädt nannte ihn somatische Gravizeption. (Mittelstaedt 1995) – also die Wahrnehmung von Gravitation durch den Körper. Mittelstädts Experimente haben klare Hinweise darauf geliefert, dass es neben den vestibulären Rezeptoren noch weitere im Körper befindliche Sensoren geben muss, die an der Steuerung der Haltung von Augen, Hals und Gliedmaßen beteiligt sind. Es wird vermutet, dass diese Rezeptoren in den Nieren und unseren Blutgefäßen angesiedelt sind. Dieses somatische Gleichgewichtssystem können wir unter anderem mit schnellen Bewegungen, Streckungen, Beugungen und Rotationen der Wirbelsäule addressieren.

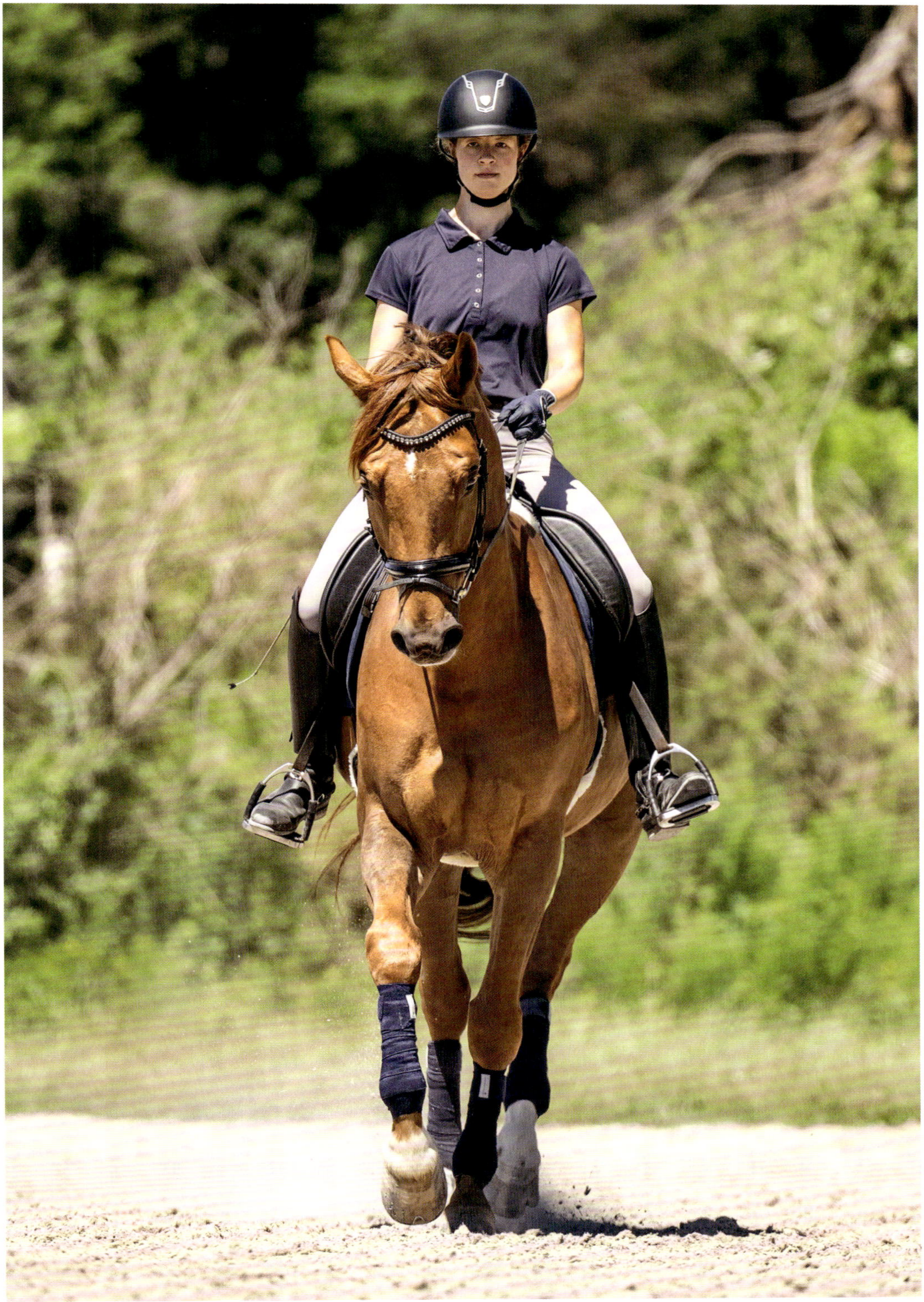

Unsere Haltung auf dem Pferd wird in jeder Situation maßgeblich vom Gleichgewichtssystem justiert.

SYSTEM 4: DAS ATMUNGSSYSTEM

„Atmen? Warum? Wenn ich nicht atmen könnte, wäre ich wohl kaum hier. Brauch ich nicht, kann ich schon!“ Ungefähr so hören sich Reaktionen von Klienten an, wenn Atemtechniken thematisiert werden. Atmen ist so normal, eine so beiläufige, automatisierte Bewegung, dass man ihr keine Beachtung schenkt. Dabei kann verdammt viel falsch laufen und sich in ungünstige Richtungen entwickeln.

Die Auswirkungen von falschen Atembewegungsmustern sind weitreichend. Dabei identifizieren wir unsere Atemmuster selten als Ursache oder zumindest als begünstigenden Faktor eines bestehenden Problems. Hast du schon mal eine Lungenentzündung gehabt? Oder eine schwere Bronchitis? Hast du Asthma oder manchmal Atemnot? Hast du dir schon mal die Rippen geprellt oder gar gebrochen? Hast du Narben am Rumpf? Hyperventilierst du manchmal? Hast du Probleme mit Angst? Oder mit Stress? Hast du Probleme mit dem Lymphfluss? Ist dein Vitamin-D-Spiegel dauernd niedrig, obwohl du supplementierst? Hast du Konzentrationsprobleme, oft kalte Hände oder kalte Füße, bist du der „Ich hab auf dem Sofa immer Wollsocken an“-Typ? Leidest du an Allergien? Oder an COPD? Diabetes? Herzkrankheiten? Bist du generell sehr oft müde? Vermeidest du jede Art von starker Herz-Kreislaufbelastung? Schläfst du schlecht? Hast du hohen Blutdruck? Bist du am Morgen immer noch unausgeruht und fühlst dich müde? Hast du Schmerzen? Schulterschmerzen? Nackenschmerzen? Rückenschmerzen? Oder oft Krämpfe? Bist du empfindlich bei hellem Licht und lauten Geräuschen? Ist dein Kalziumspiegel niedrig? Hast du Osteoporose?

Wenn du nur eine Frage mit Ja beantwortet hast, dann kann ich dir nur einen Rat geben: Mache die Drills. Oft. Denke zurück an die potenziellen Gefahren, die unser Gehirn permanent detektiert. Wenn du oben genannte Probleme hast, kann Atemtraining ein Schlüssel dafür sein, die Wahrnehmung von Gefahr deutlich zu reduzieren, was eine direkte Auswirkung auf deine Reiterei haben wird.

DAS ZENTRUM DES KÖRPERS – DAS ZWERCHFELL

Unser wichtigster von acht Einatmungsmuskeln ist das Zwerchfell. Das Zwerchfell ist ein besonderer Muskel, der wie ein riesiges Dach unseren Rumpf mittig teilt. Es ist befestigt an den Rippen und an der Wirbelsäule und wird meist unter den Aspekten allgemeiner Stoffwechselfunktionen untersucht. Die wichtigen Funktionen des Zwerchfells hinsichtlich der Stabilisierung unserer Körperhaltung in Ruheposition und in Bewegung – insbesondere der Bewegung des Reiters – wird meist geflissentlich ignoriert

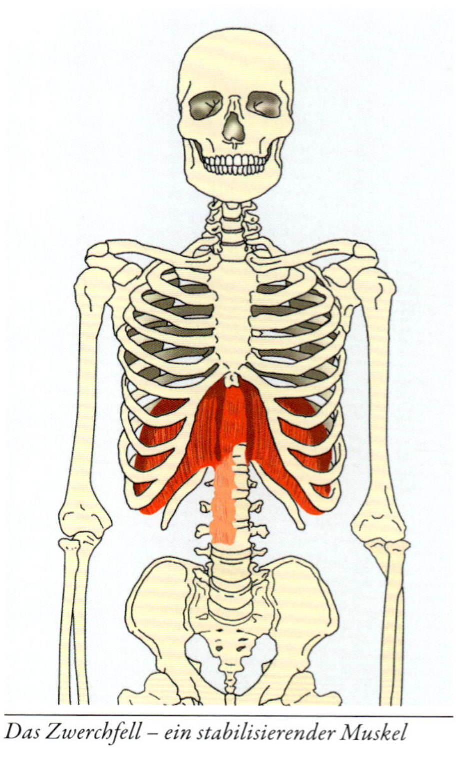

Das Zwerchfell – ein stabilisierender Muskel

(Hodges und Gandevia 2000; Kolar u. a. 2012).
Denkt man an die zentrale Position des Zwerchfells im Körper und die lebensnotwendige Funktion, dann wird schnell klar, dass das Zwerchfell ein absoluter Schlüsselmuskel ist. Gewichtheber nutzen schon lange seine stabilisierende Funktion. In der Streckphase hält ein Gewichtheber die Luft an, er setzt das sogenannte Valsalva-Manöver ein, um damit den inneren Druck im Bauch- und Brustraum und somit seine Stabilität und die Qualität der Gewichtsübertragung und Krafterzeugung zu verbessern. Das Zwerchfell hat fasziale Verbindungen zum Rippenfell und zum Herzbeutel, desweiteren zu den Scalenimuskeln, die beim schnellen Einatmen helfen und den Kopf seitlich stabilisieren, zum Hinterhauptsbein und zur Dura, der äußeren Hirnhaut. Auf der Rückseite verbindet sich das Zwerchfell faszial mit dem Psoas, dem Lendenbeugemuskel. Ebenso hat das Zwerchfell Verbindungen mit den quer verlaufenden Bauchmuskeln, den Tranversus abdomini, dem Schambein sowie der Beckenbodenmuskulatur. Es hat also über sehr viele Bereiche direkten Einfluss auf unsere Haltung (González-Álvarez u. a. 2016; Hodges und Gandevia 2000; Kolar u. a. 2012; Kocjan u. a. 2018).

DURCH ATMUNG DAS GEHIRN AKTIVIEREN

Willkürliches Atmen in Form eines Atemtrainings aktiviert immens viele Gehirnbereiche: Zum Beispiel den Frontallappen, der zuständig für Planung und Entscheidungen sowie das Abschätzen von Handlungskonsequenzen ist. Die Supplementary Motor Area, die unter anderem für die Bewegungsvorbereitung zuständig ist, kümmert sich speziell um die beidseitigen Bewegungen, die auch beim Reiten wichtig sind.

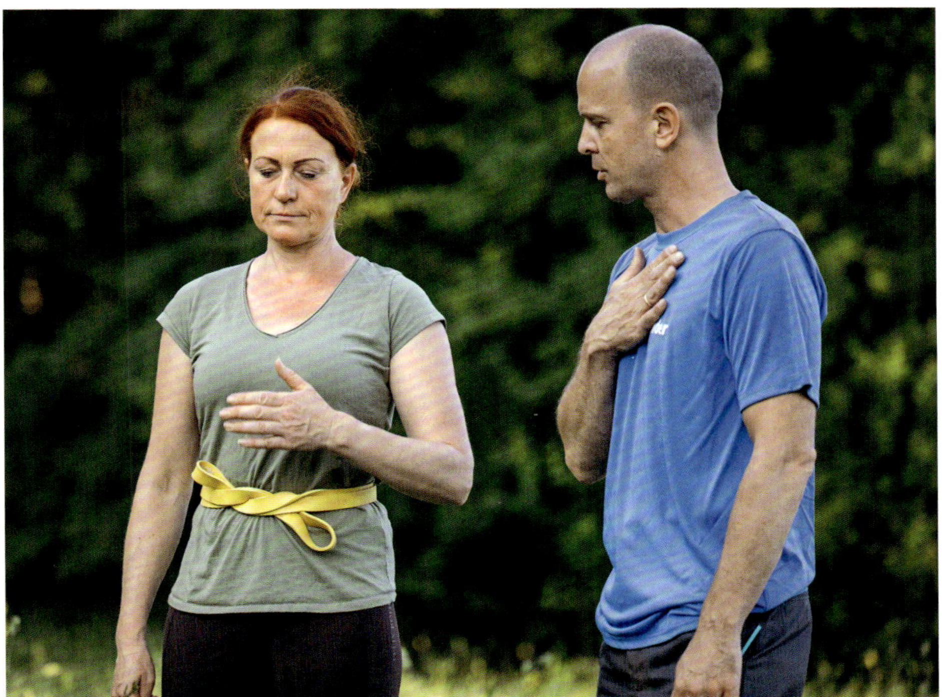

Bauchatmung gegen Widerstand = aktiviertes Zwerchfell

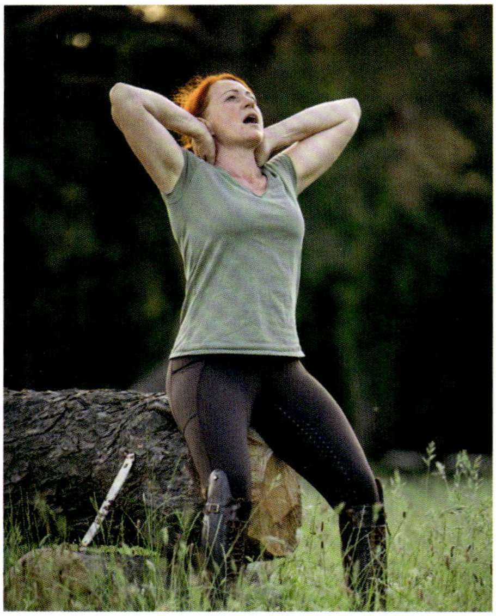

Ein Zwerchfell-Stretch im Sitzen …

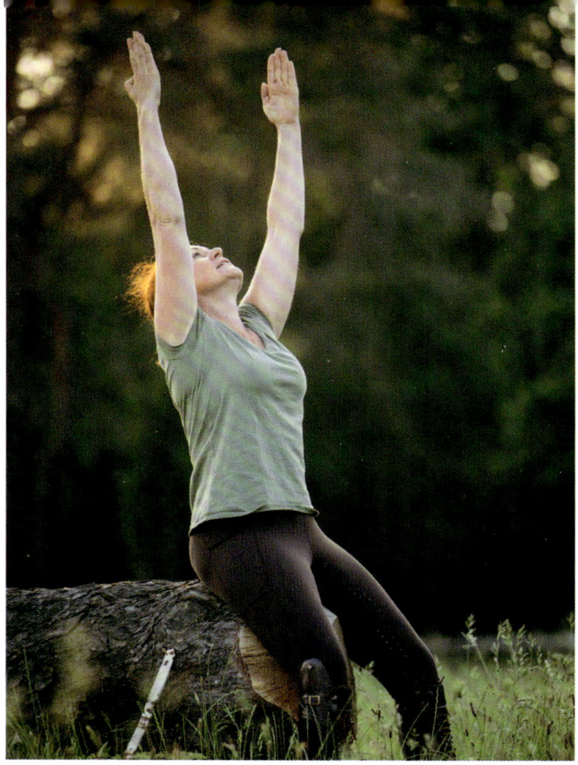

… für eine stabilere Körpermitte und mehr Sauerstoff im Blut.

Willkürliches Atmen aktiviert die Basal-Ganglien, die im Auftrag des Motor Cortex den Bewegungsplan konstruieren und ungewünschte Bewegungsmuster hemmen. Stark aktiviert wird auch die Inselrinde im Gehirn, sie produziert Gefühle, die uns bewusst werden, von Hunger über Müdigkeit bis zu Freude, sie sorgt für die Anpasssung und Planung von Krafteinsatz, Blutdruck und anderen Fähigkeiten in Bewegung. Nicht zu vergessen das Kleinhirn, welches permanente Fehlerkorrekturen für alle Bewegungen und Gedanken macht und die Muskelspannung der Streckermuskulatur jeder Körperseite justiert (Herrero u. a. 2018).

TREIBSTOFF FÜR DAS GEHIRN

Unser Gehirn braucht Treibstoff und Aktivierung, um gesund zu funktionieren. Mit bewusstem Atmen erzielen wir eine gute Aktivierung in den oben genannten Gehirnbereichen und begünstigen die Treibstoffversorgung – und zwar in Form von ausgewogener Balance von Sauerstoff und Kohlendioxid. Letzteres ist zwar in erster Linie kein Treibstoff, macht aber – wenn in entsprechender Relation zum Sauerstoff und nicht im Übermaß vorhanden – in unserem Körper einige wunderbare Dinge und stellt nicht zuletzt sicher, dass Sauerstoff in ausreichendem Maß durch erweiterte Gefäße ins Gehirn gelangen kann. Meine Erfahrung ist, dass gut zwei Drittel aller Menschen von willkürlichem Atmen in Form von Atemtraining stark bis sehr stark profitieren. Das mag einfach erscheinen, aber es muss nicht immer komplizierte Lösungen auf molekularem oder genetischem Level geben, um große Probleme zu lösen. Sehr oft machen die kleinen Dinge über die Zeit einen großen Unterschied in unserem Leben aus – und richtiges Atmen gehört durch sein weitreichendes biochemisches, neuroanatomisches und anatomisches Wirkungsgefüge dazu. Ohne eine gute Sauerstoffversorgung im Gehirn können alle anderen Aktivierungen nicht funktionieren. Die Übungen findest du ab Seite 141.

DAS NEURO-RIDER-TRAINING VORBEREITEN

Wenn du verletzt bist oder warst und unsicher bist, ob du bestimmte Übungen ausführen darfst, dann solltest du den Arzt deines Vertrauens zu Rate ziehen. Bei den unten genannten Problemen solltest du auf alle Fälle Rücksprache halten.

ACHTUNG, AUFPASSEN! KONTRA-INDIKATOREN

— Gelenkhypermobilität – oft nach einem Bänderriss
— Gelenkerguss (Schwellung) – typischerweise durch Trauma oder Krankheit
— Entzündungen – Gelenkentzündung mit Hitze, Rötung und/oder Schwellung
— Tumore – viele Formen von bösartigen Tumoren beeinträchtigen die Knochengesundheit und -stärke.
— Einige Krankheiten schwächen den Knochen, was zu Brüchen oder Verletzungen führen kann.
— Frakturen (Knochenbrüche) – Gelenkmobilisierungen sind nicht für Körperbereiche mit einer frischen Fraktur geeignet.

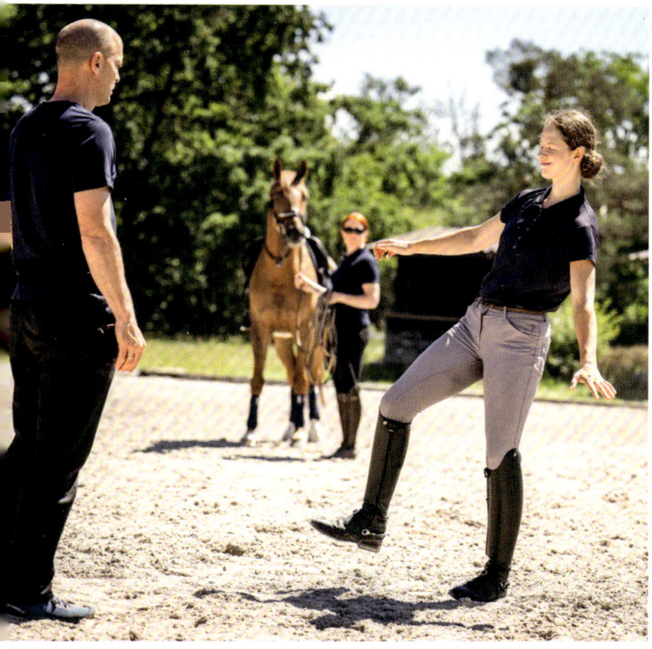

Eine starke Korrektur beendet den Balance-Test

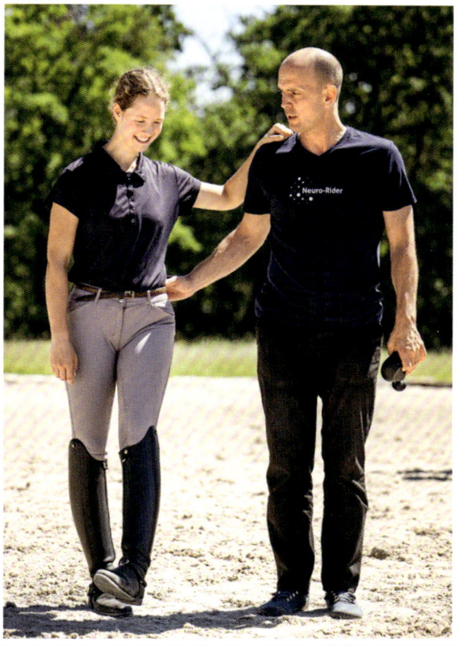

Hüftkreis links verbessert die Balance

»Nie in den Schmerz arbeiten!«

— Totaler Gelenkersatz – alle Bewegungen sollten mit dem behandelnden Arzt geklärt werden.
— Nach Operationen – während der frühen Genesungsphase können Gelenkmobilisierungen unangemessen sein.

OHNE ZIEL IST ES SCHWER, ZU TREFFEN

Ohne Zielorientierung tut sich unser Gehirn schwer. Es bekommt keine Richtung, weiß nicht, was uns wichtig ist. Wenn du nicht genau weißt, was dein Ziel ist, dann darfst du dich nicht wundern, wenn du an einem Ort ankommst, an den du nicht wolltest. Den Wert von Zielstellungen und klaren Formulierungen darf man nicht unterschätzen. Die meisten Reiter haben für ihre Reitstunde kein klares Ziel. Wenn man sich verbessern möchte, dann ist etwas mehr Fokus hilfreich. Dann solltest du dir für bestimmte Reitstunden ein klares Ziel setzen, an dem du arbeiten willst. Zielearbeit füllt ganze Bücher, an dieser Stelle sind zwei Sachen essenziell:
Setze dir ein Ziel für dein Training! Nimm dir ein paar Minuten Zeit und überlege:

— Was will ich konkret verbessern?
— Bis wann will ich das schaffen?
— Ist mein Ziel messbar? (Wenn es das nicht ist, dann mache es messbar).
— Nutze Videoaufzeichnungen und vergleiche „vorher" mit „nacher".

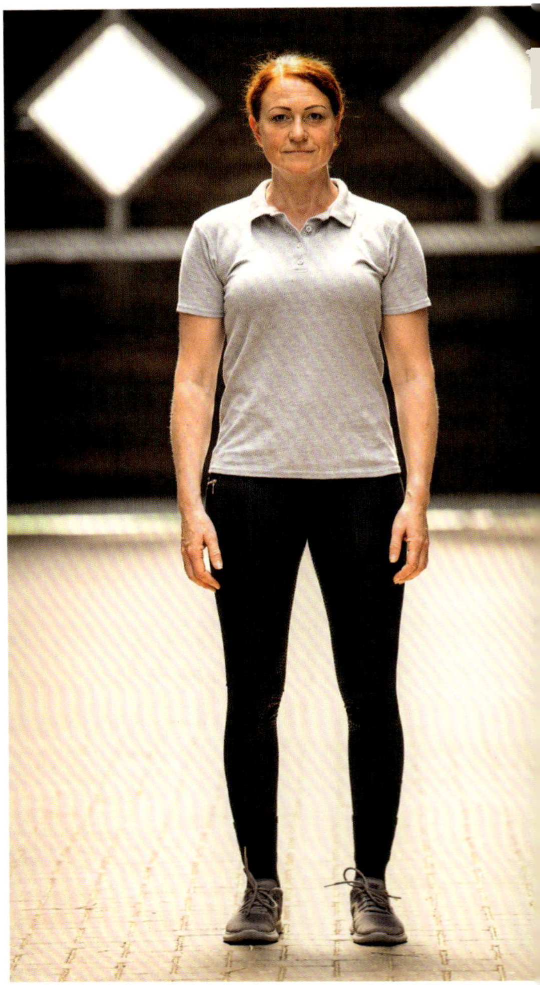

Die perfekte Ausführung beginnt …

— Wenn dein Ziel ist: „Ich möchte mehr Spaß haben" – dann frage dich: „Wie viel Spaß hatte ich bisher immer auf einer Skala von 1-10?" Was ist dein Durchschnitts-Spaßfaktor? Was müsste passieren, damit sich der Spaßfaktor um einen Punkt verbessert?
— Ist mir das Ziel wirklich wichtig? Ist es attraktiv genug?
— Schreibe dir deine Ziele unbedingt auf und vergegenwärtige sie dir, gerne in Form von kleinen Post-its, die dann auch als Erinnerungen für dein Training dienen können.

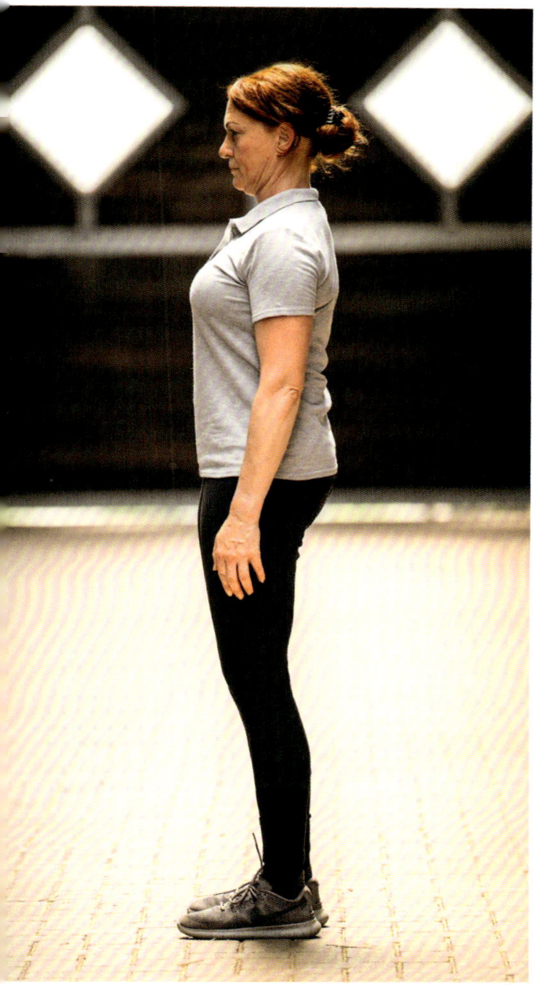

... *immer mit dem neutralen Stand (siehe Seite 72).*

MEISTERHAFT BEWEGEN

- Achte auf perfekte Ausführung.
- Korrigiere deine Haltung, wenn möglich halte die Wirbelsäule immer lang und gestreckt.
- Synchronisiere deine Atmung mit der Bewegung.
- Spanne nur die Muskeln an, die du für die Bewegung wirklich brauchst.
- Achtung: Wenn du eine Übung in nicht perfekter Haltung absolvierst, dann wirst du besser darin, diese Übung in nicht perfekter Haltung auszuführen. Das wäre nicht so toll, oder?
- Wenn du irgendeine Übung mit übermäßiger Muskelspannung in nicht beteiligten Körperteilen ausführst, wirst du besser darin, unnötig übermäßige Muskelspannung zu produzieren. Dann trainierst du dich darin, Verspannungen zu haben, langsam zu sein und mehr Schmerzen zu haben. Also: Sei sehr fokussiert und absolviere alle Übungen mit sehr hoher Aufmerksamkeit. Denk an die Top-Sportler: Bei ihnen sieht immer alles leicht und einfach aus. Doch was ist der Weg zum meisterhaften Bewegen?

PERFEKTE AUSFÜHRUNG

Eine kleine Geschichte dazu, die der 35-fache Weltrekordler im Stabhochsprung Sergej Bubka meinem ehemaligen Kollegen Dr. Christian Uhl vor Jahren erzählte. Auf die Frage nach dem Geheimnis seines Erfolges sagte Bubka:

„Nach meinen ersten Erfolgen verlor ich den richtigen Fokus und konzentrierte mich zu viel auf Unwichtiges. Ich bemerkte den Fehler und begann wieder, an den Basics meiner Sportart zu arbeiten: präzises Bewegen, Laufschule, grundlegende Lauftechnik. Ich trainierte die Basics, die sonst 9-Jährige lernen, um meine Grundlagen auf ein höheres Niveau zu bringen. Nur auf einer guten Grundlage können hohe Türme gebaut werden. Ein Großteil meines Trainings besteht aus Grundlagentraining."

Die Grundlagen für effektives Bewegen sind eine perfekte Funktion des visuellen, des vestibulären und das propriozeptiven Systems. An diesen Grundlagen arbeiten wir. Und wenn wir das tun, dann müssen wir mit hoher Aufmerksamkeit auf folgende Punkte achten, damit die Grundlagen richtig geübt werden.

TRIFF DEN RICHTIGEN BEREICH

Konzentriere dich immer genau auf den Bereich oder das Detail, das als Fokuspunkt der Drills angegeben ist. Ignoriere alles andere, was du sonst noch beim Drill spürst. Wenn du also diesen Drill ausführst und lernst, dann ist es sehr wichtig, dass du dich beim Bewegen permanent reflektierst und überprüfst, was du tust.

ZEITLUPE ODER HÖCHSTGESCHWINDIGKEIT?

Die Geschwindigkeit der Bewegungsausführung macht einen Unterschied. Aber das heißt nicht, dass schnell bewegen schlecht ist. Es braucht oft mehr Geschwindigkeit, damit genügend Aktivierung erreicht wird, um eine Veränderung zu erzielen.
Trotzdem empfehle ich, mit langsamen Bewegungen zu starten (siehe Grafik unten, langsamer Bereich).
Auf der anderen Seite sind oft gerade die Reize extrem wirklungsvoll, die neu für uns sind. Versuche den Zeitrahmen einzuhalten, egal bei welcher Übung. Langsam heißt, du brauchst für eine einzige Wiederholung mindestens fünf bis zehn Sekunden. Fünf bis zehn Sekunden geben dir die Möglichkeit, deinen Fokus und deine komplette Aufmerksamkeit auf den richtigen Bereich der Bewegung zu lenken. Übe dich zunächst darin. Denke auch daran, dass wir durch unterschiedliche Geschwindigkeiten unterschiedliche Gruppen von Rezeptoren ansprechen. Mit anderen Geschwindigkeiten können wir durchaus komplett andere Wirkungen erzielen.
Das heißt, eine Übung zum Beispiel in langsamer Geschwindigkeit ausgeführt, kann möglicherweise nur einen kleinen Effekt in Bezug auf dein Ziel haben, in sehr schneller Ausführung jedoch kann dieselbe Übung eine Wunderwaffe für dich sein. Deshalb denke daran, mit verschiedene Trainingsgeschwindigkeiten zu spielen, sobald du die Ausführung in perfekter Form beherrschst.

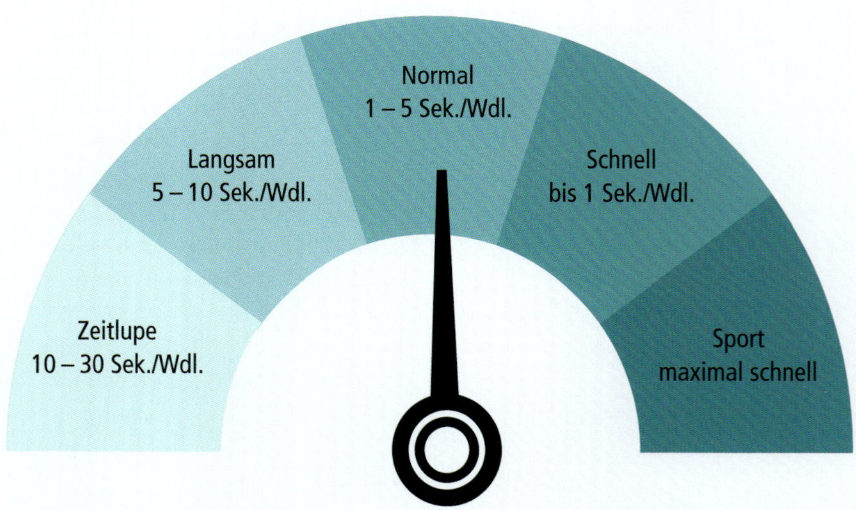

Die Bewegungsgeschwindigkeit beeinflusst die Wirkung.

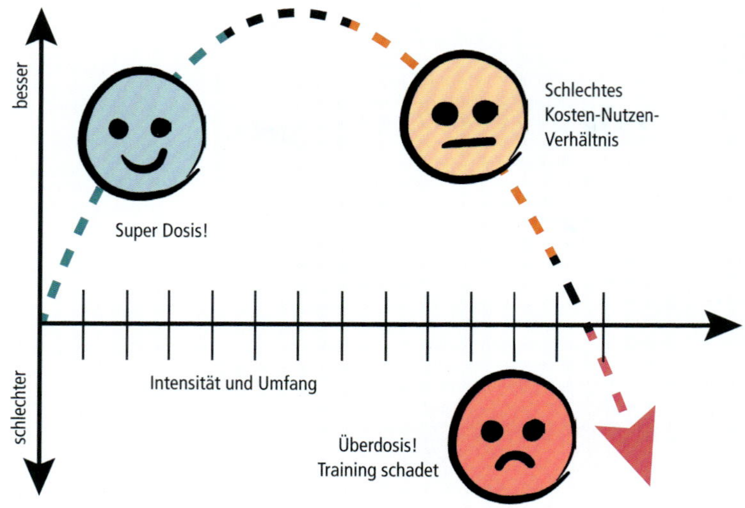

Das Prinzip der minimalen effektiven Dosis: Mit wenig Aufwand viel Wirkung erzielen und kein Risiko eingehen!

DIE DOSIS MACHT DIE MEDIZIN

Training ist wie ein Medikament. Ja, Training ist Medizin. Und man kann Training völlig versauen, genauso wie man sich mit einem Medikament, das potenziell gesund machen soll, bei einer Überdosis umbringen kann. Viele Menschen denken zu wenig über diese Tatsache nach.
Finde die richtige Dosis für dich. Wähle die minimal effektive Dosis (siehe grüner Bereich). Es sei denn, du hast Langeweile. Aber die hast du nicht. Du reitest.

AUFHÖREN, WENN ES SICH GUT ANFÜHLT

Es gibt einen weiteren, motivationalen Grund dafür: Wenn man sein Training immer zu hart und anstrengend gestaltet und sich danach schlechter fühlt als vorher, dann merkt sich das unser Nervensystem – wir werden mitunter weniger Lust verspüren, das Training zu wiederholen. Wenn wir hingegen aufhören, wenn es am schönsten ist, wenn wir sozusagen mit wenig Kosten viel Nutzen erreicht haben, dann ist es ein guter Zeitpunkt, um mit dem Training aufzuhören. Mit einer minimalen Dosis die Leistung zu verbessern, und sich nach dem Training besser zu fühlen als zuvor – das ist eine schöne Belohnung. Und die Verhaltensforschung zeigt, dass Belohnung notwendig ist, um eine Gewohnheit zu entwickeln!

IMMER: SPÜREN VON BEWEGUNG

Die Umsetzung dieses Prinzips ist sehr einfach: Den Bereich, den du präzise bewegen möchtest, aktivierst du vor, indem du beispielsweise leicht oder auch mit starkem Druck daran reibst, indem du den Bereich abklopfst oder mit einem Vibrationstool Vibration applizierst. Konzentriere dich auf das, was du fühlst! Am Ellbogen rubbeln beim TV-Glotzen geht auch, bringt nur deinem Gehirn weniger Effekt und nützt so deiner Bewegung anschließend auch weniger.

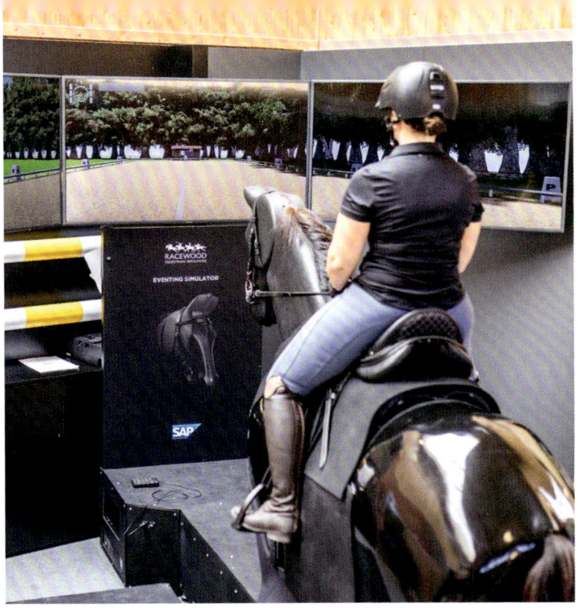

01

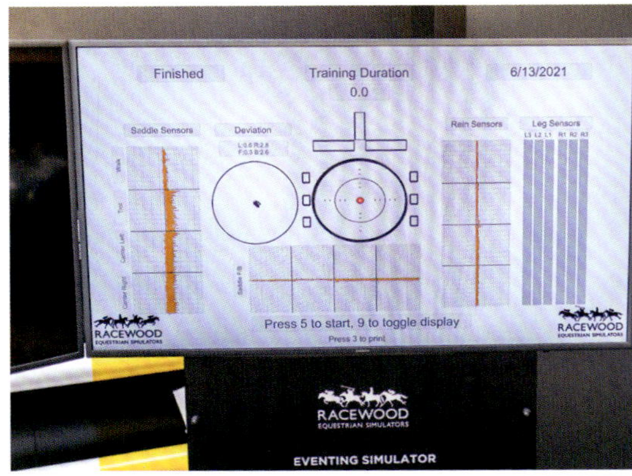

02

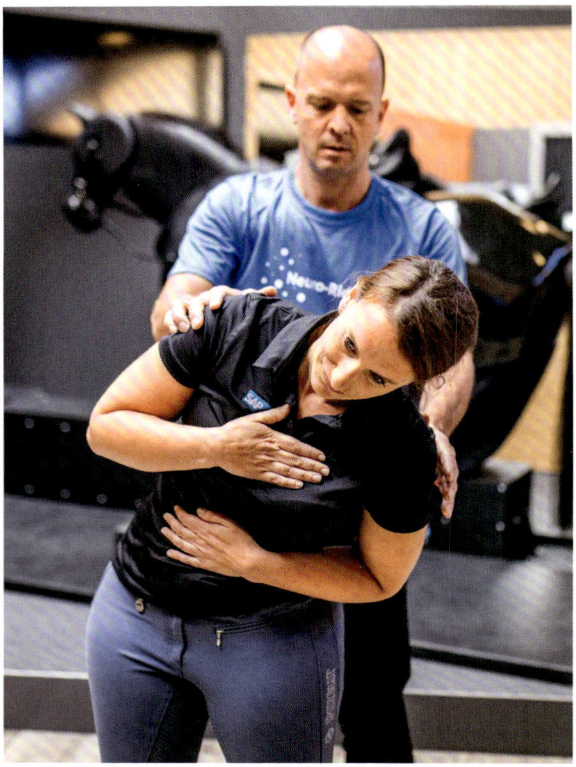

03

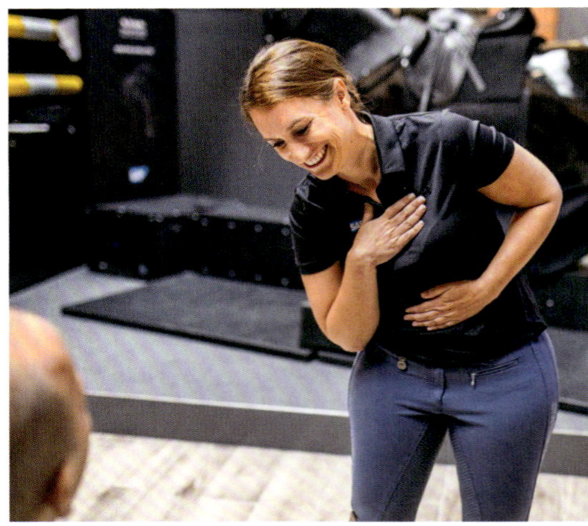

04

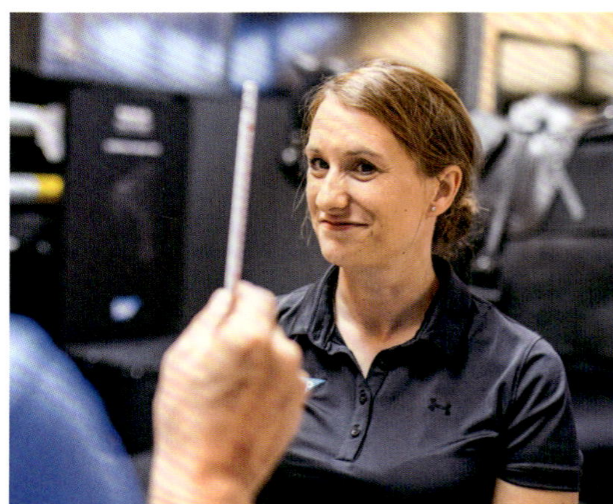

05

01 – 05 Auf dem Reitsimulator Sir Waldo messen Sensoren Sitzposition und Einwirkungen in verschiedenen Situationen. Eine sehr gute Möglichkeit, um mit gezielten Trainingsreizen die Aktionen des Reiters zu verbessern und die Ergebnisse sofort nachzuprüfen, bevor wieder auf das echte Pferd gewechselt wird.

Aufgrund der Anatomie und der Blutversorgung können wir von folgendem grundlegenden Gehirnativierungsmuster ausgehen: *Die Aktivierung passiert von unten nach oben und von hinten nach vorne.*
Damit der motorische Cortex also gute Signale an die Muskeln senden kann, ist es hilfreich, wenn wir den sensorischen Cortex im Parietallappen voraktivieren – denn wenn es dort schon mal „heiß“ und die Durchblutung erhöht wird, dann hat der motorische Kortex davor auch bessere Arbeitsbedingungen.

TREIBSTOFF UND AKTIVIERUNG

Neuroplastizität – also Lernen – läuft rund, wenn diese zwei Voraussetzungen gegeben sind: Treibstoff und Aktivierung.
Die Aktivierung geschieht durch die Drills, die ich dir ab Seite 67 vorstelle. Wenn wir aber nur aktivieren, ohne dass genügend Treibstoff vorhanden ist, dann erzeugen wir irgendwann Probleme: Nach dem Motto „Motor ohne Öl, Kaltstart, Vollgas – Kolbenfresser“.
Unser Gehirn braucht kein Öl, sondern Sauerstoff und Glukose. Die Sauerstoffversorgung stellen wir mit den Übungen im Kapitel „Atmung“ (Seite 141) sicher. Dein Gehirn ist eine Zuckerverbrennmaschine par excellence! Es verbraucht ca. ⅓ deiner Kohlenhydratzufuhr, obwohl es nur zweieinhalb Pfund wiegt! Das ist krass, oder? Das bedeutet aber im Umkehrschluss: Wenn du zu wenig Kohlenhydate zu dir nimmst und dein Gehirn zu wenig Zucker bekommt, dann schadest du der Stoffwechselsituation in deinem Gehirn und seine Funktion leidet.
Wenn wir etwas Neues lernen – und das wirst du, sobald du mit dem Training beginnst, dann ist der Glukosebedarf in deinem Gehirn noch mal erhöht. Vor allem die Augenübungen und die Drills für das vestibuläre System sind energetisch hoch anspruchsvoll. Deshalb stelle bitte sicher, dass du dein Training mit Atemübungen und idealerweise einem Glas Orangensaft beginnst.

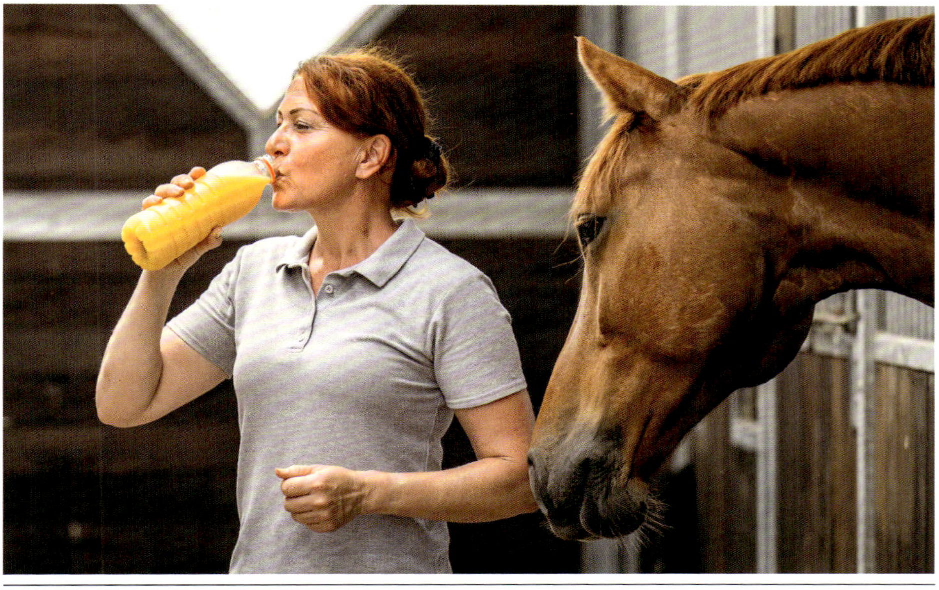

Ohne Treibstoff bekommt das Gehirn Probleme.

DAS HERZSTÜCK
— Testen und Re-Testen

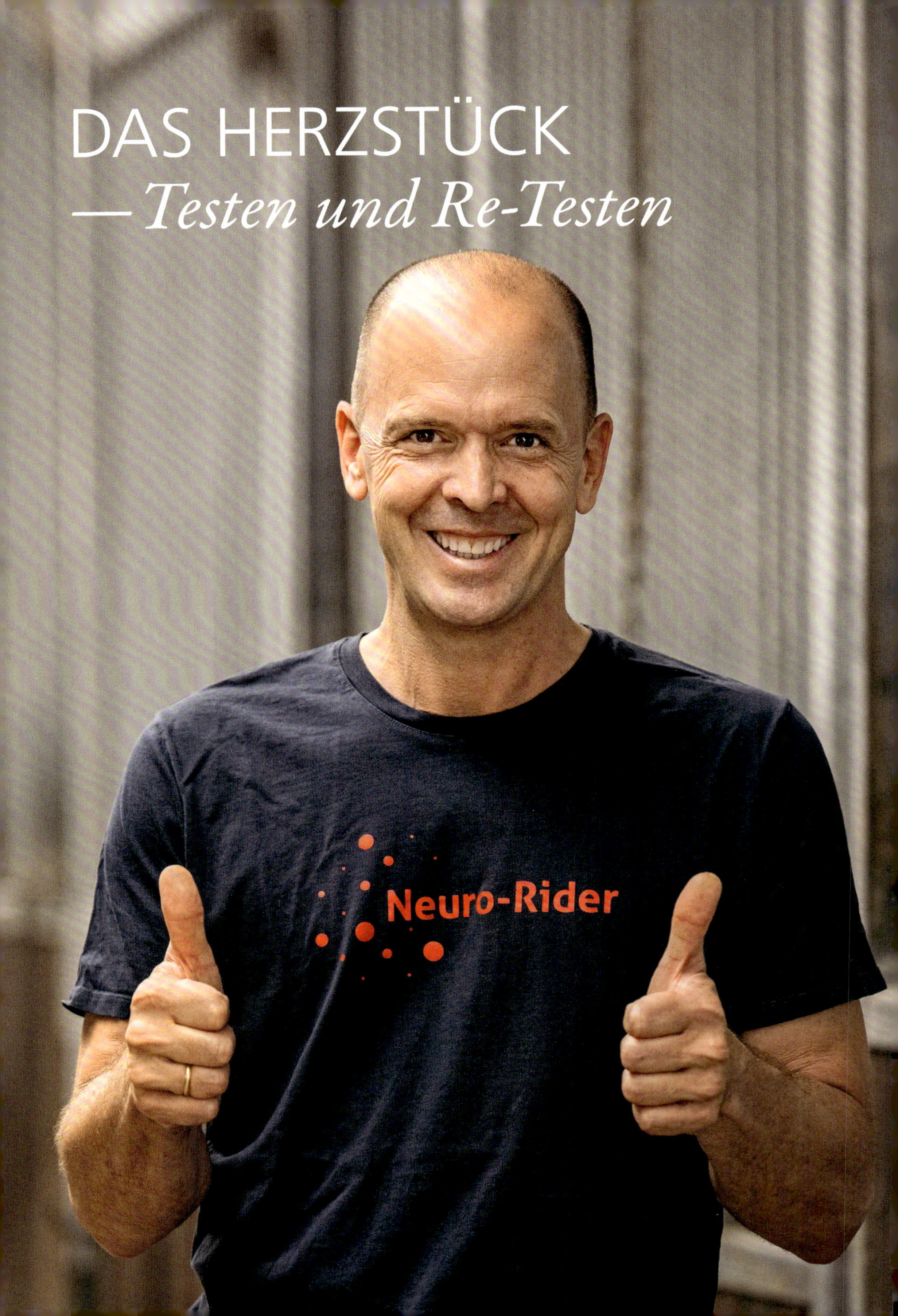

DAS PRINZIP: TEST – DRILL – RE-TEST

Beim Neuro-Athletik-Training testest du deine Beweglichkeit, Balance und Koordination und Unterschiede in den Seitigkeiten. Anschließend führst du die Drills aus und testest erneut.

TESTE DICH SELBST

Was passiert, wenn direkt neben dir ein Auto hupt? Du zuckst zusammen. Was passiert, wenn du einen sehr spannenden Thriller guckst? Deine Hände werden feucht und dein Herzschlag beschleunigt sich. Was passiert manchmal, wenn du ein Kompliment bekommst? Du errötest.
Unser Nervensystem reagiert permanent auf alles, was in und um uns herum passiert. Wir kennen diese sofortigen Effekte nur allzu gut. Lass uns beginnen, dieses schnelle Reagieren unseres Nervensystems zu nutzen, um herauszufinden, auf welche Trainingsreize unser Gehirn positiv reagiert und welche es als bedrohlich einordnet.
Wenn unser Nervensystem mehr Beweglichkeit, mehr Balance oder mehr Koordination ermöglicht, dann können wir den Reiz, der dafür gesorgt hat, als positiv einordnen. Wenn nach einem Trainingsdrill unsere Beweglichkeit, Balance oder Koordination schlechter wird, dann hat unser Gehirn diesen Reiz als potenziell bedrohlich eingeordnet.

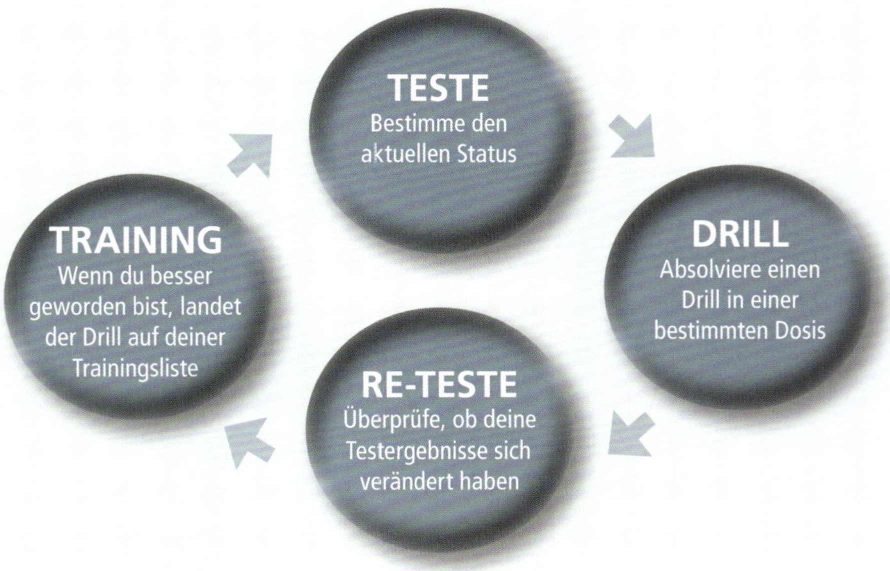

Teste und überprüfe jeden Drill nach diesem Schema, um die besten Drills für dich zu finden.

WAS IST WAS?

Ein Test ist eine Überprüfung ds derzeitigen Leistungsvermögens. Wir nutzen Tests, die einfach durchführbar, leicht zu erlernen und möglichst aussagekräftig sind. Nachdem du durch einige Tests den Funktionsstatus deines Körpers festgestellt hast, absolvierst du einen Drill.
Ein Drill ist eine Bewegungsübung für ein Gelenk, für die Augen, für das Gleichgewichtssystem, das Atmungssystem oder eine einfache Stimulation von Rezeptoren und freien Nervenenden. Nachdem du den Drill absolviert hast, wiederhole den zuvor durchgeführten Test noch einmal. Diese Wiederholung nennen wir einen Re-Test.
Mit dem Re-Test überprüfst du, ob deine Leistungsfähigkeit besser oder schlechter geworden oder ob sie gleich geblieben ist. So findest du heraus, welche Drills die Richtigen und Wichtigen für dich sind!

VERÄNDERUNGEN MIT BRAIN-SPEED

Eine Grundregel lautet: Veränderungen passieren schnell – mit der Geschwindigkeit des Nervensystems! Erinnere dich noch mal an die Arbeitsweise unseres Gehirns: Es macht immer drei Dinge: 1. Input empfangen, 2. interpretieren und entscheiden und 3. Output produzieren (siehe Seite 14). Die Geschwindigkeit, mit der sich ein Nervensignal entlang einer Nervenfaser bewegt, liegt je nach Fasertyp zwischen etwa 0,5 und 12 m pro Sekunde. Wenn du also einen Drill ausführst, reagiert das Gehirn fast unmittelbar darauf. Diese Reaktion kann eine Schutzreaktion sein, die deine Beweglichkeit, Balance oder Koordination verschlechtert.
Dein Gehirn kann sich aber auch über den durch den Drill erzeugten Reiz freuen und mit einer Verbesserung von Beweglichkeit, Balance und Koordination reagieren.
Die Wirkungsdauer eines Drills ist unterschiedlich lang. Das hängt von der Drillausführung und von dem Menschen ab, der den Drill ausführt. Wir können aber relativ sicher sein, dass die Wirkung nach 10 – 30 Sekunden noch im Re-Test spürbar ist. Deshalb absolviere die Re-Tests relativ zügig nach dem Drill.

TESTS FÜR DAS TRAINING ZU HAUSE

In diesem Kapitel beginnt das Training. Ich beschreibe Tests, die du nutzen kannst und die sich für Reiter bewährt haben. Bitte mache dich mit den Tests vertraut und lies die Beschreibungen mehrmals durch. Du solltest die Tests gleichartig und präzise ausführen. Lasse dir Zeit dabei. Finde heraus, welche Tests für dich geeignet sind, bei welchen du Seitenunterschiede feststellst, und trage die Ergebnisse in der Tabelle ein. Kopiere die Tabelle, um die Testergebnisse mehrfach eintragen zu können.
Nutze dein Smartphone, um dich beim Testen selbst zu filmen und die Unterschiede

BASIC-BITTE

Ich stelle dir hier grundlegende und einfache Tests vor. Wichtig bei der Durchführung ist es, dass du die Tests und Re-Tests unter gleichen Bedingungen, also standardisiert durchführst. Achte darauf, dass deine Füße gleich stehen und dass deine Körperposition identisch ist.
Alle Veränderungen können das Testergebnis verfälschen. Wir nutzen zeitsparende Tests, um deine aktuelle aktive Bewegungsweite, Balance und Koordination feststellen zu können.
Der beste Re-Test ist das anschließende Reiten.

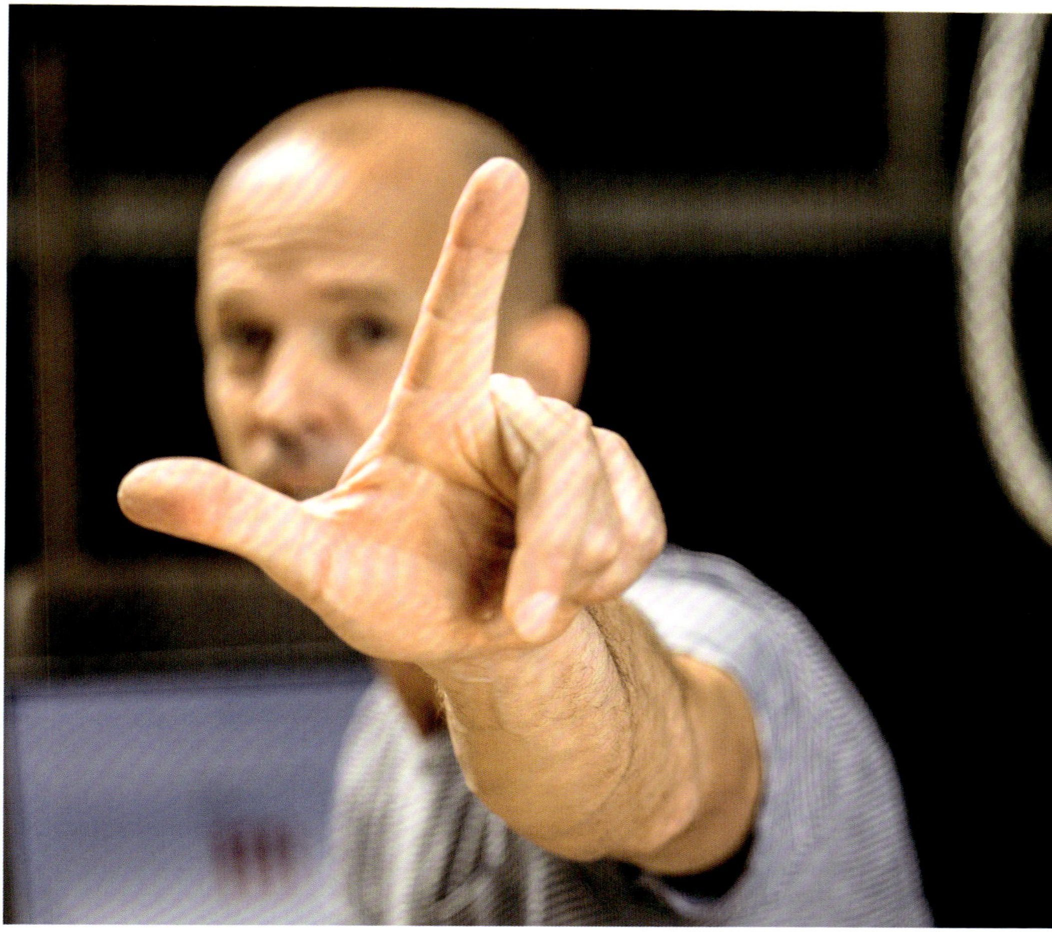

Sei dein größter FAN – siehe Seite 151.

feststellen zu können. Bevor du startest, wirf auch einen Blick auf die FAN-Information auf Seite 151.

DER ABLAUF VOM TESTEN DER DRILLS

Nimm dir ein wenig Zeit für den nächsten Schritt. Du darfst nicht den Fehler machen, alle Drills an einem Tag hintereinander zu testen. In ein paar Wochen wirst du dazu in der Lage sein, aber jetzt noch nicht.
Zu große Eile würde zulasten der Qualität in der Ausführung gehen. Nimm dir also Zeit, damit du alle Anforderungen an die Ausführung beachten und erfüllen kannst.
In diesem Buch beschreibe ich 62 Drills.
Du musst später nicht immer alle Tests wiederholen und jeden Drill mit allen Tests überprüfen. Als Reiter ergibt es auf jeden Fall Sinn, einen Balancetest, also eine schwierige Zombie-Stand-Variante oder den Liniengang zu wählen (siehe Seite 58 und 61).
Wenn du in einem Beweglichkeitstest oder im Koordinationtest eine Diskrepanz festgestellt hast, nutze die Leistungsfähigkeit der schwächeren Seite zusätzlich als Re-Test.
Auch die Ganzkörper-Rotation und die Vorbeuge (siehe Seite 56 und 53) haben sich bei vielen Menschen bewährt. Teste das, was wichtig für dich ist!

Test und Re-Test	auf Seite	Abstand	verringert links	verringert rechts	Tendenz Fallrichtung	Standzeit	Schmerz 0–10	Sonstige Bemerkungen
Beweglichkeit								
Vorbeuge	53							
Vogelscheuche Innenrotation	54							
Vogelscheuche Außenrotation	54							
Halber Schnee-Engel	55							
Schulterflexion	56							
Pistolendrehung	56							
Balance								
Zombie-Stand	58							
Verschärfter Zombie-Stand	59							
Einbeiniger Zombie-Stand mit Kniehub	60							
Liniengang	61							
Koordination								
Hand-RAPS	61							

Dies ist eine universelle Tabelle zum Ankreuzen: Nicht alle Spalten sind für jeden Test relevant.

BEWEGLICHKEITSTEST

Mit den Beweglichkeitstests testest du ganz generell die Beweglichkeit verschiedener Körperbereiche. Du findest heraus, wie viel Bewegungsweite dein Gehirn dir momentan erlaubt, und ob es Seitenunterschiede gibt. Wiederhole die Tests jeweils ein paar Mal hintereinander, bis du ein gutes Gefühl für deinen Ist-Zustand ermittelt hast.

VORBEUGE

HÜFT-FLEXION

Fokuspunkte: Wie weit kann ich mich entspannt beugen? Wie fühlen sich meine Muskeln dabei an? Angespannt? Locker? Wie groß ist der Abstand zwischen Fingerspitzen und Boden? Wie weit kann ich meine Hand auflegen?

Ausführung: Du stehst gerade, deine Wirbelsäule ist lang und gestreckt, die Füße stehen schulterbreit, beide Fußspitzen zeigen nach vorne. Jetzt beugst du deinen Oberkörper nach vorne, deine Arme hängen herunter und deine Fingerspitzen zeigen in Richtung Zehenspitzen. Lasse dich locker hängen und beobachte, wie groß der Abstand zwischen Fingersitzen und Zehenspitzen ist. Wippe nicht und zwänge dich nicht in eine tiefe Position. Lasse deinen Oberkörper einfach hängen. Nimm wahr, wo deine Muskeln und Sehnen angespannt sind. Merke dir den Abstand deiner Finger zum Boden und auch, wie leicht oder wie schwer du diese Position einnehmen kannst. Du solltest zu Beginn den Vorgang mehrmals hintereinander wiederholen, damit du ein wenig aufgewärmt bist. Sonst wäre es ja kein Wunder, dass du bei den Re-Tests besser wirst.

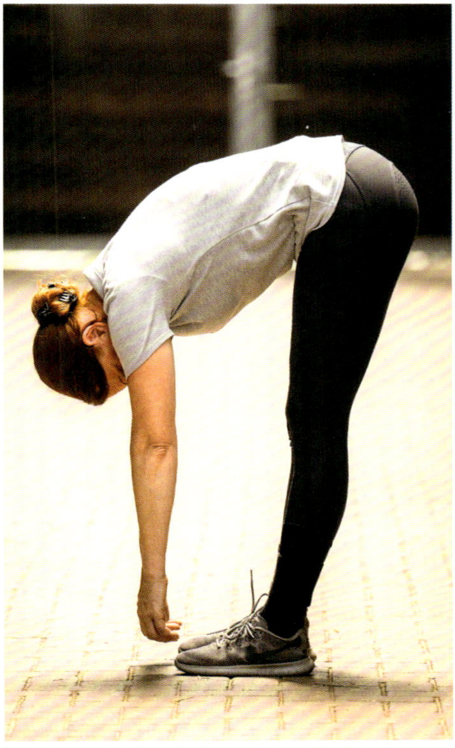

Einfach locker hängen lassen.

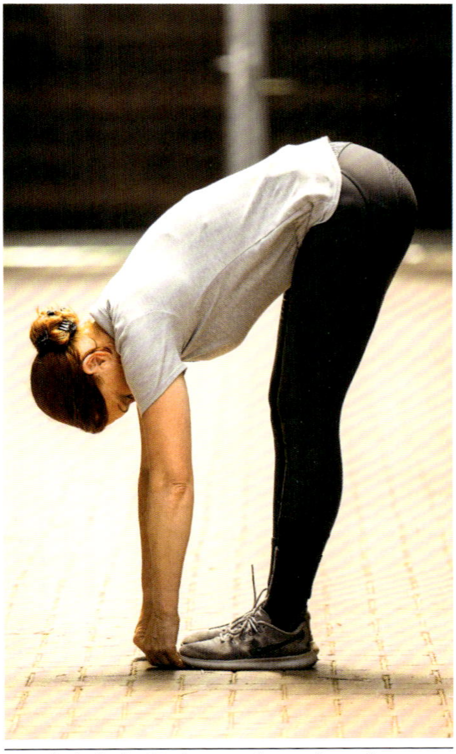

Wiederhole die Vorbeuge ruhig mehrmals.

VOGELSCHEUCHE

SCHULTER-ROTATION NACH INNEN UND AUSSEN

Fokuspunkte: Wie weit kann ich drehen? Wie leicht oder schwer geht es? Gibt es eine schwächere Seite? Absolviere diesen Test mit beiden Schultern. Vergleiche beide Seiten. Gibt es Unterschiede in der Bewegungsweite? Welche Positionen erreichst du auf welcher Seite? Merke dir die eingeschränkteste Position und wiederhole sie später im Re-Test!

Ausführung: Du stehst gerade, die Wirbelsäule ist lang und gestreckt, die Füße stehen schulterbreit auseinander, beide Fußspitzen zeigen nach vorne. Dein Blick ist geradeaus gerichtet und fixiert einen Gegenstand/Punkt. Hebe den rechten Arm seitlich in die Waagerechte, beuge den Ellbogen, sodass der Unterarm rechtwinklig zum Oberarm steht. Die Handfläche zeigt zum Boden. Der Oberarm bleibt während der gesamten Übung in der Waagerechten. Rotiere jetzt die Schulter, sodass du den Handrücken nach oben/hinten bewegst. Wie weit

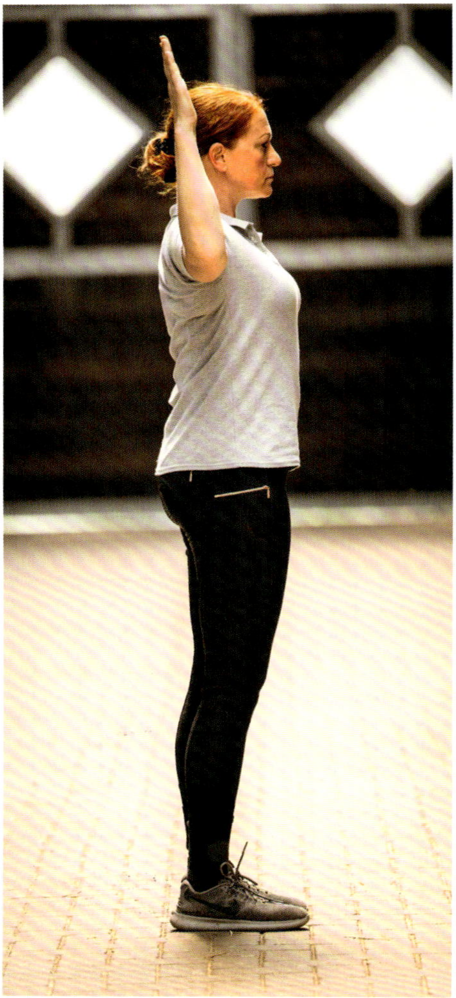

Außen-Rotation

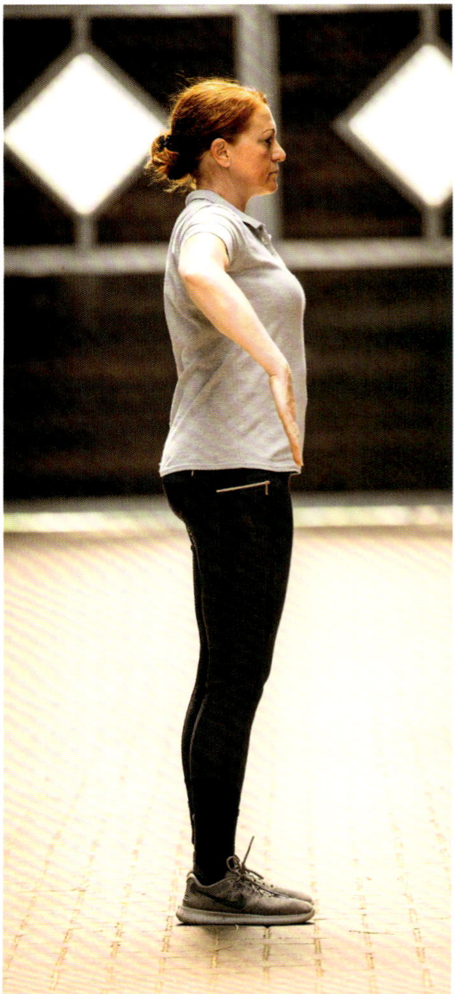

Innen-Rotation

kannst du die Schulter rotieren? Merke dir den größtmöglichen Bewegungsradius/Bewegungspunkt.
Jetzt rotiere die Schulter nach vorne/unten, bewege die Handfläche nach unten, bis sie nach hinten zeigt. Wie weit kannst du die Schulter so rotieren? Merke dir den größtmöglichen Bewegungsradius. Wenn du Schmerzen in der Schulter spürst, dann ist der Punkt, bis zu dem du dich schmerzfrei bewegen kannst, dein Ergebnis.

HALBER SCHNEE-ENGEL

SCHULTER-ABDUKTION

Fokuspunkte: Wie weit kann ich rotieren? Wie leicht oder schwer geht es? Gibt es eine schwächere Seite? Absolviere diesen Test mit beiden Schultern und vergleiche beide Seiten. Gibt es Unterschiede in der Bewegungsweite? Welche Schulter bewegt sich weniger weit und welche Schulter bewegt sich weniger „flüssig"? Teste beide Seiten und merke dir die Unterschiede. Auch hier sind wir jedoch vor allem an der schlechteren Seite interessiert, die wir im Re-Test zur Kontrolle der Wirksamkeit des Drills erneut testen werden.

Ausführung: Du stehst gerade, die Wirbelsäule ist lang und gestreckt, die Füße stehen schulterbreit auseinander, beide Fußspitzen zeigen nach vorne. Dein Blick ist geradeaus gerichtet und fixiert einen Punkt/Gegenstand. Hebe den im Ellbogengelenk komplett gestreckten rechten Arm seitlich neben dem Körper nach oben, so hoch wie möglich. Merke dir die Bewegungsweite und wie leicht oder schwer dir die Bewegung fällt. Perfekt wäre es, wenn dein Oberarm am Ende der Bewegung dein Ohr berührt – aber bewege dein Ohr nicht in Richtung Arm! Wenn du Schmerzen in der Schulter spürst, dann ist der Punkt, bis zu dem du dich schmerzfrei bewegen kannst, dein Ergebnis.

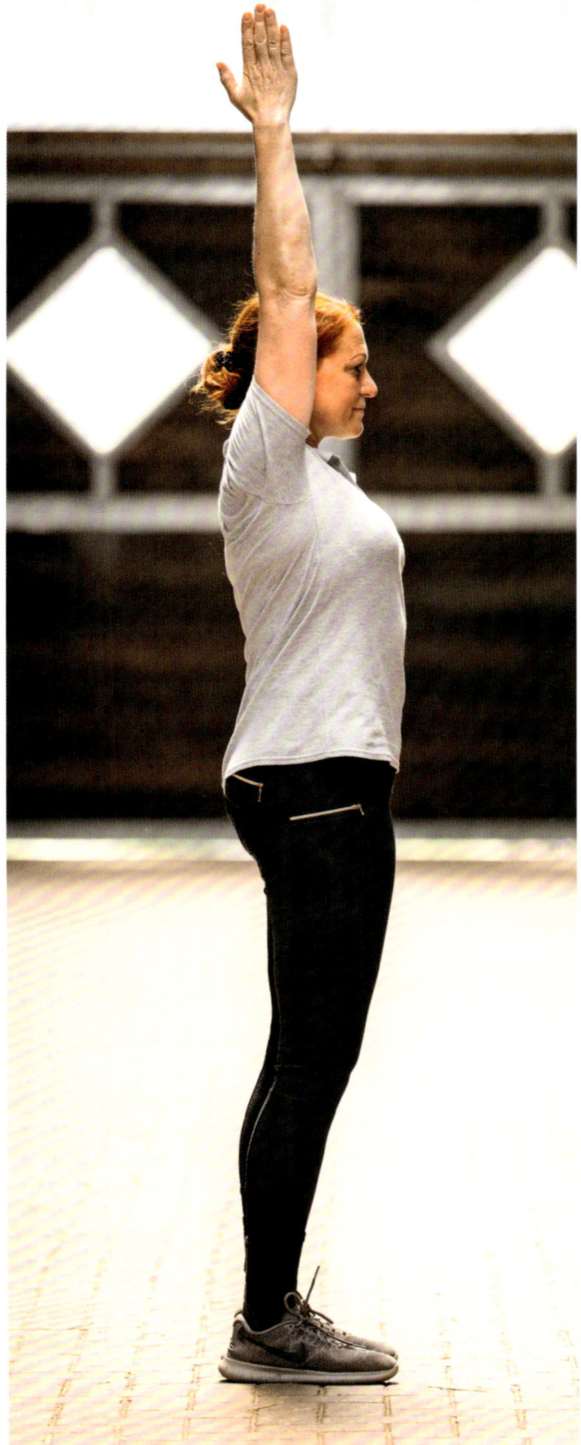

Maximale Bewegungsweite in Flexion

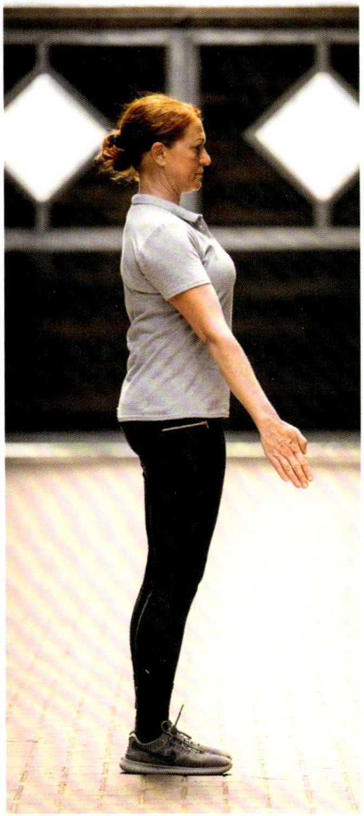

Hebe den Arm nach vorne hoch.

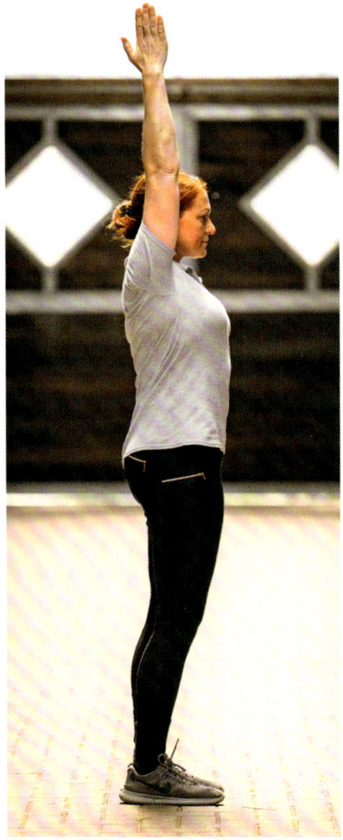

Der Arm ist gestreckt.

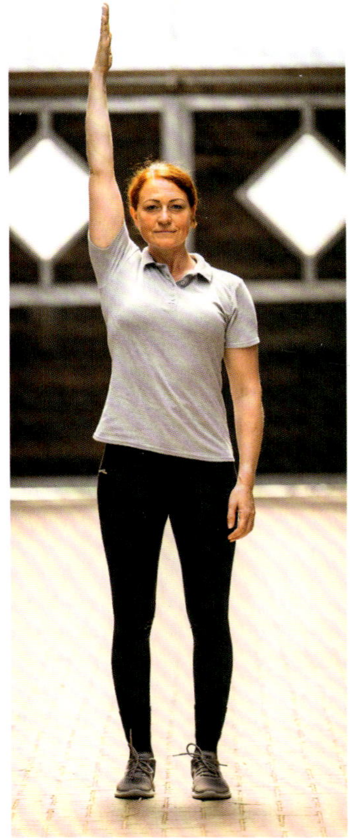

Der Oberkörper bleibt ruhig.

SCHULTERFLEXION

Fokuspunkte: Wie weit kann ich den gestreckten Arm sauber anheben? Wie leicht oder schwer geht es? Gibt es eine schwächere Seite? Wie fühlt es sich an in der Schulter? Absolviere diesen Test mit beiden Schultern und vergleiche beide Seiten.

Ausführung: Du stehst gerade, die Wirbelsäule ist lang und gestreckt, die Füße stehen schulterbreit auseinander, beide Fußspitzen zeigen nach vorne. Dein Blick ist geradeaus gerichtet und fixiert einen Punkt/Gegenstand. Hebe den im Ellbogengelenk komplett gestreckten rechten Arm nach vorne an und bewege den Arm nach oben, so hoch wie möglich. Achte darauf, dass der Ellbogen die ganze Zeit komplett gestreckt bleibt. Perfekt wäre, wenn dein Oberarm am Ende der Bewegung dein Ohr passiert. Merke dir deine maximale Bewegungsweite und nimm auch wahr, wie leicht oder schwer dir die Bewegung gefallen ist. Teste beide Seiten und merke dir die Unterschiede. Auch hier gilt: Finde deine schwächere Seite heraus und re-teste diese Seite! Wenn du Schmerzen in der Schulter spürst, dann ist der Punkt, bis zu dem du dich schmerzfrei bewegen kannst, dein Ergebnis.

PISTOLENDREHUNG

GANZKÖRPER-ROTATION

Fokuspunkte: Wie weit kann ich drehen? Wie leicht oder schwer geht es? Gibt es eine schwächere Seite, zu der ich weniger weit drehen kann? Wie stabil stehe ich dabei?

Ausführung: Die Füße stehen eng aneinander, Knöchel an Knöchel. Du stehst gerade, die Wirbelsäule ist lang und gestreckt. Strecke deine Arme waagerecht nach vorne

und halte deine Hände so, als ob du mit einer Pistole geradeaus nach vorne zielen würdest. Die Ellbogen sind – und bleiben – komplett gestreckt. Jetzt drehe deinen ganzen Körper so weit wie möglich nach links und merke dir die Endposition, die du erreichen kannst. Komm zurück zur Mitte und rotiere nun nach rechts. Merke dir auch hier deine maximale Drehweite.
Dazu kannst du Punkte anvisieren, die sich im Raum befinden. Wiederhole die Drehungen ein paarmal, bis du jeweils festgestellt hast, wo deine maximale Drehweite liegt und zu welcher Seite du weniger weit rotieren kannst. Merke/notiere dir deine Ergebnisse.
Beim Re-Test ist es hilfreich, wenn du exakt die gleiche Position einnimmst, so kannst du die Fixierpunkte deiner Drehweite wiederverwenden. Im Re-Test wollen wir die Rotation zur schwächeren Seite verbessern.

BALANCETESTS

Fokuspunkte für die Bewertung: Wie sicher fühle ich mich? Wie stark schwanke ich? Wie lange kann ich ohne Ausgleichsbewegung sicher stehen?
Die Balancetests geben dir zwei Informationen: zum einen darüber, wie gut dein Körpergefühl ist, die sogenannte Propriozeption. Zum anderen darüber, wie zuverlässig dein Gleichgewichtssystem im Innenohr arbeitet. Manchmal geht der erste Standversuch in die Hose. Deshalb absolviere ruhig zwei oder drei Versuche, damit du ein gutes Gefühl für deinen Ist-Zustand bekommst.
Später im Training brauchst du nur einen der Balancetests verwenden. Wähle eine Schwierigkeit aus, die für dich herausfordernd ist. Wenn du beim normalen Zombie-Stand mit geschlossenen Augen 20 Sekunden ohne viel zu schwanken stehen kannst, dann ist das zu leicht. Du würdest keine Verbesserungen feststellen können. Wähle also einen Test, bei dem deine Leistung „ausbaufähig" ist!

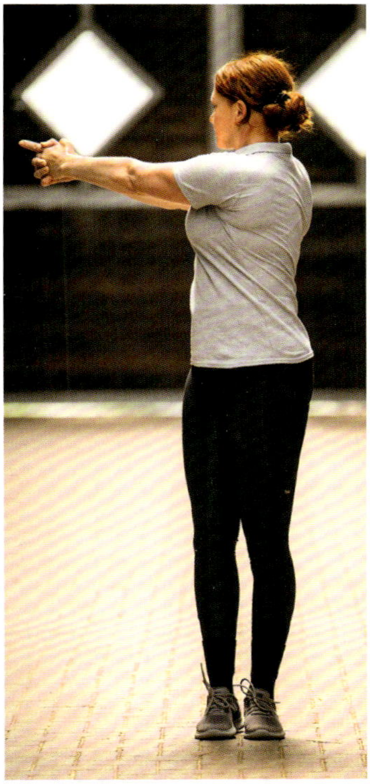

Weit nach rechts

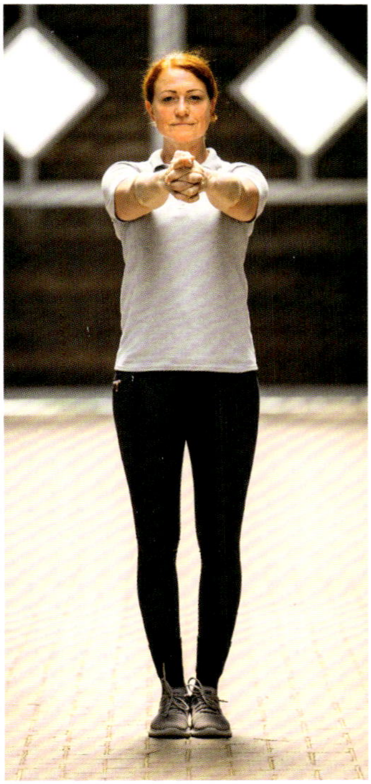

Strecke die Ellbogen.

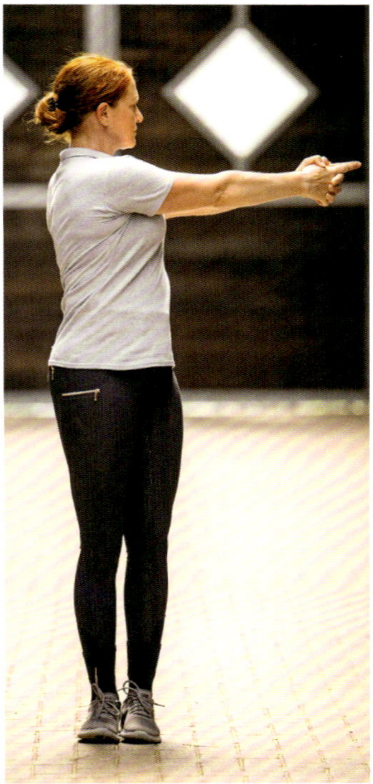

Weit nach links

AUGEN AUF – AUGEN ZU

Solltest du feststellen, dass deine Balance mit offenen Augen *schlechter* ist als mit geschlossenen Augen, dann ist das ein Hinweis darauf, dass dein Gehirn offenbar große Mühe damit hat, visuellen Informationen sinnvoll zu verarbeiten. Es wäre dann wahrscheinlich, dass du von den visuellen Drills stark profitierst.

Und auch hier gilt: Nicht in den Schmerz bewegen. Wenn du Schmerzen spürst, dann ist der Punkt, bis zu dem du dich schmerzfrei bewegen kannst, dein Ergebnis. Wiederhole die Drehungen ein paar Mal, damit du etwas aufgewärmt bist.

ZOMBIE-STAND

Achtung: Achte darauf, dass keine spitzen Gegenstände um dich herumstehen. Wenn du Gleichgewichtsprobleme hast, stelle dich für diesen Test in die Ecke eines Raumes, sodass sich dicht hinter dir die Ecke und rechts und links die Wände befinden!
Ausführung: Die Füße stehen eng aneinander, Knöchel an Knöchel. Du stehst gerade, die Wirbelsäule ist lang und gestreckt. Strecke deine Arme waagerecht nach vorne aus. Ellbogen und Finger sind gestreckt. Bemerke, ob dein Körper vor und zurück oder von links nach rechts schwankt.
Jetzt schließe die Augen. Achte darauf, ob dein Körper vor und zurück oder von links nach rechts schwankt. Spüre, ob es eine

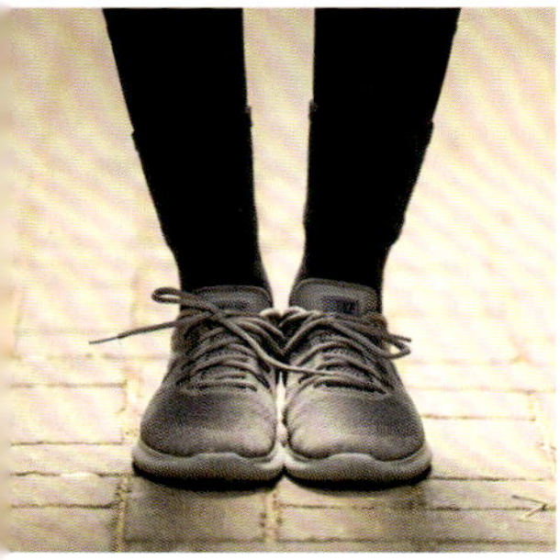

01

01 Füße nebeneinander

02 Arme ausgestreckt in der Waagerechten

03 Augen schließen

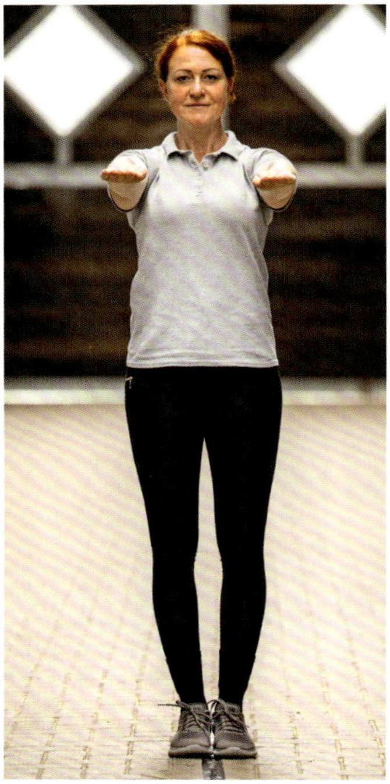

02

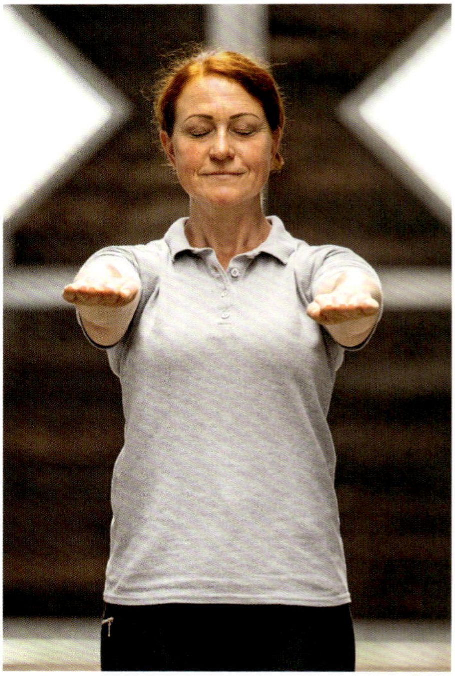

03

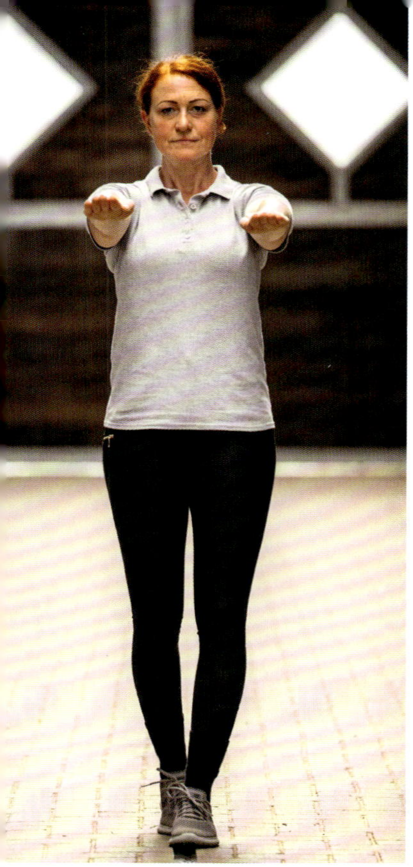

01

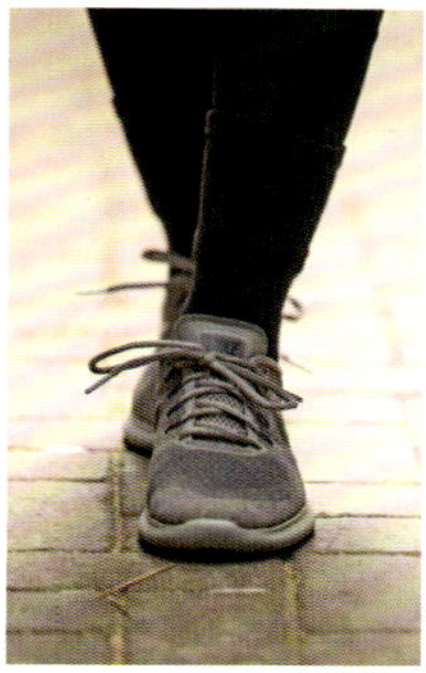

02

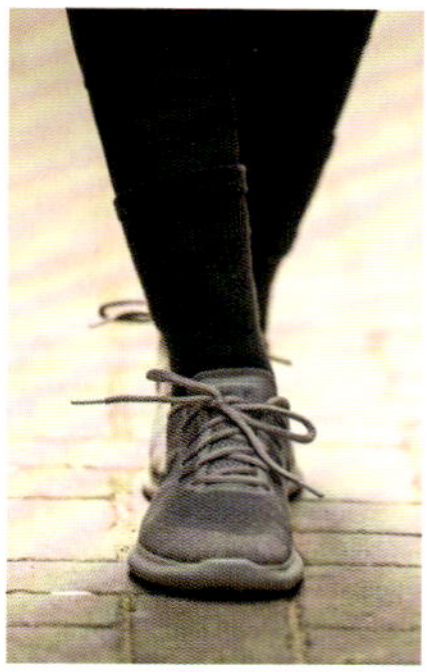

03

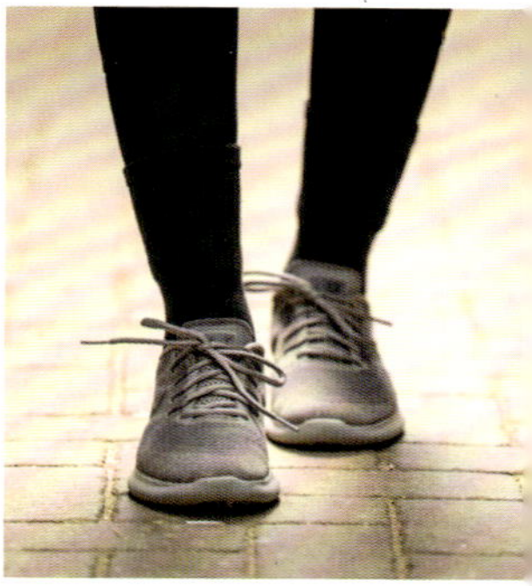

04

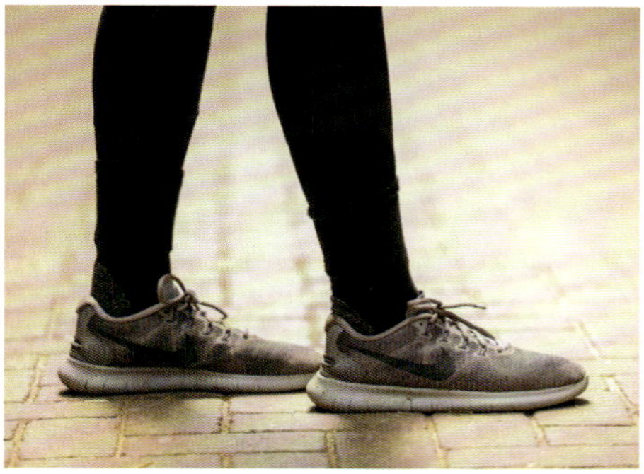

05

01 Der verschärfte Zombie-Stand

02 Zehenspitze hinter der Ferse

03 Teste beide Seiten

04 Etwas leichter: mit Versatz

05 Eine Fußlänge Abstand

bevorzugte Richtung gibt, in die dein Körper schwankt. Sobald du starke Korrekturbewegungen mit den Armen oder dem Oberkörper machen musst, ist der Test beendet. Merke dir, wie lange du bis zum Abbruch stehen konntest.
Wenn du beim Re-Test sicherer stehst oder weniger oder gar nicht mehr zu einer Seite schwankst, dann ist das ein positives Zeichen. Solltest du beim Zombie-Stand keine Schwankungen spüren, dann ist dieser Test zu leicht für dich – nutze den verschärften Zombie-Stand.

VERSCHÄRFTER ZOMBIE-STAND

Ausführung: Sie ist identisch mit der beim Zombie-Stand, aber deine Füße stehen jetzt nicht nebeneinander, sondern hintereinander: Die Fußspitze des rechten Fußes berührt die Ferse deines linken Fußes. Dein Körpergewicht verteilt sich gleichmäßig auf beide Füße. Teste auch die Position mit dem rechten Fuß vorne. Wenn das zu wackelig ist, kannst du es dir etwas leichter machen, indem du die Füße nicht komplett hintereinander stellst, sondern leicht seitlich versetzt. Du schaffst beides solide und wie einbetoniert? Dann teste den einbeinigen Zombie-Stand. Wie gesagt: Suche dir stets eine Standposition aus, die einerseits sicher, aber andererseits auch herausfordernd für dich ist. Dann kannst du Verbesserungen leichter überprüfen.

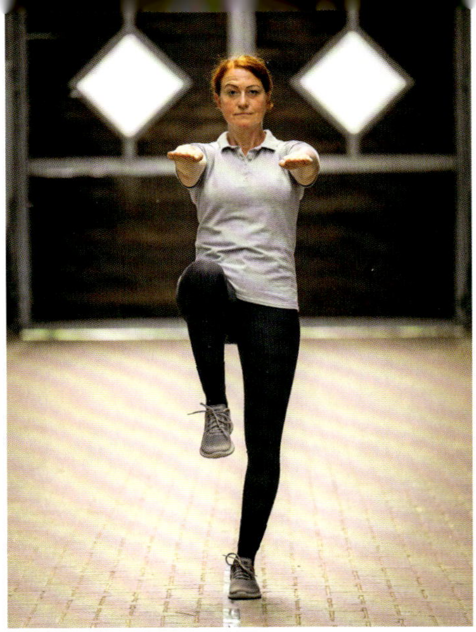

01

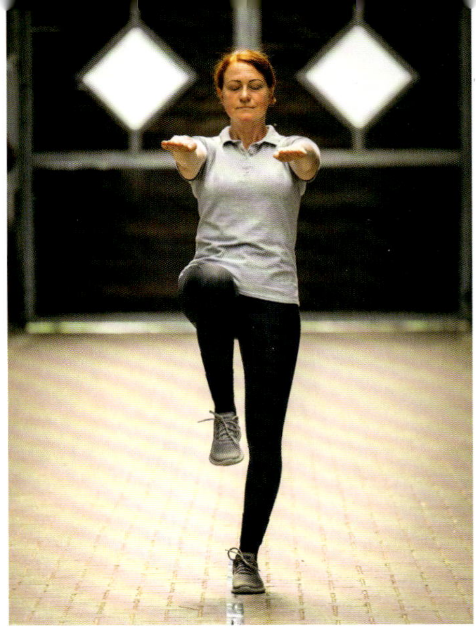

02

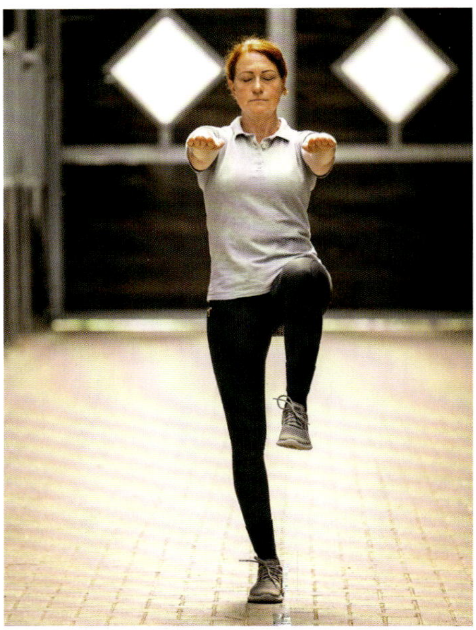

03

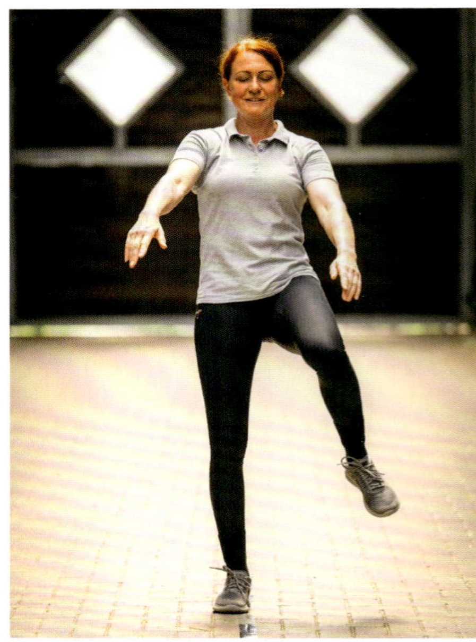

04

01 Einbeinstand mit geöffneten Augen

02 Einbeinstand mit geschlossenen Augen

03 Auf der rechten Seite ist es wackliger …

04 Wenn du starke Ausgleichsbewegungen mit dem Oberkörper machen musst und du deine Arme aus der Zombie-Position nehmen musst, um nicht umzufallen, ist der Test vorbei.

EINBEINIGER ZOMBIE-STAND

Ausführung: Stelle dich gerade und stabil mit offenen Augen auf, hebe ein Bein vom Boden ab und ziehe den Oberschenkel nach oben – halte das angewinkelte Bein in dieser Position, bis du deine Balance gefunden hast. Wenn du problemlos und ohne Korrekturen mit den Armen oder in der

Hüfte stabil stehst, dann kannst du zusätzlich die Augen schließen. Zähle die Sekunden, bis du eine starke Korrekturbewegung machen musst. Ausgleichende Bewegungen in den Fußgelenken sind völlig normal. Wiederhole auch den einbeinigen Zombie-Stand auf jedem Bein dreimal. Addiere die Sekunden aller drei Versuche. Teile die Summe durch drei, so erhältst du deinen Ausgangswert. Stelle fest, ob es Unterschiede zwischen dem Stand rechts und links gibt. Merke dir zusätzlich, wie hoch du den Oberschenkel rechts im Vergleich zu links ziehen kannst.

LINIENGANG

Ausführung: Du benötigst zur Orientierung eine 3 – 5 m lange, gerade Linie auf dem Boden. Markiere sie mit Kreide oder Klebeband oder platziere eine Longe auf den Boden. Stelle dich im verschärften Zombie-Stand an den Anfang der Linie und gehe langsam exakt die Linie entlang, indem du die Ferse des vorderen Fußes direkt an die Zehenspitze des hinteres Fußes setzt. Bemerke, in welche Richtung du tendenziell kippst oder in welche Richtung es dich tendenziell mehr hinzieht.

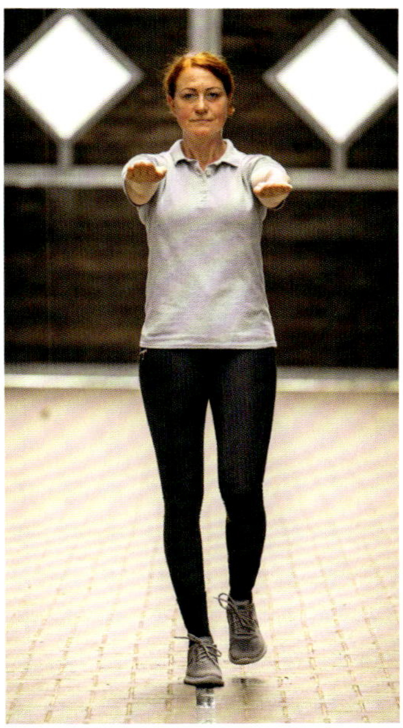

01

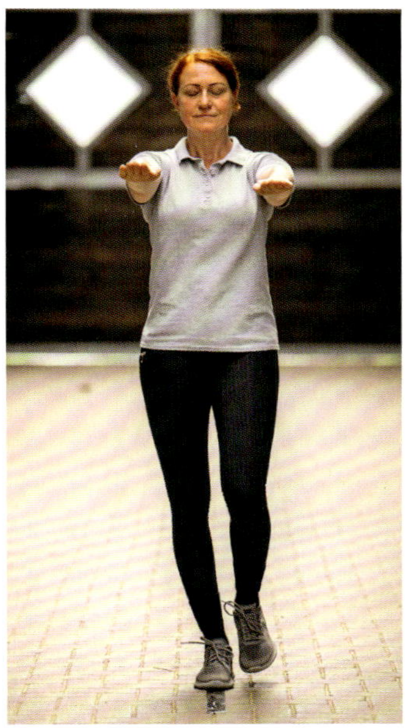

02

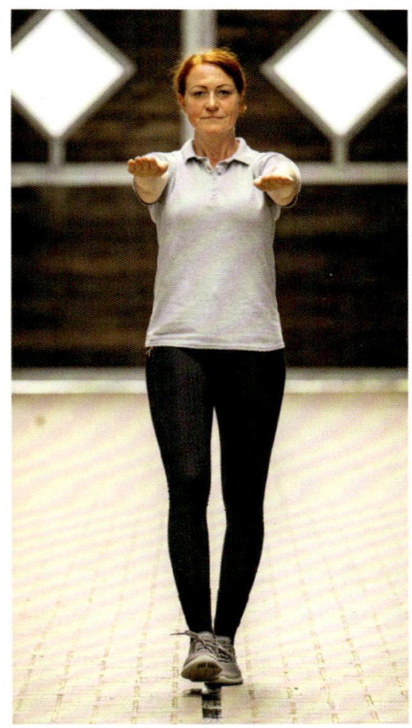

03

01 Kannst du gerade ...

02 ... mit geschlossenen Augen ...

03 ... auf einer Linie gehen?

HAND-RAPS

DISDIADOCHOKINESE

Fokuspunkte: Welche Seite ist die schwächere, langsamere, weniger rhythmische? Das ist die Seite, auf der das gleichseitige Kleinhirn weniger gut funktioniert und damit die Seite, die du als Test und Re-Test verwendest! Das heißt, du achtest darauf, ob sich deine schwächere Seite durch die

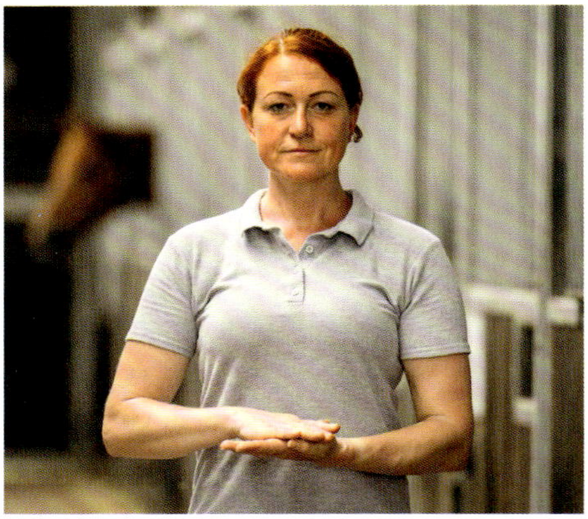

Hand-RAPS: Schnelles Klatschen …

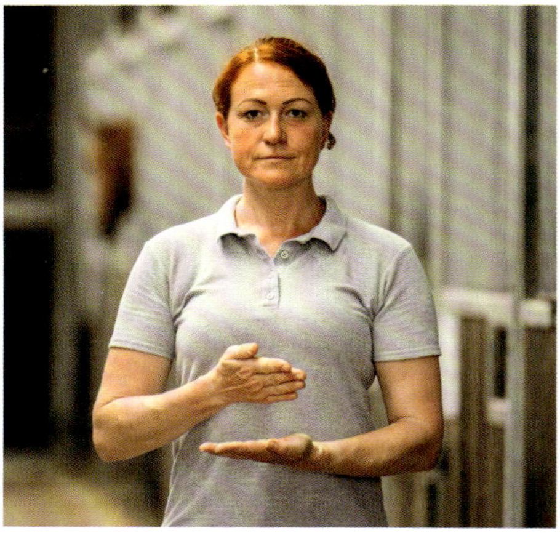

… mit Handfläche und -rücken?

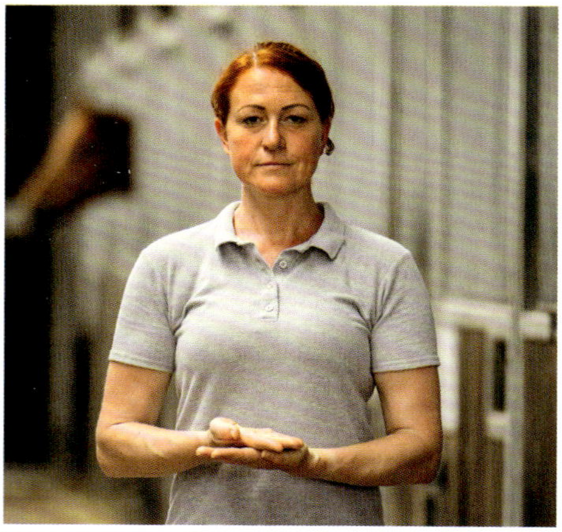

Schnell und rhythmisch?

Hand-RAPS nach einem Trainingsdrill verbessert! Wenn ja, dann hast du einen Power-Drill gefunden!

Ausführung: Halte deine linke Hand etwa auf Bauchnabelhöhe mittig vor deinen Körper, die Handfläche ist gestreckt wie eine Oberfläche und zeigt nach oben. Klatsche nun mit der Handfäche der rechten Hand in die linke Hand, wende die Hand blitzschnell und klatsche mit der Handrückseite der rechten Hand wieder in die linke Hand und wechsle wieder blitzschnell zum Klatschen mit der Handfläche – wechsle Handrücken mit Handfläche und umgekehrt. Die Handkante darf beim Wechsel nicht aufliegen. Klatsche fünf Sekunden lang so oft und schnell, wie du kannst. Achte auf Geschwindigkeit und den Rhythmus, den du klatschst.

Jetzt wechsle die Hände, die linke Hand klatscht schnell wechselnd in die rechte Hand. Wieder fünf Sekunden lang, so oft und schnell und so rhytmisch, wie du kannst.

Es reicht aus, diesen Test fünf Sekunden lang mit maximaler Geschwindigkeit und maximalem Rhythmus auszuführen.

KOORDINATION

Mit dem Hand-RAPS-Test überprüfen wir die Funktion unseres Kleinhirns. Das Kleinhirn ist zuständig für Bewegungsgenauigkeit, Rhythmus, Balance und Koordination. RAPS hat nichts mit dem Sprechgesang zu tun. RAPS ist die Abkürzung für „rapid alternating pronation and supination" – es sind schnelle, wechselnde Pronationen und Supinationen, in diesem Fall schnelle Ein- und Auswärtsdrehungen des Unterarms und der Hand.

01 „Wie stark war der Schmerz?“

02 Datensammlung mit Skalen ist hilfreich, um einen Verlauf zu dokumentieren.

03 Die numerische Schmerzskala

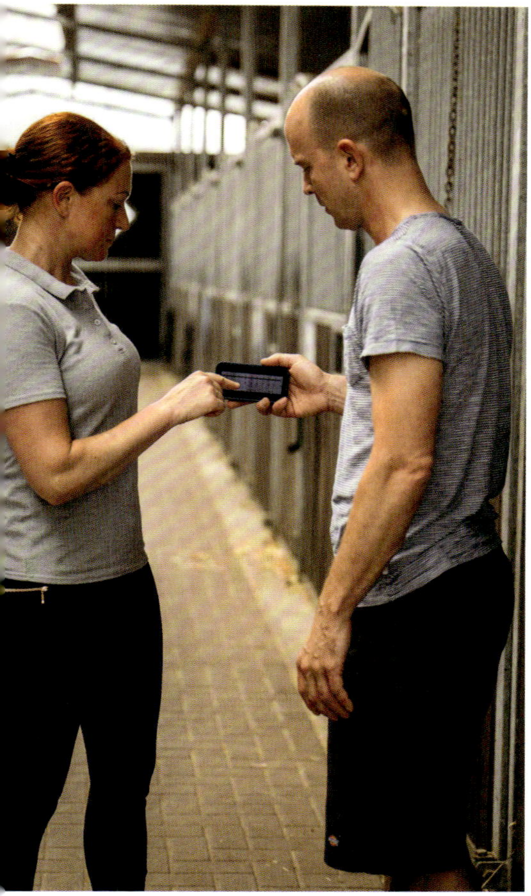

01

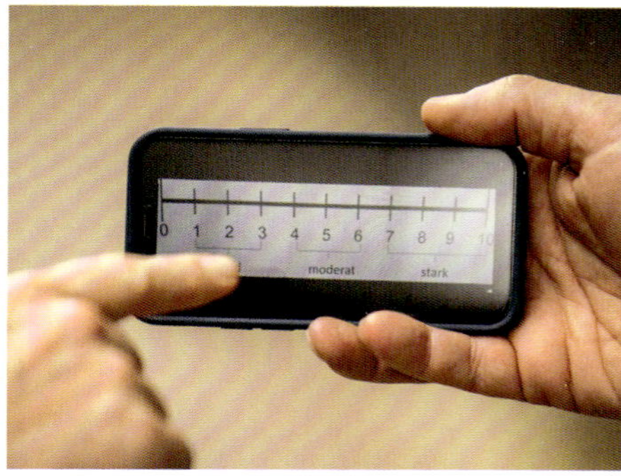

02

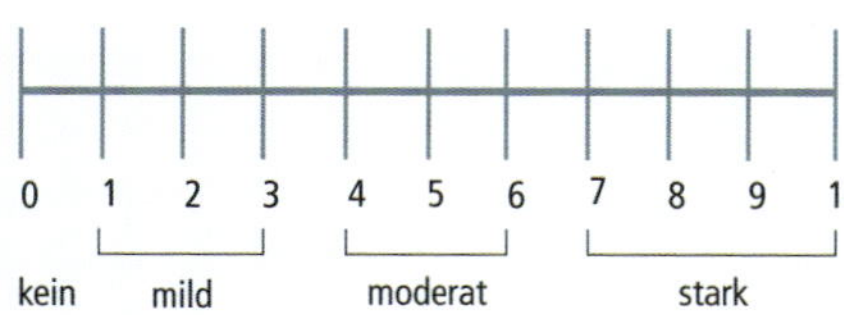

03

SCHMERZEN

Wenn dein Ziel ist, Schmerzen zu reduzieren, dann nutze eine Schmerzskala: Gib den aktuellen, den schlimmsten und den geringsten Schmerz der letzten 24 Stunden auf einer Skala von 0 = kein Schmerz bis 10 = der schlimmste vorstellbare Schmerz an. Führe die Skalierung täglich durch, damit du die Entwicklung über einen längeren Zeitraum dokumentieren kannst. Den Effekt deines Trainings und die Wirkung jedes Drills kannst du auf diese Weise unmittelar definieren sowie vor und nach einem Training und nach jedem einzelnen Drill, den du machst. Natürlich wirst du nur die Drills trainieren, die deinen Schmerz reduzieren!

ANDERE BEWEGUNGEN TESTEN

Selbstverständlich kannst du nicht nur die hier beschriebenen, sondern auch andere Bewegungen als Test/Re-Test benutzen. Die Testbedingungen sollten lediglich gut standardisierbar sein und die Bewegungen nicht von zu vielen anderen Faktoren beeinflusst werden können.

In meiner Arbeit mit Klienten verwende ich das Gangmuster als Test/Re-Test. Das ist ein sehr valider Test einer autonomen Bewegung, bei dem man kognitive Einflussnahme durch Zusatzaufgaben weitestgehend ausschalten kann. Dazu braucht man allerdings ein wenig Übung und muss wissen, was es zu beobachten gilt. Aber auch das Hinablaufen einer Treppe, das Aufstehen von einem Stuhl, Schusspräzision und -stärke im Fußball, eine einbeinige, tiefe Kniebeuge, ein Muscle-up, ein Klimmzug, die eigene Handschrift, das Spielen einer Melodie auf einem Instrument, die Veränderung von Sehschärfe, die Veränderung der Geruchswahrnehmung oder der Berührungswahrnehmungsintensität, die Fähigkeit, Geschmack wahrzunehmen oder Daten wie Blutdruck, Pulsfrequenz oder Körpertemperatur – es gibt sehr viele Möglichkeiten, den Effekt von Input-Reizen auf das Nervensystems zu überprüfen.

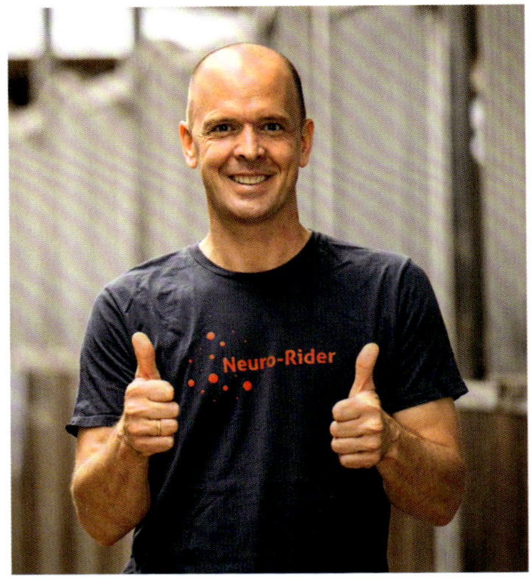

Mehr davon: ein Power-Drill

KATEGORISIEREN DER DRILLS: POWER-NEUTRAL-REHA

Wir teilen die Drills anhand der Ergebnisse, die sie erzeugen, in drei Kategorien ein.

Power-Drill	**Reha-Drill**	**Neutraler Drill**
Ein Drill, der den Re-Test oder mehrere Re-Tests verbessert.	Ein Drill, der den Re-Test schlechter macht.	Ein Drill, der dich weder besser, noch schlechter macht.
Dein Nervensystem reagiert positiv und ist happy!	Dein Nervensystem reagiert mit Schutzreaktionen!	Dein Nervensystem kann die Anforderungen für diesen Drill sehr gut erfüllen, Die Verarbeitung der Reizsignale funktioniert prima!
Du kannst diese Reize in jedes Training einbauen und mit der Dosierung spielen. Mache so viel davon, wie du verträgst.	Diese Drills trainierst du vorerst nicht! „Reha" kommt von „Rehabilitation". Es gibt keine Bewegung und keinen Reiz in diesem Buch, auf das dein Gehirn mit Schutzreflexen reagieren müsste. Im weiteren Verlauf deines Trainings solltest du diese Reize rehabilitieren – siehe dazu Seite 149.	Versuche, die Wiederholungsanzahl ein wenig zu erhöhen und re-teste sie dann noch mal. Die neutralen Drills sind hilfreich und wichtig, weil wir sie zusammen mit den Power-Drills später nutzen, um die Reha-Drills zu rehabilitieren.

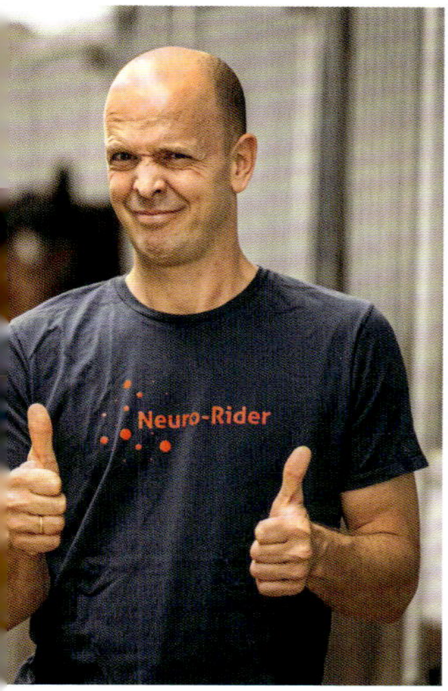

Mag ich nicht, trotzdem gut.

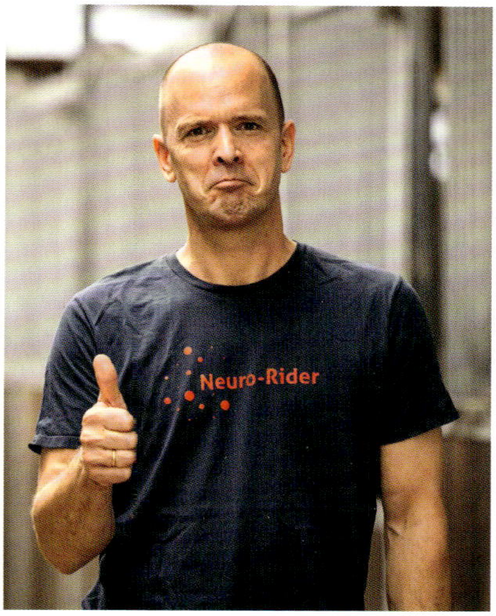

Gut: ein neutraler Drill

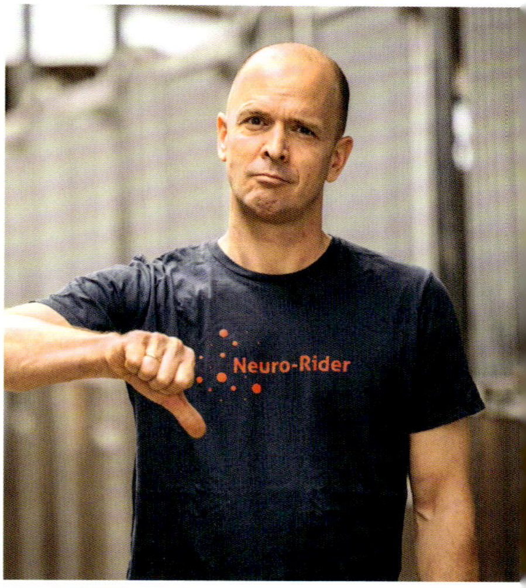

Reha-Drill: Hier gibt's Arbeit

MAG ICH NICHT – TROTZDEM GUT!

Und dann gibt es noch eine vierte Kategorie: Du wirst feststellen, dass es Drills gibt, die du nicht magst. Oft sind das Drills, die dir schwerfallen. Das macht nichts. Wenn du diese Drills positiv re-testest, sie also „Power-Drills" sind, dann machen sie dich besser! Du wirst auch Drills finden, die dir leichtfallen, die aber allenfalls ein neutrales oder gar negatives Re-Test-Ergebnis bringen.

DER TEST IST TEIL DES TRAININGS

Klar ist auch, dass du dich durch fortwährendes Wiederholen eines Tests verbesserst. Wenn du einen Test wiederholt durchführst, dann verliert dieser Test irgendwann die Fähigkeit, dir valide Daten über deine Gehirnfunktion zu liefern. Das ist aber nicht weiter schlimm: Wenn der Akt des Testens deine Fähigkeit, die Testbewegung auszuführen, verbessert hat, ist der Test zur Therapie geworden und wiederholte Therapie wurde zu Training.

Ein Beispiel: Wenn ich Kniebeugen mit 50 kg Zusatzgewicht als Test benutze, den Test drei Wochen lang täglich mehrmals wiederhole und danach 60 kg schaffe, habe ich dann den Test ruiniert? Nicht wirklich, ich würde es tatsächlich erfolgreiches Training nennen! Wiederholtes Testen = Therapie = Training. Wenn du das Gefühl hast, dass ein Test seine Aussagekraft verliert, dann ist es Zeit, den Test zu verändern oder ihn anspruchsvoller zu gestalten.

»Tappe nicht in die Falle und trainiere nur die Drills, die du gerne machst. Trainere die Drills, die dich besser machen!«

NEURO-RIDER-MOVES *— los gehts!*

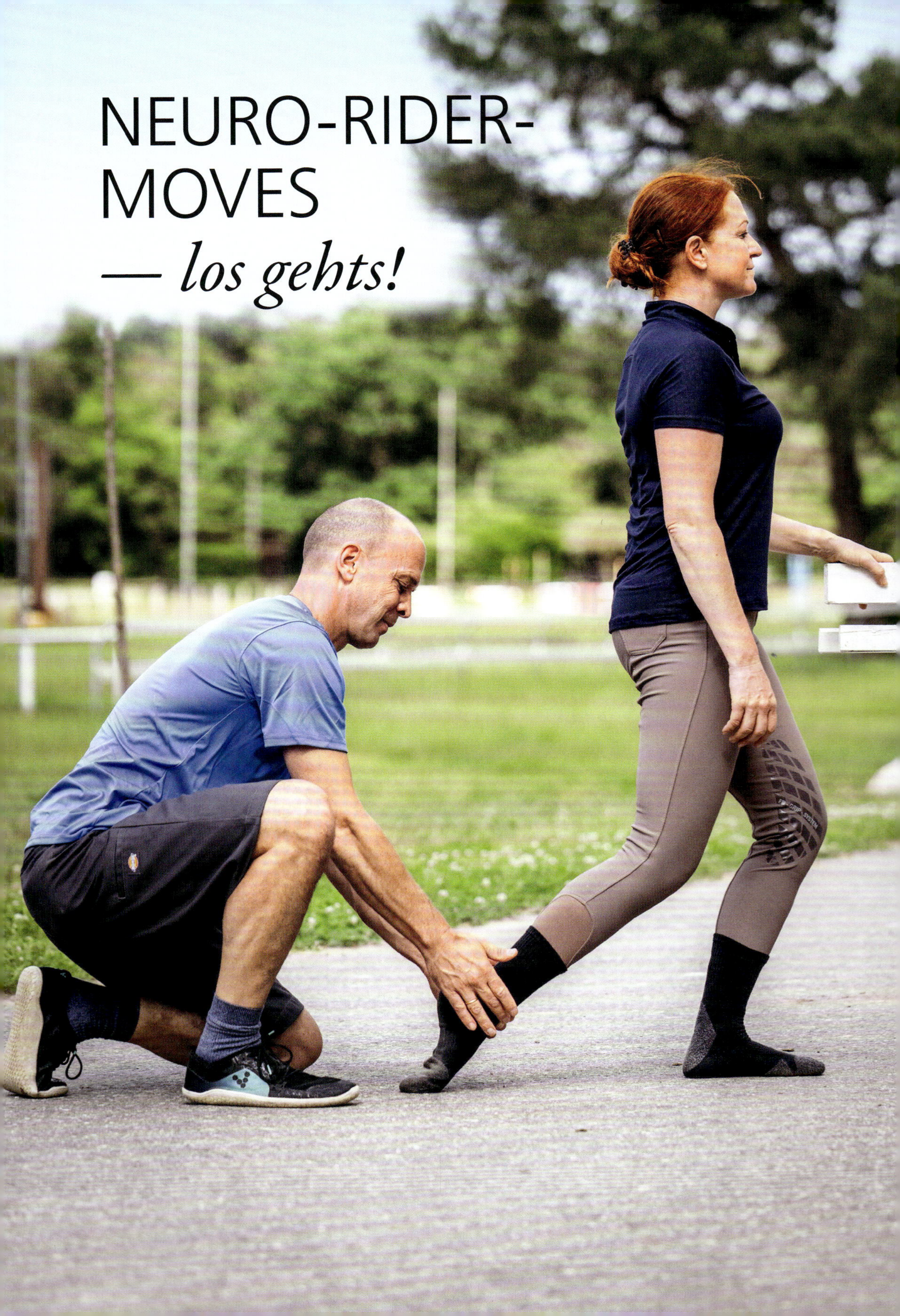

KÖRPERGEFÜHL ODER PROPRIOZEPTION

Für alle Neuro-Rider-Moves gilt: Beginne die Ausführung zunächst im neutralen Stand mit gerader Wirbelsäule, egal, ob du Drills für die Verbesserung deines Körpergefühls, Sehvermögens, Gleichgewichts oder Atmungssystems ausführst.

TRAINIERE DEIN KÖRPERGEFÜHL

Mehr Körpergefühl können wir am besten entwickeln, indem wir einzelne Gelenke exakt und sehr präzise ansteuern und durch die volle Bewegungsweite bewegen lernen. Wir beginnen mit Strukturen, die in der Körpermitte liegen, bevor wir uns den Übungen für die Gelenke der Extremitäten zuwenden.

ZUNGEN-MOVES

Zungen-Drills gehören zu meinen absoluten Lieblingsübungen. Sie sind sehr leicht zu lernen und sie zeigen hervorragende Wirkungen, sowohl kurzfristig als auch langfristig. Sie sind sehr effektiv bei sehr wenig Aufwand. Die Zungen-Drills sind besonders für Reiter hervorragend geeignet, denn sie aktivieren das mittlere Kleinhirn, das unter anderem für die Bewegungskorrektur der Wirbelsäule und der Augenmuskeln zuständig ist. Und sie wirken vor allem auch auf die sogenannte Supplementary Motor Area, einem Bereich im Gehirn, der an der Bewegungsvorbereitung von beidseitigen Bewegungsmustern beteiligt ist (Scoppa u. a. 2020).

Das ist aber nicht alles. Neuronal gesehen ist die Zunge eine sehr wichtige Schnittstelle zwischen Organismus und Umwelt. Über den Mund nehmen wir Nahrung und Flüssigkeiten auf. Es ist aus evolutionstheoretischer Perspektive daher sinnvoll, dass unser Nervensystem im Mundbereich sehr feine Security-Checks platziert hat. Wissenschaftler auf der ganzen Welt haben die Bedeutung der Zunge als „Tor zum Gehirn“

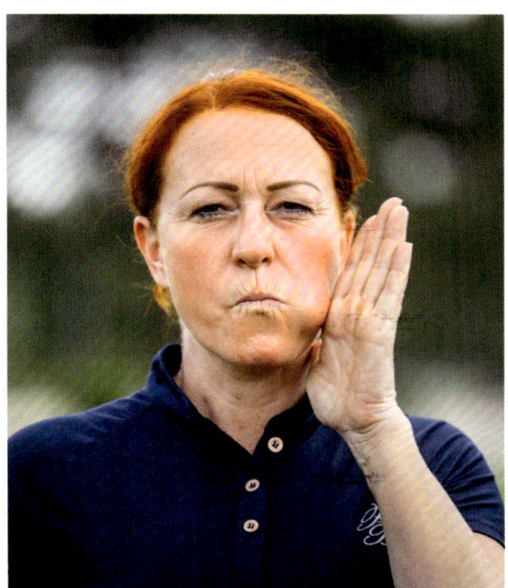

Wie viel Kraft hat die Zunge?

erkannt und es gibt viele interessante Ansätze, Übungen mit der Zunge in neuralen Re-Trainings und zur Rehabilitation nach traumatischen Verletzungen oder Krankheiten einzusetzen. Zahlreiche Studien zeigen, dass die Aktivierung der Zunge neuroplastische Prozesse und das Lernen begünstigen. Wenn du also Zungen-Drills vor deinem Reittraining einsetzt, verbesserst du deine Chancen, schnell und nachhaltig zu lernen.

WAS GENAU IST ZU TUN?

Für alle Übungteile gilt: Beginne die Ausführung zunächst im neutralen Stand mit gerader Wirbelsäule, egal, ob du einen Bewegungsdrill, einen vestibulären Drill (siehe Seite 129) oder einen Vision-Drill (siehe Seite 105) ausführst.

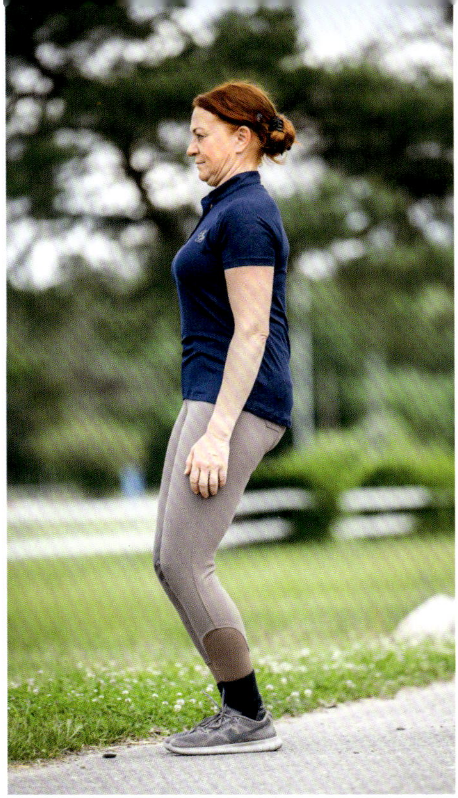

Lerne zuerst, wie du in einen sauberen …

Schritt 1	Lies die Beschreibung vom ersten Drill
Schritt 2	Absolviere deinen favorisierten Test
Schritt 3	Absolviere den ersten Drill wie beschrieben
Schritt 4	Re-Teste den Test aus Schritt 2
Schritt 5	Mache entsprechend deines Re-Test-Ergebnisses ein Kreuzchen in der Tabelle bei NEUTRAL, REHA oder POWER
Schritt 6	Wiederhole Schritt 1–5 für den zweiten Drill
Schritt 7	Wiederhole Schritt 1–5 für den dritten Drill
…	
…	
Schritt x	Wiederhole Schritt 1–5 für den x-ten Drill

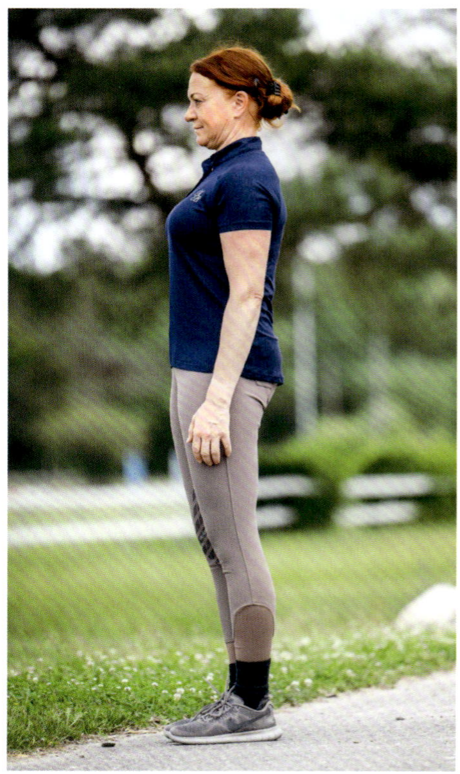

… neutralen Stand kommst (siehe Seite 72).

Tests und Drills Körpergefühl – Propriozeption	auf Seite	**Ergebnis links**			**Ergebnis rechts**		
		Neutral	Reha	Power	Neutral	Reha	Power
Zunge in Ruheposition Fake-Smile und Schlucken	70						
Zungenkreise mit geschlossenem Mund	70						
Zunge in rechte und linke Backe drücken	70						
Zungenstretch	71						
Vibration auf die Zähne	72						
Neutraler Stand mit langer Wirbelsäule	72						
Kopf nach vorne drücken	74						
Kopf nach hinten drücken	76						
Kopf nach links drücken	76						
Kopf nach rechts drücken	77						
Halbes Nein	78						
Ja-Ja-Bewegung	80						
Seitliches Beugen der Halswirbelsäule	81						
Das Huhn	82						
Das pickende Huhn	82						
Das Huhn in seitlicher Position	84						
Brustwirbelsäule beugen und strecken	85						
Brustwirbelsäule in seitlicher Position	87						
Lendenwirbelsäule im Halbkreis vorwärts	88						
Lendenwirbelsäule im Halbkreis rückwärts	90						
Becken aufrichten und kippen	91						
Beckenkreise	92						
Hand-Achten	93						
Schulterkreise vorne	94						
Schulterkreise Cross body	94						
Schulterkreise seitlich	95						
Hüftkreise vorne	96						
Hüftkreise Cross body	98						
Hüftkreise seitlich	98						
Hüftkreise hinten	98						
Kniekreise	99						
Fußgelenk nach außen kippen	100						
Fußgelenk nach innen kippen	100						
Zehen ziehen gerade	101						
Zehen ziehen nach außen	102						
Isometrische Ganzkörperspannung	102						

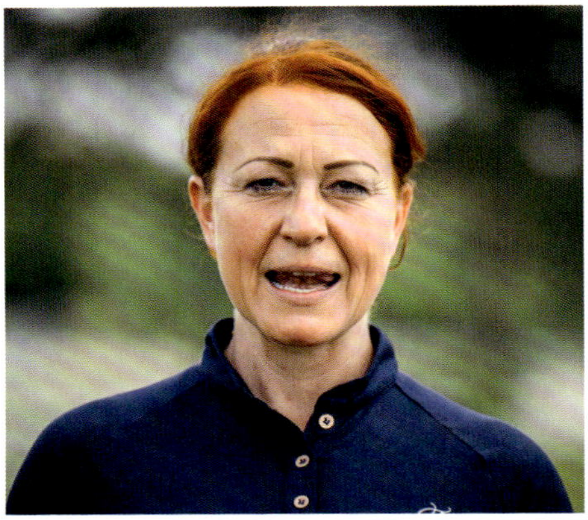

Zungenspitze hinter die Schneidezähne, ...

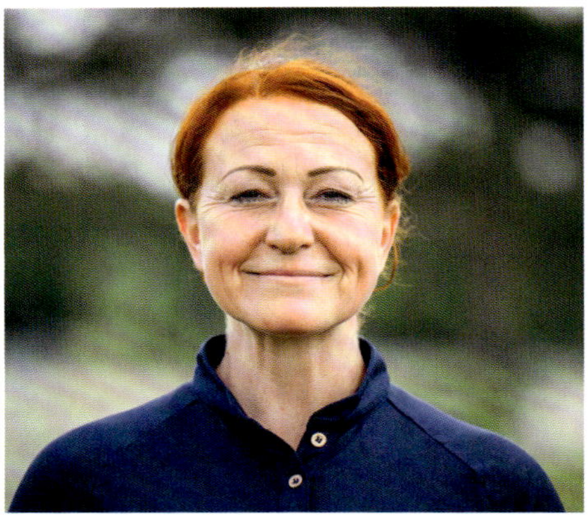

... dann schlucken und „smilen".

ZUNGE IN RUHE-POSITION, FAKE-SMILE UND SCHLUCKEN

Fokuspunkt: Kontaktfläche Zunge am Gaumen – achte auf den Druck

— Test durchführen

— Lege die Zungenspitze hinter die Schneidezähne an den oberen Gaumen und schlucke. Atme langsam durch die Nase aus. Jetzt liegt die Zunge in der physiologischen Ruheposition. Sie schmiegt sich an den Gaumen.

— Lass die Zunge an Ort und Stelle und beginne, breit zu grinsen. Atme zwei Sekunden ein, halte dieses „Fake-smile"-Gesicht, schlucke wiederum und atme langsam durch die Nase aus. Halte das Grinsen und schlucke fünfmal hintereinander. Wenn es zu trocken wird: Ein Schluck Wasser hilft.

— Re-Test durchführen und Ergebnis in der Tabelle notieren.

ZUNGENKREISE MIT GESCHLOSSENEM MUND

Fokuspunkt: Gefühl auf der Zunge – gleichmäßige Bewegung

— Test durchführen

— Fahre mit deiner Zungenspitze über die äußeren Flächen deiner Schneidezähne und Backenzähne, sodass du mit deiner Zunge einen möglichst großen Kreis in deinem Mund beschreibst.

— Als Vorbereitungs- oder Steigerungsdrill: ca. 30 Sekunden bis eine Minute lang. Wechsle die Richtung!

— Re-Test durchführen und Ergebnis in der Tabelle notieren.

ZUNGE IN RECHTE UND LINKE BACKE DRÜCKEN

Fokuspunkt: Gleichmäßige Krafterzeugung in der Zungenwurzel

— Test durchführen

— Drücke deine Zunge so stark wie möglich mit konstantem Druck in die rechte Backe. Du kannst von außen mit der Hand leichten Gegendruck geben. Als Vorbereitungs- oder Steigerungsdrill: ca. 30 Sekunden bis eine Minute durchführen.

— Re-Test durchführen und Ergebnis in der Tabelle notieren.

— Drill mit Zungendruck in der linken Backe wiederholen.

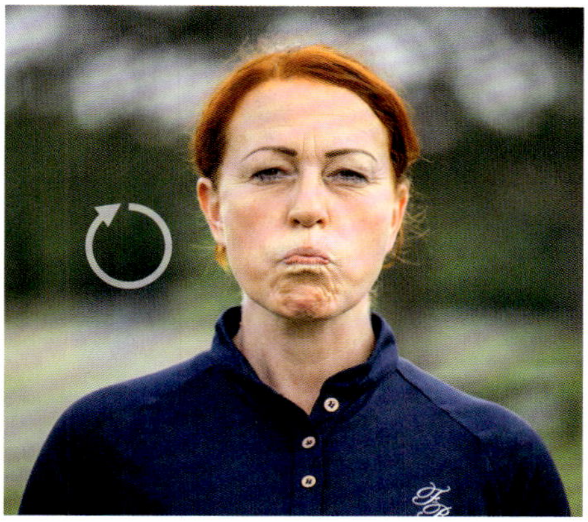

Bei den Zungenkreisen kannst du …

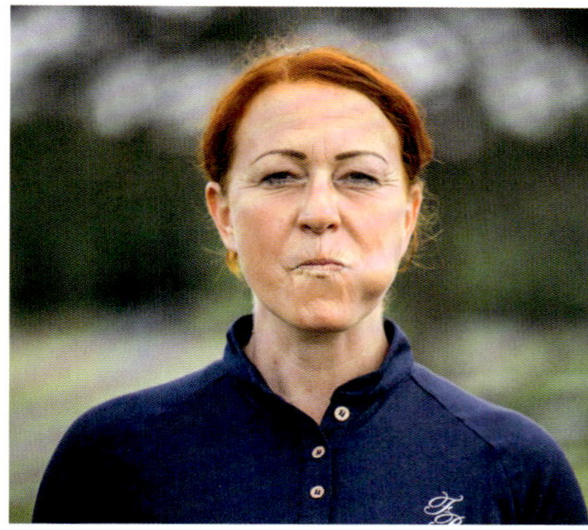

… gerne eine Dehnung der Zunge spüren.

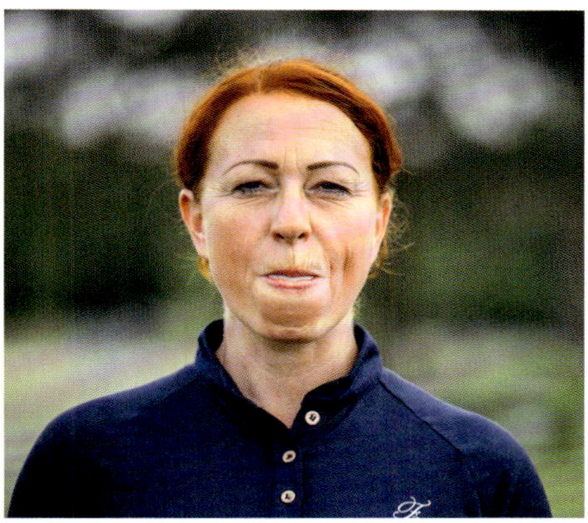

Versuche, den Kreis so gleichmäßig …

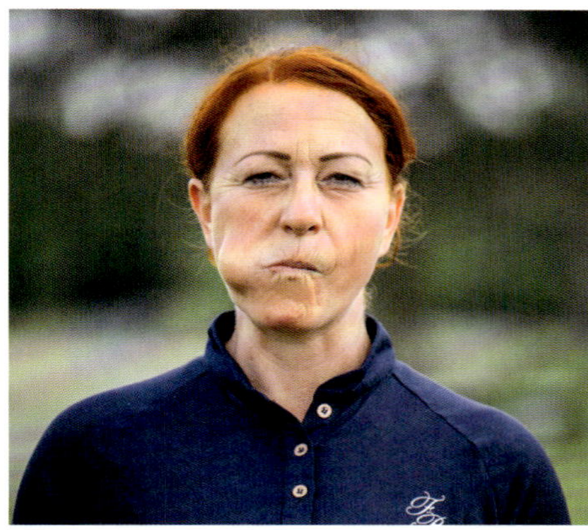

… und so groß wie möglich zu machen.

— Re-Test durchführen und Ergebnis in der Tabelle notieren.

ZUNGENSTRETCH

ZUNGENUNTERSEITE GEGEN GAUMEN DRÜCKEN

Fokuspunkt: Gleichmäßigen Druck erzeugen, leichtes Stretchgefühl

— Test durchführen

— Rolle deine Zunge so, dass die Unterseite der Zungenspitze den Gaumen berührt. Versuche nun, möglichst viel Fläche der Unterseite der Zunge mit dem Gaumen in Kontakt zu bringen und drücke mit der Unterseite der Zunge fest gegen den Gaumen. Halte die Position für 30 Sekunden bis zu einer Minute.

— Re-Test durchführen und Ergebnis in der Tabelle notieren.

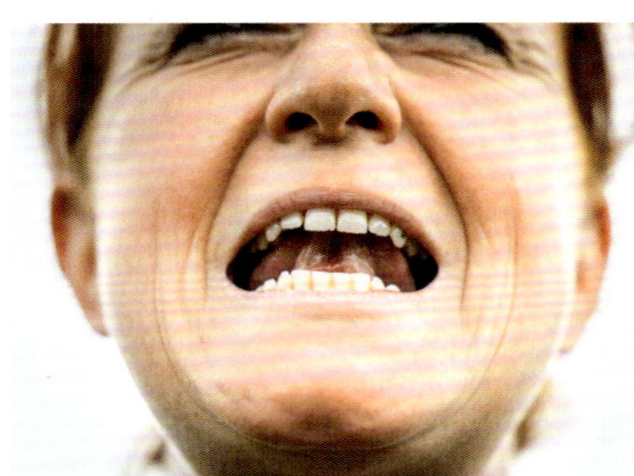

Zungenstretch: Dehnung und Kraftübung!

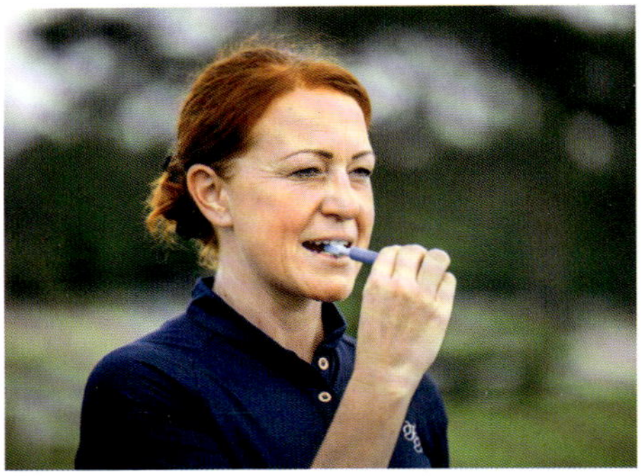

Teste die Vibration der Schneidezähne, …

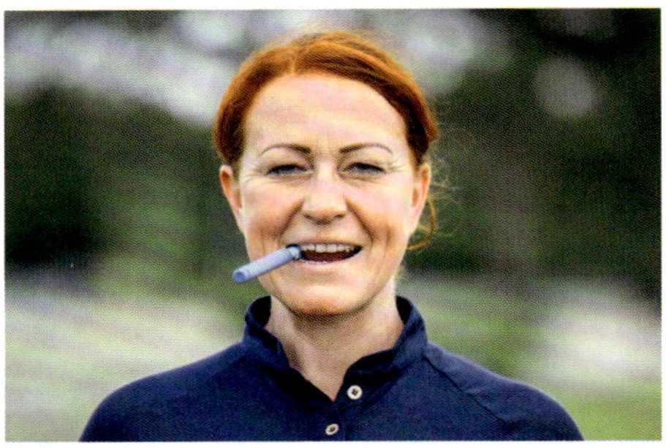

… beiße mit den rechten Backenzähnen, …

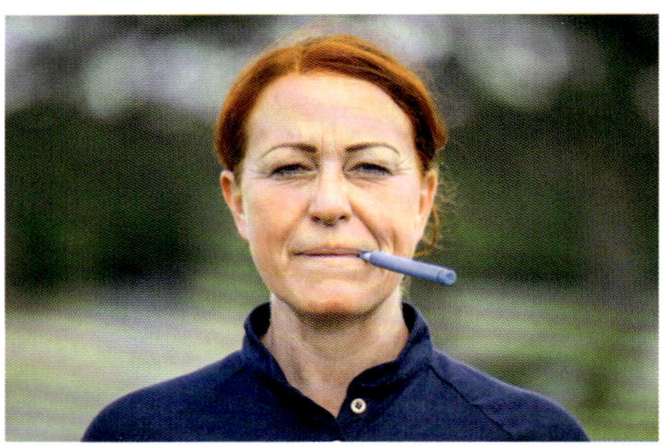

… beiße mit den linken Backenzähnen.

NEUTRALER STAND

Die Wirbelsäule ansteuern und mobilisieren lernen! In deiner Übungsliste soll dieser Drill sehr weit oben stehen. Vielleicht ahnst du, warum das so ist? Der neutrale Stand mit langer Wirbelsäule ist vielleicht die wichtigste und gleichzeitig meistunterschätzte Übung der Welt. Vielleicht, weil sie so belanglos, alltäglich und einfach erscheint.

VIBRATION AUF DIE ZÄHNE

Fokuspunkt: Auf die Vibration konzentrieren

- Test durchführen
- Nimm eine elektrische Einweg-Zahnbürste ohne Bürstenaufsatz oder ein Z-Vibe, führe das Tool in deinen Mund ein, starte die Vibration und beiße leicht auf den Stiel. Nach zehn Sekunden kannst du die Position wechseln, nutze jetzt die Backenzähne, um auf das Tool zu beißen. Erkunde dabei, wo sich die Vibration an der Zunge am empfindlichsten anfühlt. Die Stimulation sollte mindestens eine Minute lang anhalten.
- Re-Test durchführen und Ergebnis in der Tabelle notieren.

NEUTRALER STAND MIT LANGER WIRBELSÄULE

Mit dem neutralen Stand ist es ein wenig so wie mit den Atemübungen: *„Atmen? Kann ich doch, sonst wäre ich schon lange tot. Gerade stehen? Wo ist die Schwierigkeit?“* Etwas „können“ und etwas effizient und exzellent können sind zwei verschiedene Dinge. Wir arbeiten daran, eine hervorragende Bewegungsqualität für die wesentlichsten Funktionen unseres Daseins zu erreichen. Und wenn wir diese Basisfunktionen verbessern, dann wirkt sich das positiv auf alle anderen damit verbundenen Funktionen aus.
Der neutrale Stand ist die Ausgangsposition für fast alle anderen Übungen und wird – bitte, bitte, bitte – deine neue Grundhaltung. Wenn du lernst, den Kopf in der Schwerpunktachse zu halten, dann reduzierst du damit überflüssige Muskelanspannung und verbesserst die muskuläre Balance. Du kannst den neutralen Stand gerne permanent üben: unter der Dusche, in der Super-

markt-Schlange, auf einer Party, wo auch immer du stehst. Also – los geht's!

Fokuspunkt: Möglichst viel Abstand zwischen Beckenboden und dem hinteren „Zacken der Krone" bringen.

— Test durchführen
— Führe die folgenden Schritte bitte IMMER in der beschriebenen Reihenfolge aus:
— Du stehst mit den Füßen schulterbreit auseinander.
— Beuge ein wenig die Kniegelenke und halte sie in einer leicht angewinkelten Position. Jetzt richtest du dein Becken auf – stelle dir dazu die Bewegung vor, die ein Hund macht, der seinen Schwanz einzieht. Du kannst auch so tun, ols ob du ganz subtil nachschauen wolltest, ob dein Hosenreißverschluß offen ist – Becken aufrichten! Wenn der „Schwanz eingezogen" – also das Becken aufgerichtet ist, dann bringst du deine Wirbelsäule in die senkrechte Position: Erst den unteren Teil, also die Lendenwirbelsäule, dann den mittleren Teil, die Brustwirbelsäule, und schließlich die Halswirbelsäule.
— Zum Schluss positionierst du dein Kinn leicht abwärts und nach hinten in Richtung Adamsapfel, sodass du spürst, dass deine Halswirbelsäule im Nacken leicht gebeugt ist. Hast du alles in der Reihe? Gut!
— Dann strecke jetzt langsam die Kniegelenke durch und schiebe mit deinen Beinen deinen Körper wie eine Hebebühne nach oben. Achte darauf, dass dein Becken seine aufgerichtete Position beibehält. Schiebe dich weiter aktiv nach oben. Stelle dir vor, dass du eine Krone auf dem Kopf trägst: Mit dem hinteren Zacken der Krone möchtest du ein Loch

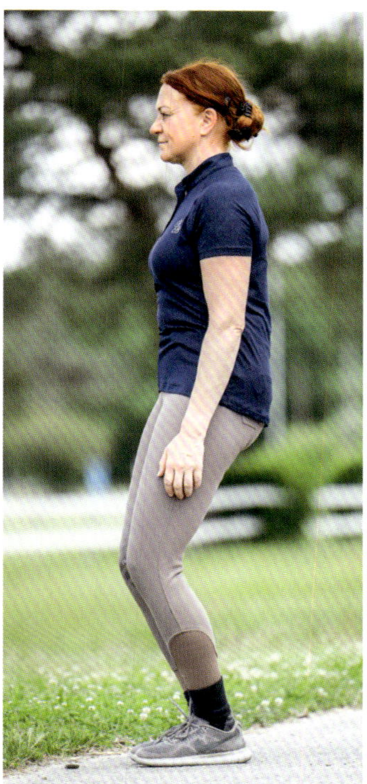

Neutraler Stand: Knie beugen, Becken aufrichten, …

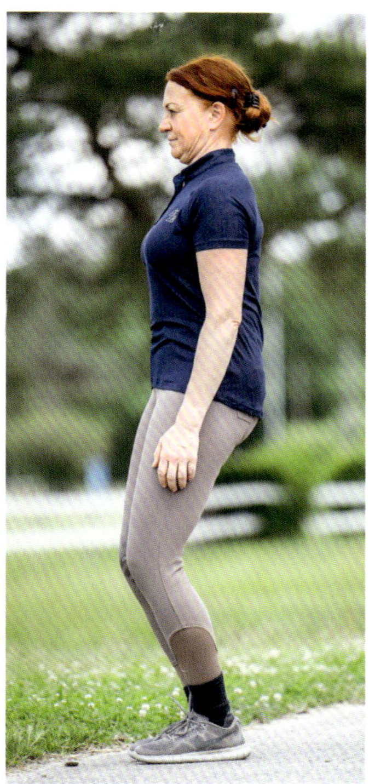

… Kinn zum Kehlkopf ziehen, Knie langsam strecken …

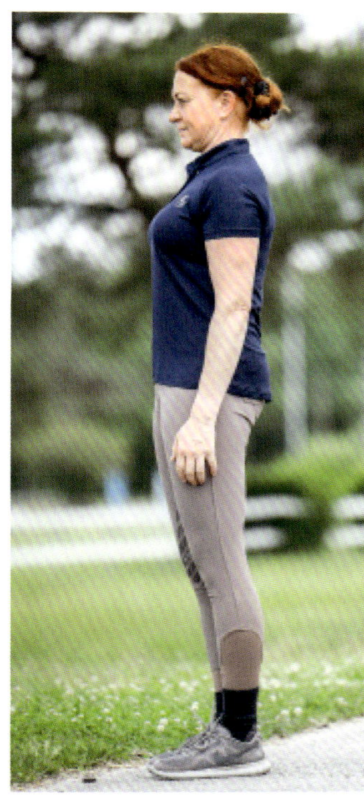

… und „die Krone durch die Decke schieben".

durch die Decke bohren. Bleib in dieser höchst aktiven, aber bewegungslosen Position für 20 – 40 Sekunden. Atme währenddessen ruhig und entspannt durch die Nase ein und aus. Wenn du den Atemrhythmus – zwei Sekunden einatmen, zwei Sekunden Atempause, vier Sekunden ausatmen und zwei Sekunden Atempause – einhalten kannst, dann sind das zwei bis vier Atemzüge (jeder Atemzug dauert zehn Sekunden).
— Re-Test durchführen und Ergebnis in der Tabelle notieren.

ISOMETRISCHE MUSKELANSPANNUNG

Isometrische Muskelkontraktionen sind extrem wertvolle und zudem einfache Drills. Isometrie bedeutet, Muskeln anzuspannen, ohne dass dadurch Bewegung entsteht. Isometrisches Training hat viele Effekte.

— Es senkt den Blutdruck.
— Es ist gut zur Schmerzlinderung geeignet.
— Du kannst damit Muskeln aufbauen.
— Du kannst damit stärker werden.
— Es hilft bei Fibromalgie.
— Isometrisches Nackentraining verringert die Auswirkungen von Gehirnerschütterungen. Hört sich verrückt an, aber mit trainierten Nackenmuskeln schleudert der Kopf nach einem Schlag oder Aufprall nicht so stark hin und her. Logisch, oder?

NACKEN-ISOMETRIE IN VIER POSITIONEN

Teste jede Position separat: vorne, hinten, links und rechts. Es kann gut sein, dass du von einer Richtung besonders profitierst. Nacken-Isometrie ist eine sehr gute Vorbereitung für alle Elemente des vestibulären Trainings (Seite 129).

Im Leistungssport setze ich Isometrisches Training schon sehr lange und gezielt ein, um bestimmte Bewegungsabschitte zu trainieren, in denen Kraftentwicklung fehlt oder Bewegungsfehler vorliegen.
Spannend ist auch, dass die Muskeln des Nackens eine direkte neuronale Verbindung zum Gleichgewichtssystem haben, nämlich über den Kernkomplex des Gleichgewichtssystems, dem vestibulären Nucleus (Nucleus vestibularis). Wir aktivieren also mit isometrischen Muskelanspannungen auch indirekt das Gleichgewichtssystem. Das kann sehr hilfreich sein.
In unserem Training helfen isometrische Kontraktionen, um einerseits die Nackenmuskulatur zu kräftigen und Gehirnerschütterungen zu vermeiden oder deren Schwere zu mindern, andererseits sind sie sehr gut geeignet, um die im Alltagsleben wenig genutzten Nackenmuskeln zu aktivieren. Du lernst, sie richtig zu spüren und kannst die darauffolgenden, eher filigranen und auf präzise motorische Kontrolle ausgerichteten Übungen für die Halswirbelsäule einfacher und besser durchführen.

KOPF NACH VORNE DRÜCKEN

Fokuspunkt: Konstante Spannung in den Kopfwendemuskeln, den Sternocleidomastoidei, das sind die Muskelstränge, die sich beim Drücken rechts und links von der Kehle am Hals anspannen.

— Test durchführen
— Reibe die vorderen Seiten deines Halses mit den Händen ca. 20 Sekunden, sodass du sie richtig spürst. Nimm den neutralen Stand ein (Seite 72). Falte beide Hände und lege sie vor deine Stirn. Drücke nun mit der Stirn nach vorne, so als ob du nicken würdest, und drücke mit den Händen gegen die Stirn. Der Kopf soll sich dabei nicht bewegen. Drücke nicht

mit voller Kraft, sondern so, dass du das Gefühl hast, du könntest noch fester drücken. Halte die Spannung für acht bis zehn Sekunden. Entspanne die Muskeln möglichst sofort nach der Übung. Atme entspannt durch die Nase ein und aus. Der Hinweis auf die entspannte Nasenatmung ist kein „Anhängsel", sondern wichtig, um diesen Drill erfolgreich auszuführen.

— Re-Test durchführen und Ergebnis in der Tabelle notieren.

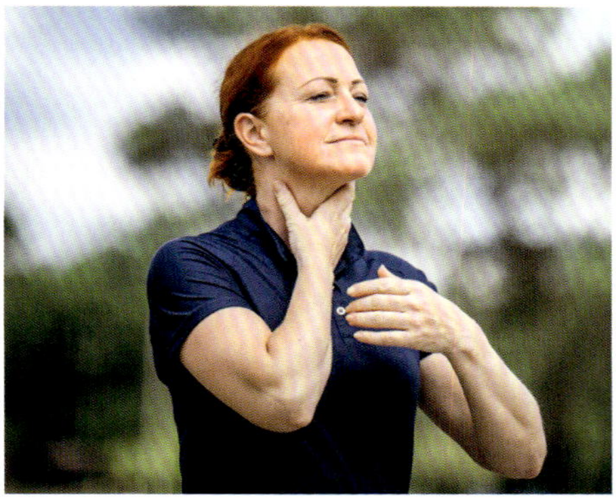

01

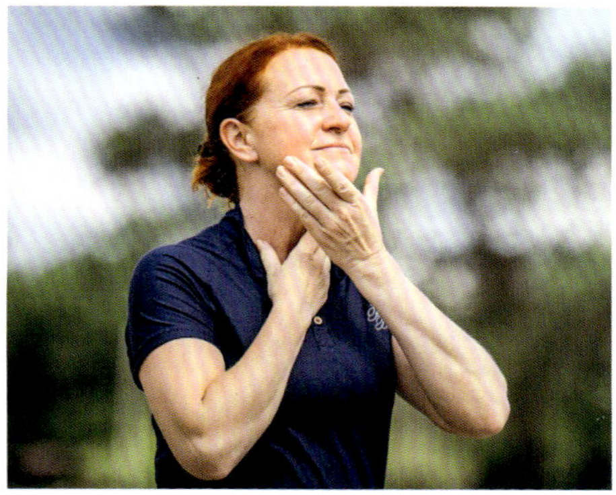

02

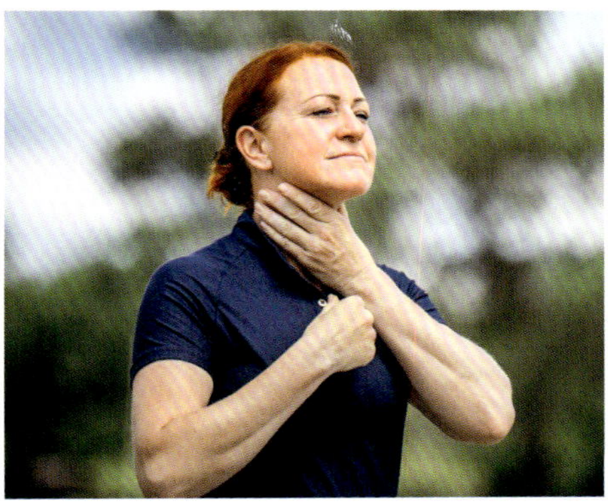

03

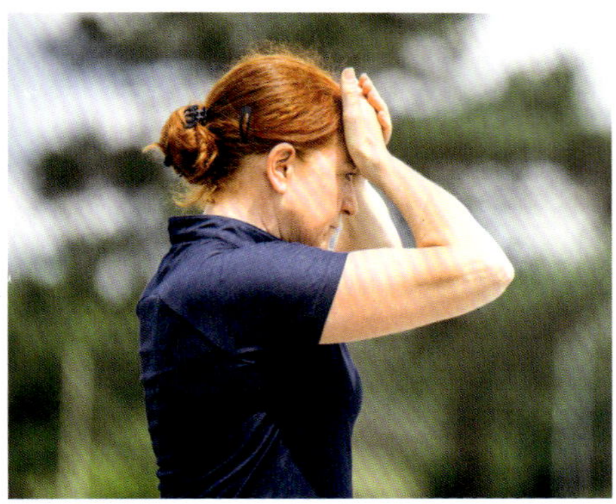

04

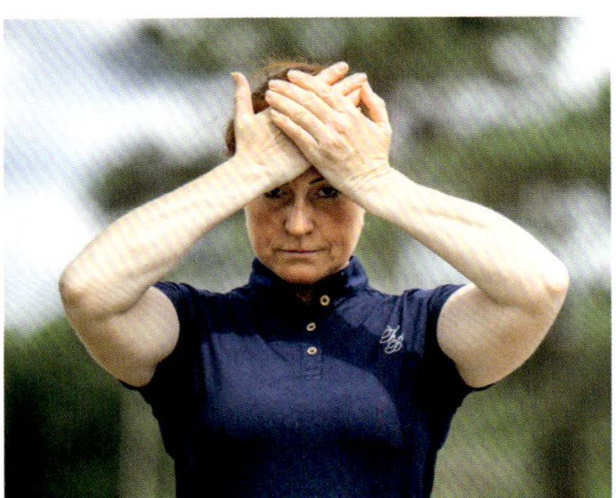

05

01 Zuerst den Hals und die Seiten abreiben.

02 Durch das Reiben spürst du die Muskeln besser.

03 Muskeln besser spüren erleichtert das Anspannen.

04 Drücke den Kopf nach vorne in deine Hände.

05 Drücke stark, aber nicht maximal: 8 – 10 Sekunden.

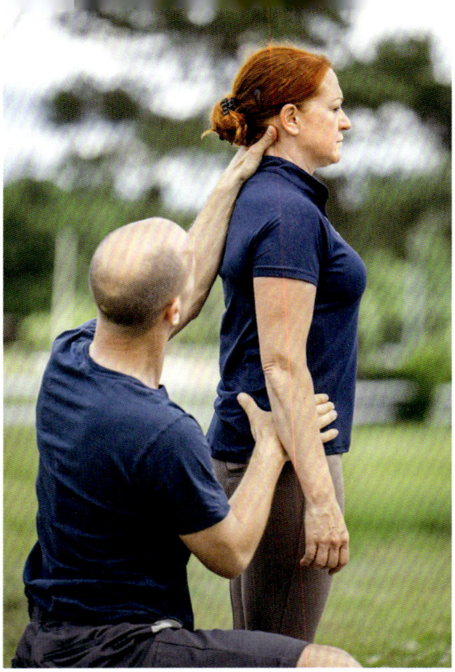

Drücke deinen Kopf nach hinten.

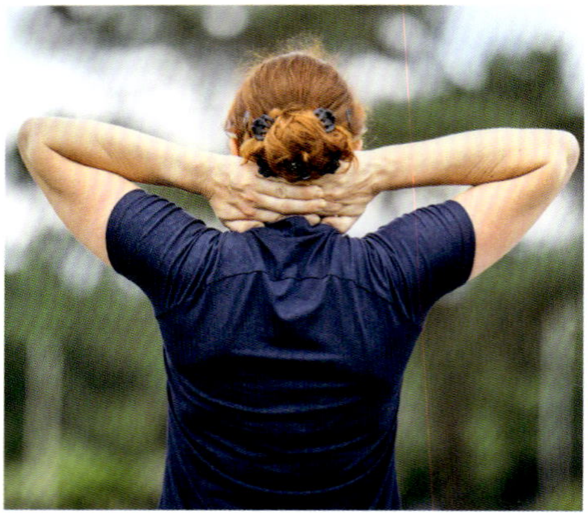

Halte die Spannung für 8 – 10 Sekunden.

KOPF NACH HINTEN DRÜCKEN

Fokuspunkt: Konstante Spannung in der Nackenmuskulatur

— Test durchführen

— Reibe deinen Nacken mit den Händen ca. 20 Sekunden. Nimm den neutralen Stand ein (Seite 72). Falte beide Hände mit verschränkten Fingern zusammen und lege sie auf den Hinterkopf. Du spürst dort vielleicht die Muskeln, die am unteren Hinterkopf an deinem Schädel münden, diese solltest du möglichst nicht berühren. Drücke mit dem Hinterkopf nach hinten in deine Hände, so als ob du den Kopf bewegen wolltest, um nach oben zu schauen. Dein Kopf bewegt sich dabei aber nicht. Drücke nicht mit voller Kraft, sondern so, dass du das Gefühl hast, du könntest noch fester drücken. Atme entspannt durch die Nase ein und aus und halte die Spannung für acht bis zehn Sekunden.

— Re-Test durchführen und Ergebnis in der Tabelle notieren.

KOPF NACH LINKS DRÜCKEN

Fokuspunkt: Konstante Spannung in der linken Halsmuskulatur

— Test durchführen

— Reibe die linke Seite deines Halses mit der Hand ca. 20 Sekunden. Nimm den neutralen Stand ein (Seite 72). Lege deine linke Hand an deinen linken Schädel, sodass der Handballen etwa zwei Fingerbreit oberhalb des Gehörgangs liegt und deine Finger zur hinteren Schädelmitte reichen. Spreize deinen linken

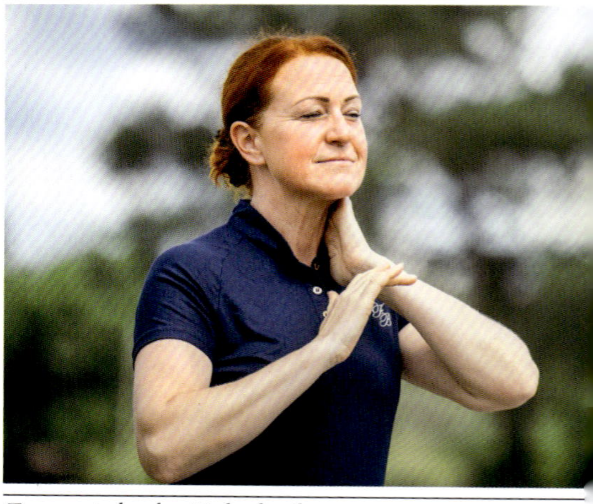

Zuerst wieder den Hals abreiben, …

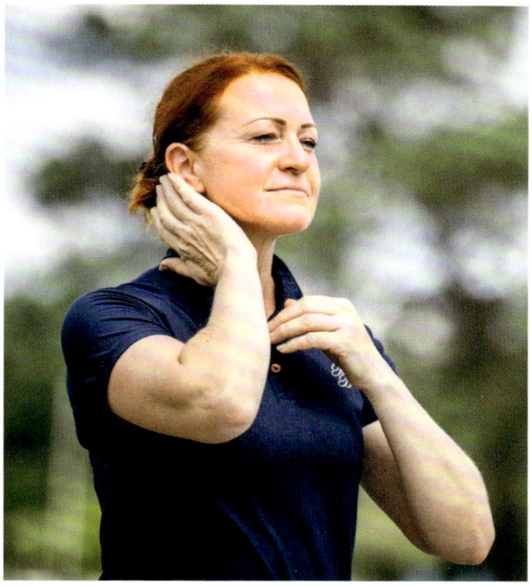

Sensorisch aktivieren durch Abreiben.

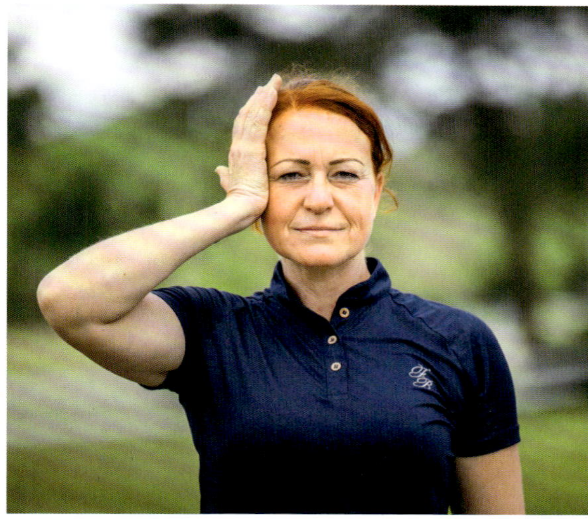

Motorisch aktivieren durch Anspannen.

Ellbogen ab, sodass er weg von deinem Körper zeigt. Drücke mit dem Kopf nach links in deine Hand und halte mit deiner Hand dagegen, der Kopf bewegt sich nicht. Drücke nicht mit voller Kraft, sondern so, dass du das Gefühl hast, du könntest noch fester drücken. Atme entspannt durch die Nase weiter. Halte die Spannung für acht bis zehn Sekunden.
— Re-Test durchführen und Ergebnis in der Tabelle notieren.

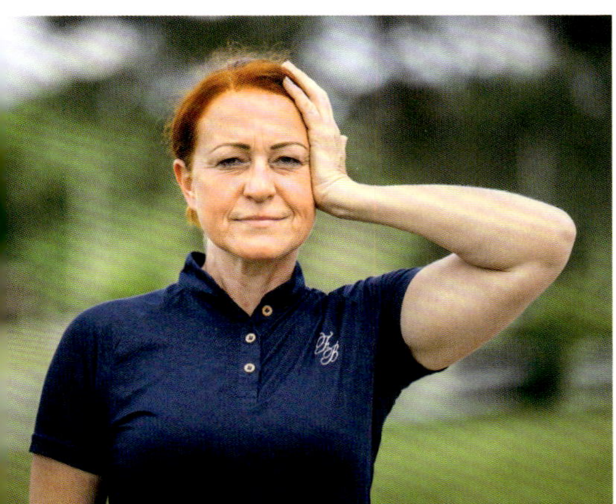

... dann den Kopf in die Hand drücken.

KOPF NACH RECHTS DRÜCKEN

Fokuspunkt: Konstante Spannung in der rechten Halsmuskulatur
— Test durchführen
— Reibe die rechte Seite deines Halses mit der Hand ca. 20 Sekunden. Nimm den neutralen Stand ein (Seite 72). Lege deine rechte Hand an deine rechte Schädelseite, sodass der Handballen etwa zwei Fingerbreit überhalb des Gehörgangs aufliegt und deine Finger zur hinteren Schädelmitte reichen. Spreize deinen Ellbogen ab, sodass er weg von deinem Körper nach rechts zeigt.
— Drücke nun mit dem Kopf nach rechts in deine Hand und halte mit deiner Hand dagegen, der Kopf bewegt sich nicht. Drücke nicht mit voller Kraft, sondern so, dass du das Gefühl hast, du könntest noch fester drücken. Atme dabei weiter entspannt durch die Nase ein und aus. Halte die Spannung für acht bis zehn Sekunden.
— Re-Test durchführen und Ergebnis in der Tabelle notieren.

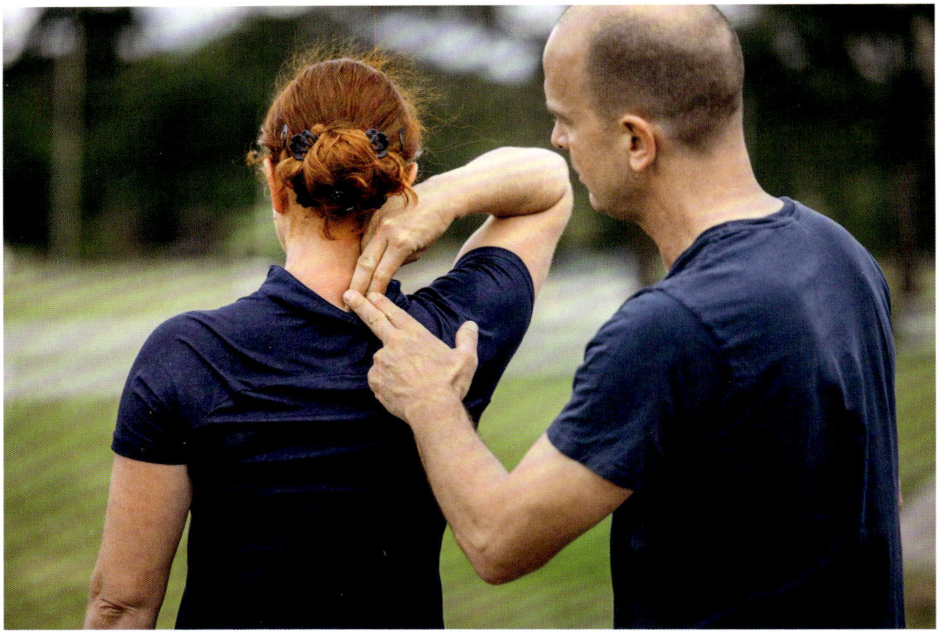

01

HALBES NEIN

ROTATION DER HALSWIRBELSÄULE (HWS)

Fokuspunkt: Isolierte Bewegung der Halswirbelsäule, die Schultern und die Brustwirbelsäule rotieren NICHT mit.

Dies ist eine vergleichsweise einfache Übung. Überspringe sie trotzdem nicht, denn sie dient auch der Vorbereitung für später kommende, schwierigere Drills für das vestibuläre System (Seite 129). Des Weiteren kann diese Übung auch sehr gut als Test/Re-Test genutzt werden: Du findest heraus, in welche Richtung du besser rotieren kannst. Die Verbesserung der Rotationsfähigkeit zur eingeschränkteren Seite ist ein positives Re-Test-Ergebnis!

— Test durchführen
— Ertaste den prominenten Wirbel, der am besten am unteren Ende des Nackens spürbar ist. Das ist C7. Rutsche mit deinen Fingern rechts neben diesen Wirbel und massiere den Punkt 20 – 30 Sekunden.

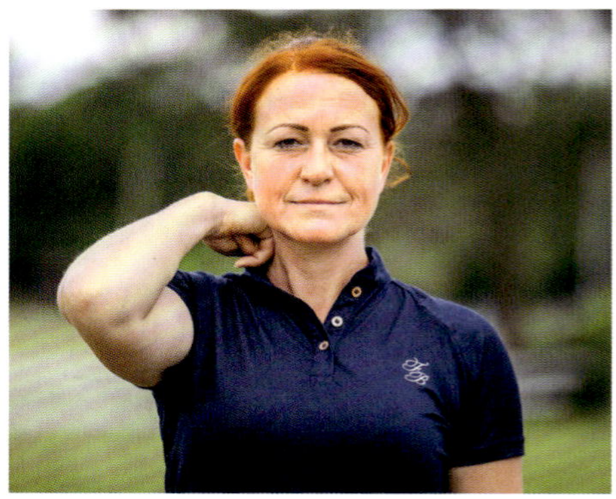

02

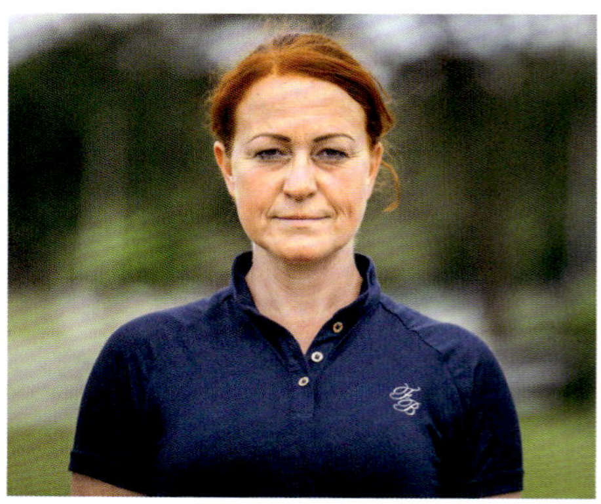

03

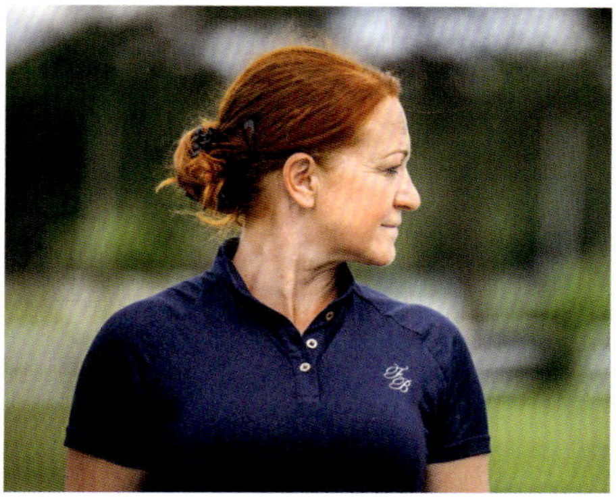

04

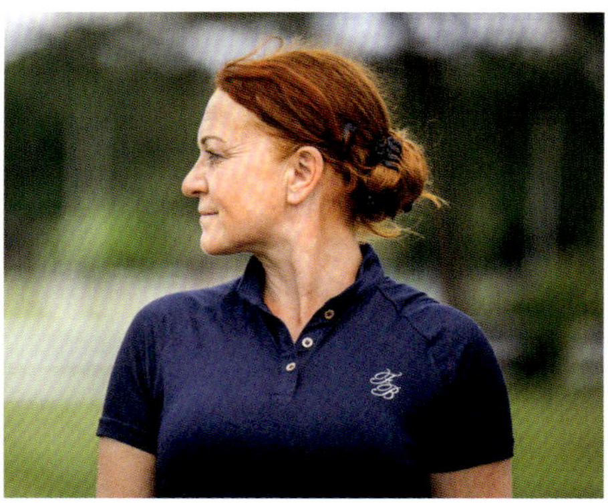

05

01 Ertaste den großen Wirbel namens C7.

02 Sensorik vor Motorik: C7 massieren.

03 Ausgangsposition und Endposition.

04 Kopf langsam rotieren und einatmen.

05 Teste in beide Richtungen.

Starte im neutralen Stand („Drücke die Krone durch die Decke“, Seite 72).

- Beginne die Bewegung mit den Augen: Erst nach links schauen, dann den Kopf so weit wie möglich nach links rotieren. Du kannst dir dabei vorstellen, dass dein Kinn auf einem Tisch liegt und du das Kinn nach links rotierst.
- Versuche, die Bewegung aus dem massierten Punkt rechts neben C7 zu starten! Du kannst deinen rechten Mittelfinger auf den Punkt legen und beginnen, den Kopf zu rotieren. Versuche dabei zu spüren, wie sich der Querfortsatz, auf dem dein rechter Mittelfinger gerade liegt, nach vorne bewegt, wenn du nach links rotierst. Verharre kurz in der Endposition.
- Atme zwei Sekunden ein beim Rotieren, mache eine Atempause in der Endposition von ca. zwei Sekunden, atme dann vier Sekunden aus, während du zur Mitte zurückrotierst. Lege wieder eine Atempause von ca. zwei Sekunden in der mittigen Endposition/Startposition ein. Wiederhole den Ablauf fünfmal. Mit diesem Atemrhythmus brauchst du pro Rotation zehn Sekunden, (entspricht unserem „Zeitlupentempo“) bei verlängerter Ausatmungsphase. Das ist übrigens eine physiogische Atemfrequenz, die ideal zur Schmerzreduktion ist (Jafari u. a. 2017).
- Re-Test durchführen und Ergebnis in der Tabelle notieren.
- Wiederhole die HWS-Rotation in die andere Richtung – nach rechts – und re-teste.

JA-JA-BEWEGUNG

FLEXION UND EXTENSION DER HALSWIRBELSÄULE

Fokuspunkt: Isolierte Bewegung der Halswirbelsäule, die Brustwirbelsäule streckt und beugt sich nicht mit! Auch dieser Drill kann sehr gut als Test und Re-Test genutzt werden. Wie weit kannst du den Kopf in Überstreckung und wie weit in die Beugung bringen?

— Test durchführen
— Reibe mit den Fingerspitzen die Halswirbelsäule am Schädelansatz ca. 20 Sekunden. Nimm den neutralen Stand ein (Seite 72). Die Augen schauen geradeaus. Richte den Blick nach oben und kippe den Hinterkopf nach hinten-unten, dein Gesicht richtet sich zur Decke. Verharre kurz in der Endposition. Richte deine Augen nun nach unten und ziehe das Kinn in Richtung Kehlkopf, sodass sich die Halswirbelsäule nach vorne beugt. Schaue nun wieder nach oben, beginne die Bewegung deines Kopfes aus der nach vorne gebeugten Position zurück in die nach hinten überstreckte Position. Atme entspannt und langsam weiter durch die Nase ein und aus. Absolviere fünf Wiederholungen im Zeitlupentempo (also ca. zehn Sekunden für eine Wiederholung).
— Re-Test durchführen und Ergebnis in der Tabelle notieren.

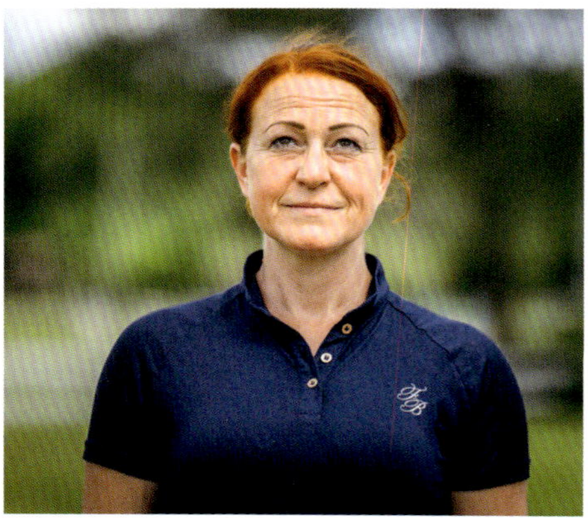

Augen „führen“: Zuerst Blick nach oben.

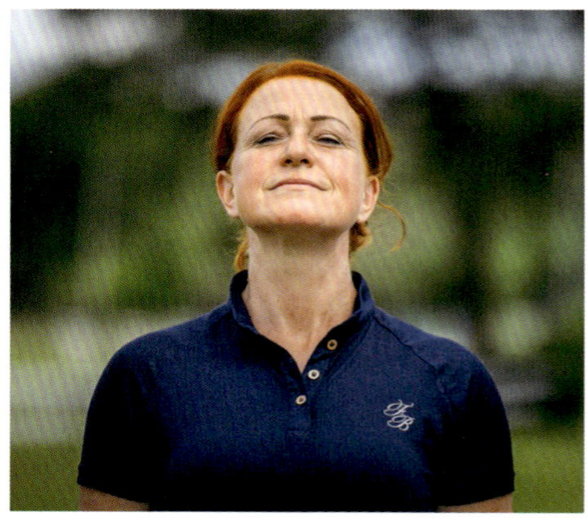

Dann den Kopf „nachziehen“.

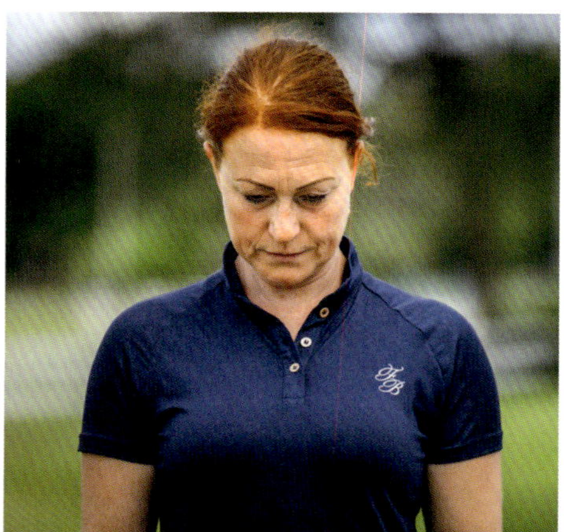

Blick nach unten und Nacken beugen.

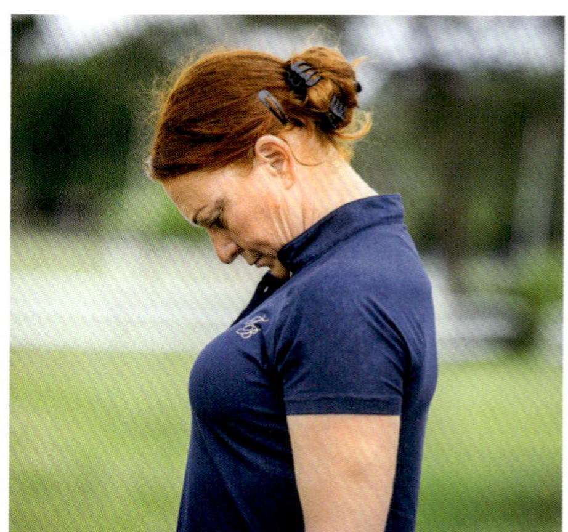

Beuge den Nacken so weit wie möglich.

SEITLICHES BEUGEN DER HALSWIRBELSÄULE

LATERAL-FLEXION

Fokuspunkt: Die Bewegung vom Halswirbel C7 aus initiieren

- Test durchführen
- Reibe mit den Fingerspitzen den Bereich um den 7. Halswirbel (C7), das ist der prominent herausstehende Wirbel am unteren Nacken, der Übergang zur Brustwirbelsäule – er ist sehr leicht zu ertasten. Der neutrale Stand (Seite 72) ist die Ausgangsposition. Zieh dein Kinn aktiv leicht abwärts und nach hinten in Richtung Adamsapfel, sodass du spürst, dass deine Halswirbelsäule im Nacken leicht gebeugt wird. Behalte diese Position bei und kippe deinen Kopf nun seitlich aus der Mittelachse – bring dein Ohr näher zur Schulter. Wichtig: Versuche, die Bewegung in Höhe von C7 entstehen zu lassen – deshalb haben wir auch diesen Bereich sensorisch voraktiviert!
- Wiederhole die Bewegung fünfmal in Zeitlupentempo. Du kannst auch hier mit dem Atemrhythmus experimentieren. Zwei Sekunden Atempause – zwei Sekunden einatmen, zwei Sekunden Atempause, vier Sekunden ausatmen. Für die meisten Menschen ist es entspannter, die Phase des Einatmens mit dem seitlichen Kippen zur Schulter hin zu verbinden. Teste es gerne selbst aus.
- Re-Test durchführen, Ergebnis in der Tabelle notieren und andere Seite testen.

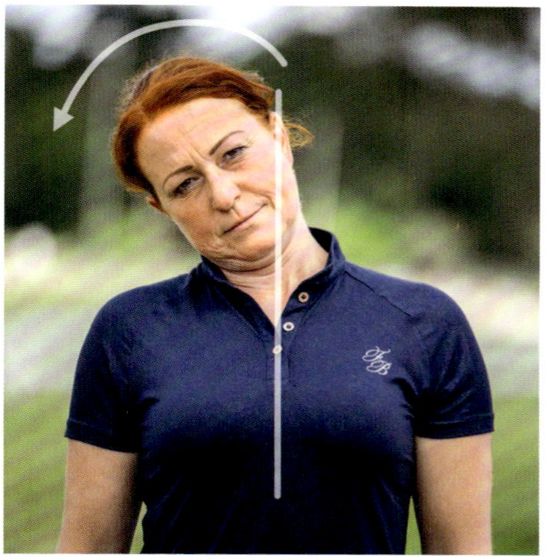

01

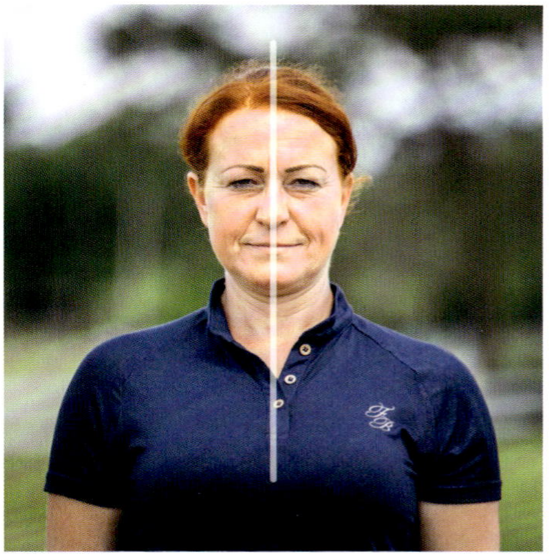

02

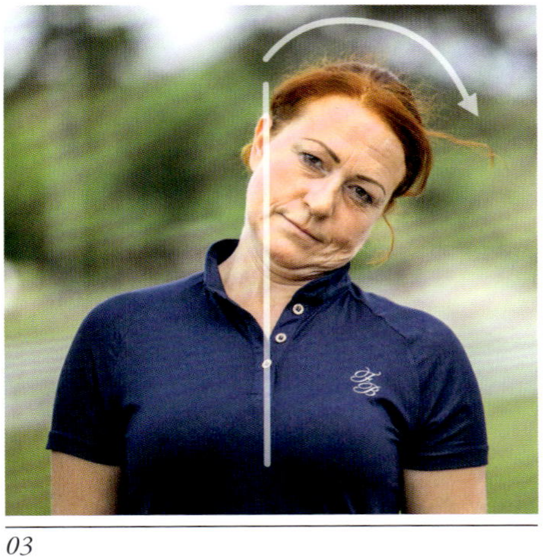

03

01 Der Kopf wird nur seitlich gekippt.

02 Die Ausgangsposition ist der neutrale Stand.

03 Alex rotiert hier den Kopf leicht nach links, das soll nicht passieren!

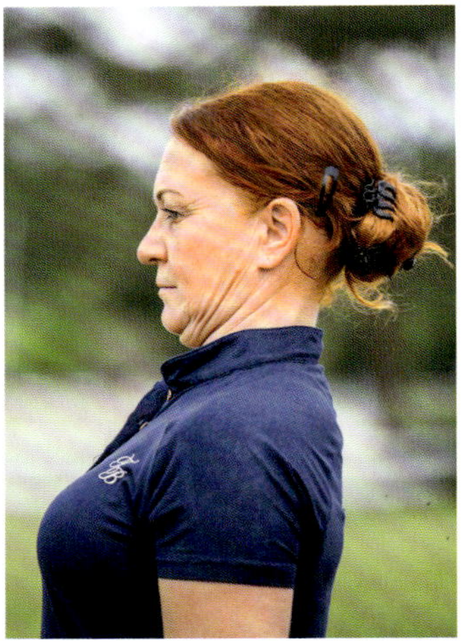

Start im neutralen Stand. Das Kinn nach hinten-unten ziehen.

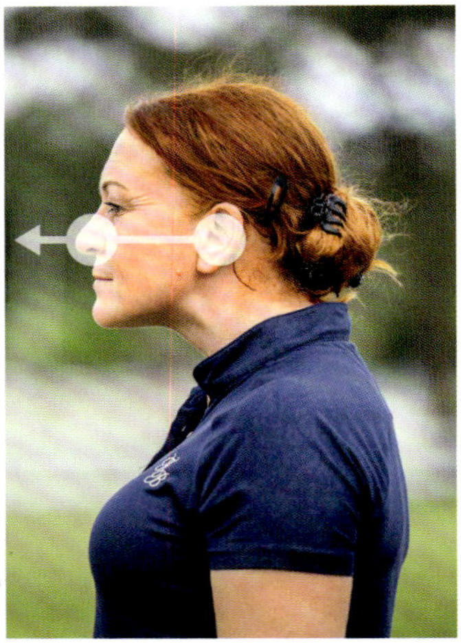

Schiebe die Clownsnase wie auf einer Schiene nach vorne.

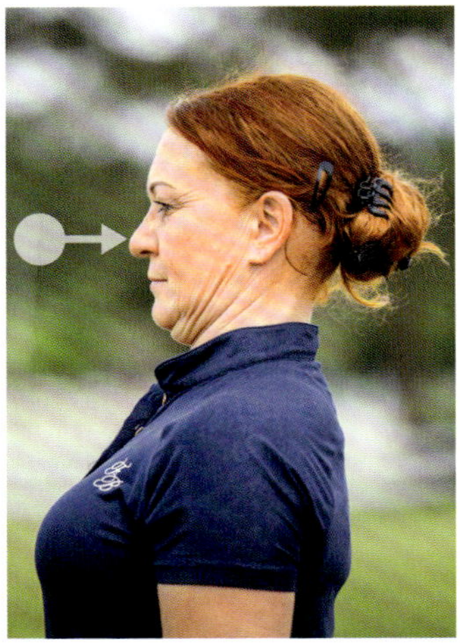

Ziehe die Clownsnase wieder so weit wie möglich zurück.

DAS HUHN

HALSWIRBELSÄULE VOR- UND ZURÜCKGLEITEN

Versuche, beim Zurückziehen des Kinns eine leichte Beugung der oberen Halswirbelsäule beim Nach-hinten-Gleiten zu erzeugen.

— Test durchführen

— Reibe mit den Fingerspitzen die Halswirbelsäule vom Schädelansatz ca. 20 Sekunden.In der Ausgangsposition ziehst du dein Kinn aktiv leicht abwärts und nach hinten in Richtung Adamsapfel, sodass du spürst, dass deine Halswirbelsäule im Nacken leicht gebeugt wird. Nun stelle dir vor, dass du eine rote Clownsnase trägst – schiebe die Spitze der Clownsnase so weit nach vorne wie nur möglich (das nennt man übrigens Protraktion) – und atme dabei durch die Nase aus. Anschließend ziehst du die Nase wieder zurück und dein Kinn in Richtung Adamsapfel (diese Bewegung heißt Retraktion) – und atmest durch die Nase ein. Wiederhole diese Abfolge – in Zeitlupentempo – ca. fünfmal. Bleibe locker dabei. Begrenze die Körperspannung auf das minimal Nötige! Nimm dir Zeit, die Bewegung zu lernen und damit zu experimentieren!

— Re-Test durchführen und Ergebnis in der Tabelle notieren.

DAS PICKENDE HUHN

GEBEUGTE HALSWIRBELSÄULE VOR- UND ZURÜCKGLEITEN

Fokuspunkt: Ziel ist, beim Zurückziehen des Kinns eine leichte Beugung der oberen Halswirbelsäule zu erreichen.

— Test durchführen

— Reibe mit den Fingerspitzen die Halswirbelsäule vom Schädelansatz bis C7 ca. 20 Sekunden. Du beginnst im neutralen Stand (Seite 72). In der Ausgangsposition ziehst du dein Kinn leicht abwärts und nach hinten in Richtung Adamsapfel, sodass du spürst, dass deine Halswirbelsäule im Nacken leicht gebeugt wird.

— Nun blickst du nach unten an deiner Vorderseite entlang auf deine Brust, dabei beugst du deinen Kopf nach vorne so weit du kannst, ohne deine Brustwirbelsäule zu bewegen.

- Jetzt schiebst du dein Kinn nach unten in Richtung Brust – wundere dich nicht, es sind nur ein paar Zentimeter Bewegung möglich, das ist völlig normal. In der Endposition angekommen – jetzt kommt der wichtigere Part der Bewegung – ziehst du dein Kinn wieder so weit wie möglich nach oben, dein Kopf bleibt in der vorgebeugten Position. Zieh das Kinn stark nach hinten-oben, sodass dein Kopf eine leicht nach vorne rollende Bewegung macht. Das Ziel ist eine maximale Beugung der oberen Halswirbelsäule. Atme entspannt durch die Nase und finde heraus, wann du am besten ein- oder ausatmest, um die Bewegung entspannt durchführen zu können.
- Re-Test durchführen und Ergebnis in der Tabelle notieren.

01 Halswirbel C7 sensorisch aktivieren

02 Kopf senken, Blick nach unten, Nacken beugen

03 Stelle dir die Rollbewegung des Kopfes vor.

04 Wichtig: Der Nacken bleibt immer gebeugt.

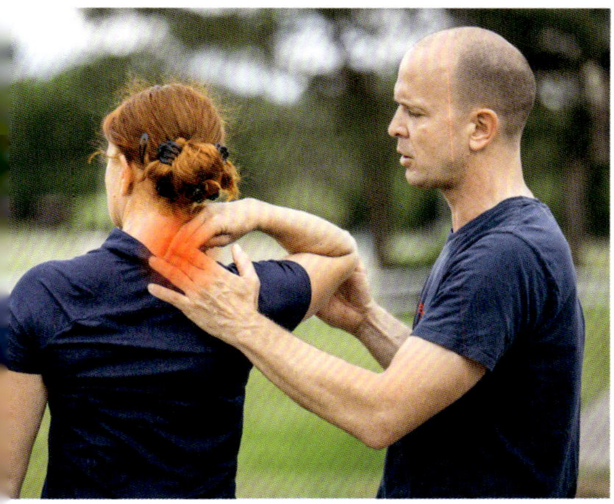

01

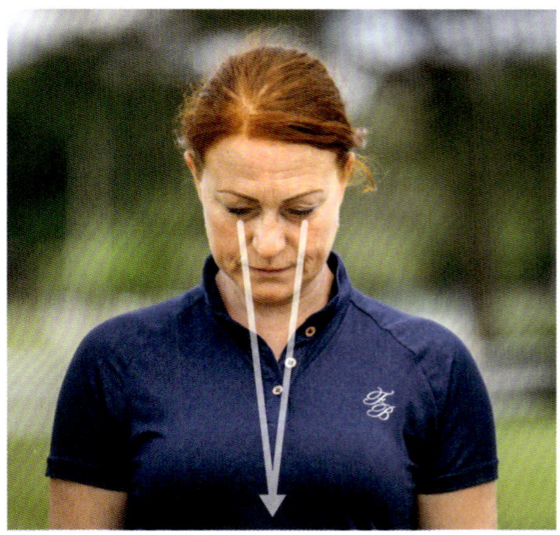

02

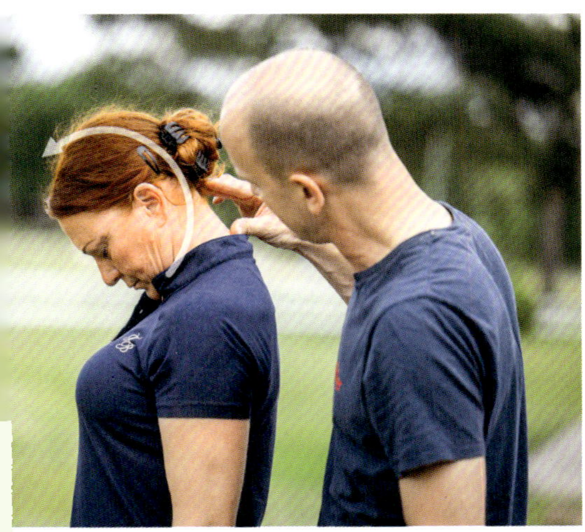

03

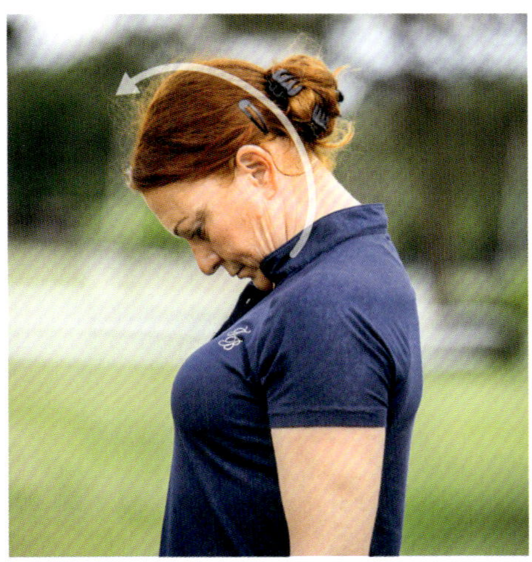

04

DAS HUHN IN SEITLICHER POSITION

VOR- UND ZURÜCKGLEITEN IN SEITLICHER POSITION

Fokuspunkt: Beugung in der oberen Halswirbelsäule erzeugen

— Test durchführen

— Reibe mit den Fingerspitzen die obere Halswirbelsäule für ca. 20 Sekunden. Der neutrale Stand ist die Ausgangsposition.

— Ziehe dein Kinn leicht abwärts und nach hinten in Richtung Adamsapfel, sodass du spürst, dass deine Halswirbelsäule im Nacken leicht gebeugt wird. Behalte diese Position bei und kippe deinen Kopf seitlich nach rechts – halte den Kopf in der gekippten Achse – jetzt kommt wieder die Clownsnase: Schiebe die Nase nach vorne durch die gegenüberliegende Wand (Protraktion) – der Kopf bleibt in der gekippten Position –, so weit wie möglich. Atme dabei durch die Nase aus. Ziehe die Clownsnase wieder zurück in Richtung der Wand hinter dir (Retraktion) und atme dabei durch die Nase ein. Der Kopf bleibt immer noch in der seitlich gekippten Position. Ziehe die Clownsnase nun nach hinten, als ob du sie zur Wand hinter dir ziehen wolltest. Wenn ein Dehnungsgefühl im linken Nacken entsteht, ist das normal. Bleibe zwei bis drei Sekunden in der Endposition und wiederhole den Ablauf fünfmal in Zeitlupe. Die Atmung passiert synchron zur Kopfbewegung: Nase vor – ausatmen, Nase nach hinten – einatmen.

— Oft ist es hilfreich, in einem Spiegel zu beobachten, ob der Kopf tatsächlich konstant in der gekippten Position gehalten wird oder ob mit Rotationsbewegungen kompensiert wird. Nutze das Spiegelbild zur Kontrolle. Wiederhole die Bewegung fünfmal in Zeitlupe.

— Re-Test durchführen, Ergebnis in der Tabelle notieren und andere Seite testen.

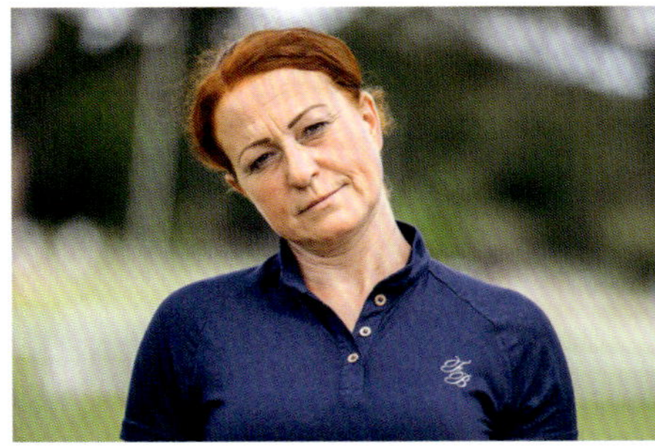

Kopf seitlich, Kinn zurück

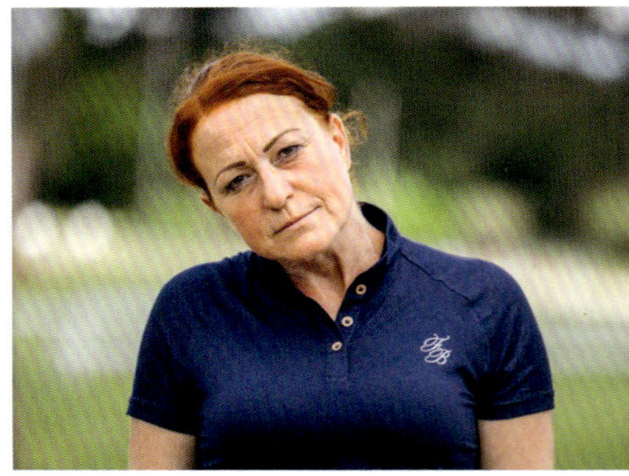

Kopf vorschieben

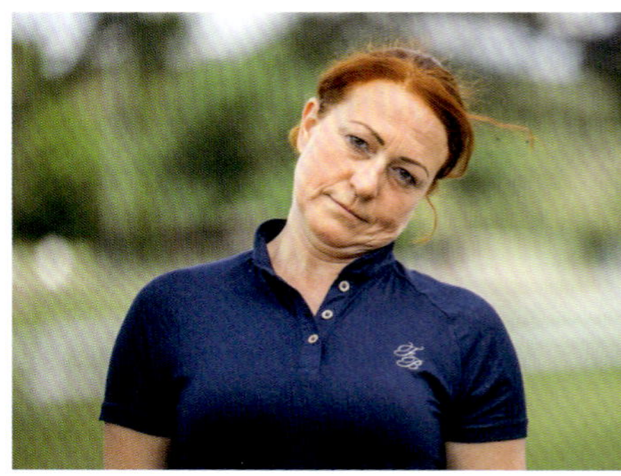

Analog die Gegenseite

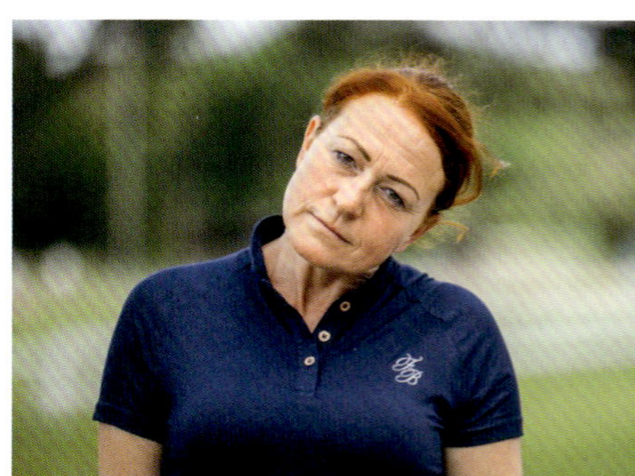

Halte den Kopf in der Achse.

AUTONOMES NERVENSYSTEM

Der Huhn-Drill – mit Fokus auf die Re-Traktion, also das Zurückziehen – kommt einer Mobilisierung der Sagittalnaht des Schädels recht nahe. Bei den meisten Menschen über 30 Jahren ist diese Naht am Schädel zwar verknöchert, dennoch kann dieser Drill die Dura und die darin liegenden Nervenenden sanft mobilisieren. Erfahrungsgemäß hilft dieser Drill sehr vielen Menschen, ihre Rumpfbeugemuskeln zu aktivieren: Probiere ein paar Sit-ups und Sit-ups mit Rotationen vorher und nachher als Test/Re-Test aus! Ebenso kann dieser Drill den Bereich um C1 und C2 der oberen Halswirbelsäule gut mobilisieren und die beteiligten Muskeln stabilisieren. Und ein wichtiger Nerv verläuft direkt vor diesen beiden Wirbeln entlang: Der Vagusnerv, unser größter Hirnnerv, fördert Regenerationsprozesse und steuert Immunsystem, Verdauungs- und Herz-Lungen-System und vieles mehr. Mit dieser Übung besteht eine gute Gelegenheit, den Vagusnerv und damit einen wichtigen Teil unseres autonomen Nervensystems direkt zu stimulieren.

BRUSTWIRBELSÄULE BEUGEN UND STRECKEN

Fokuspunkt: Brustwirbelsäule (BWS) beugen und strecken

- Test durchführen
- Reibe mit den Knöcheln deiner Finger kräftig von oben nach unten am Sternum entlang. Wenn dir jemand helfen kann, kannst du dir die Wirbelsäule auf der Rückseite kräftig abreiben lassen – und zwar den Bereich in Höhe der Unterkante der Schulterblätter, ca. 10 cm darüber bis 10 cm darunter.
- Der neutrale Stand ist die Ausgangsposition (Seite 72). Berühre mit den Fingern

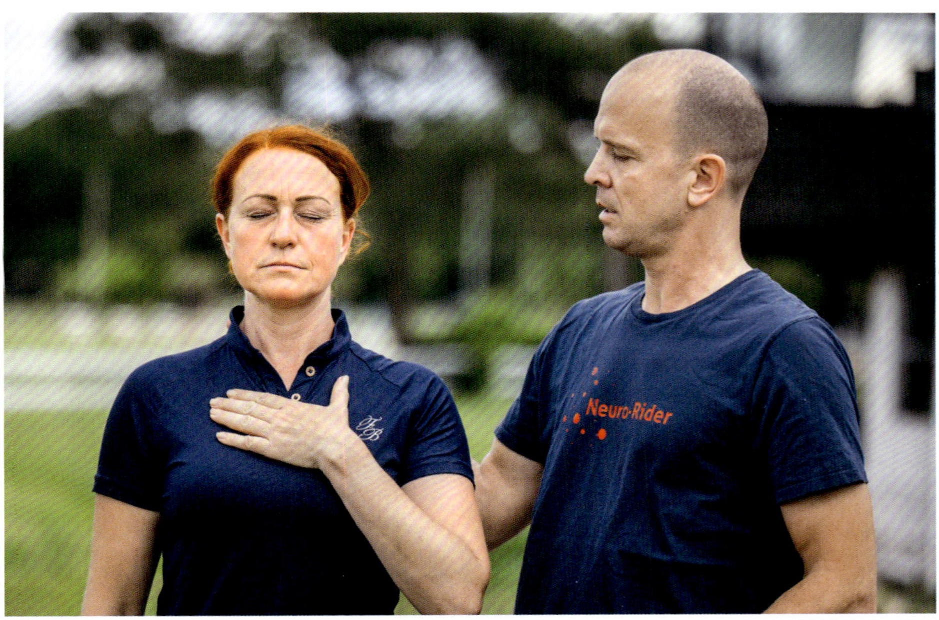

Alex konzentriert sich darauf, ihre Brustwirbelsäule zu spüren, die ich gerade abreibe und abklopfe.

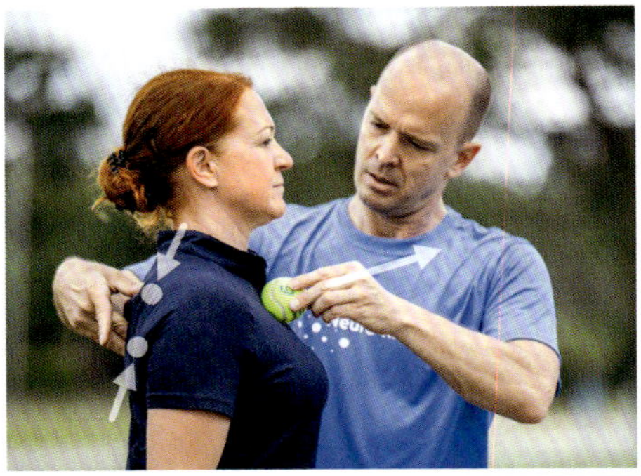

„Drücke den Ball in meine Hand."

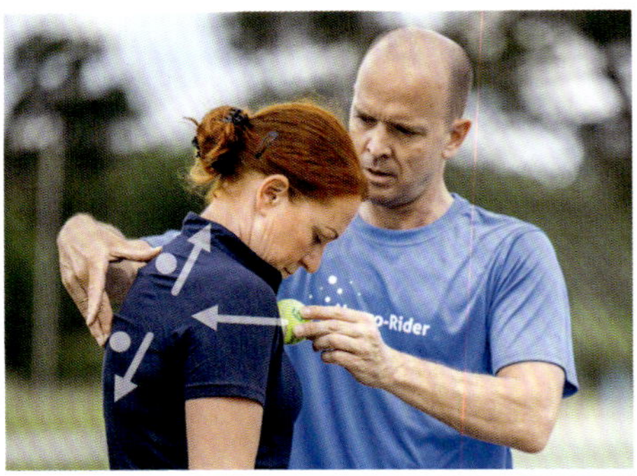

„Ziehe den Ball nach hinten."

den Bereich zwischen deinen Brustmuskeln. Du kannst auch einen Tennisball nehmen, und ihn dir leicht an diese Stelle drücken. Jetzt atme langsam und tief durch die Nase ein und schiebe synchron dazu den Tennisball weit nach vorne, als ob du ihn durch die Wand gegenüber drücken möchtest: Schieb den Ball durch die Wand! Dann geht es in die andere Richtung. Ziehe den Ball zur Wand hinter dir, atme dabei aus. Versuche, den Ball so weit wie möglich nach hinten zu bringen. Achte darauf, dass du locker bleibst, du brauchst keine übermäßige Muskelspannung für diese Mobilisierung. Absolviere 5 – 6 Wiederholungen. Diese Bewegung kannst du stehend oder sitzend durchführen. Atme immer synchron zur Bewegung. Achte auf die Blickrichtungen.

— Re-Test durchführen, Ergebnis in der Tabelle notieren und andere Seite testen.

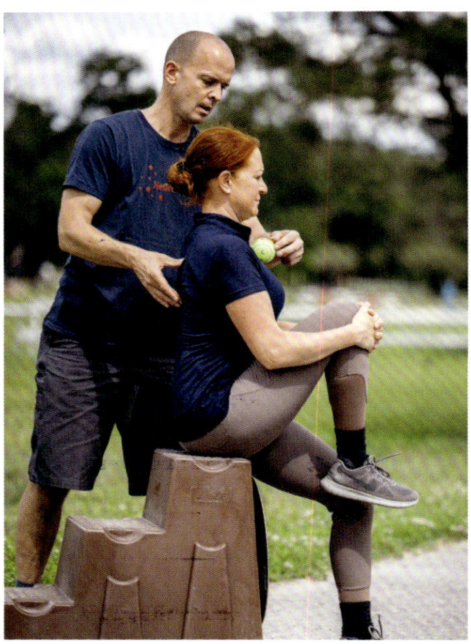

Ich markiere mit Fingerdruck zwei Punkte auf der Brustwirbelsäule: Bringe diese Punkte näher zueinander, schiebe den Ball nach vorne, dabei Blick nach oben und einatmen.

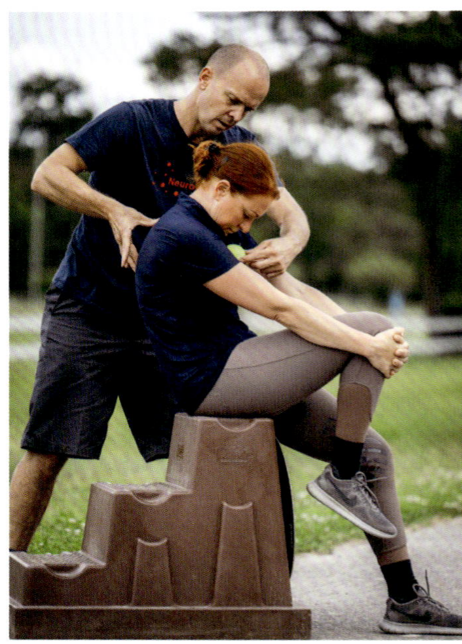

Jetzt bringe die Finger so weit wie möglich auseinander. Ziehe den Ball zur Wand hinter dir. Atme dabei aus, Augen blicken auf die Brust. Maximale Beugung erzeugen!

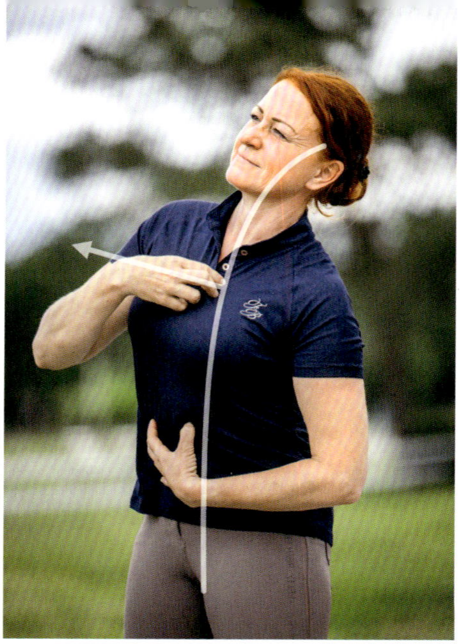

Eine Schulter nach unten ziehen

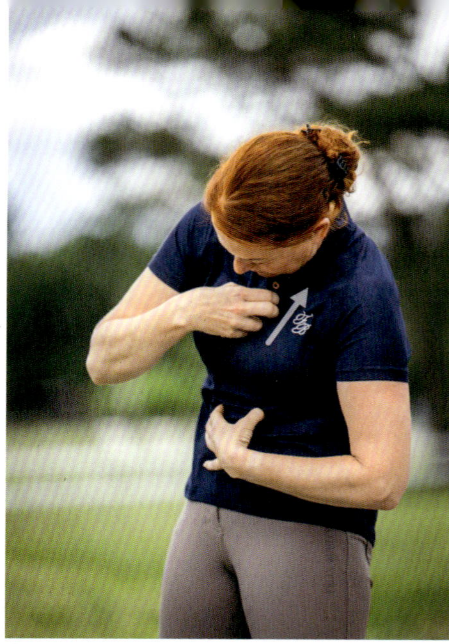

Brustwirbelsäule beugen

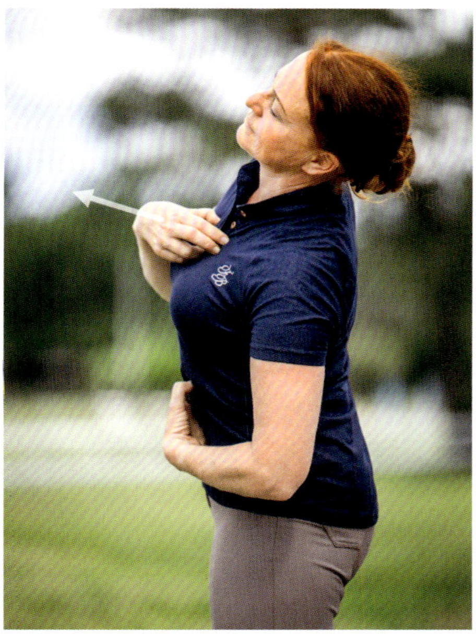

Brustwirbelsäule strecken

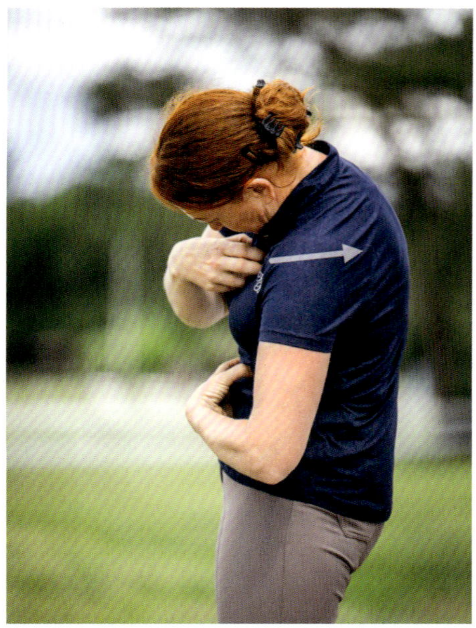

Seitenansicht: gebeugte Position

BRUSTWIRBELSÄULE BEUGEN IN SEITLICHER POSITION

Fokuspunkt: Brustwirbelsäule seitlich beugen und strecken in seitlicher Position

— Test durchführen

— Der Übungsablauf gleicht im Prinzip dem Ablauf der Übung auf Seite 85, aber sie beginnt in einer anderen Ausgangsposition: einer in der Brustwirbelsäule seitlich gebeugten Position.

— Absolviere 5 – 6 Wiederholungen

— Re-Test durchführen, Ergebnis in der Tabelle notieren und andere Seite testen.

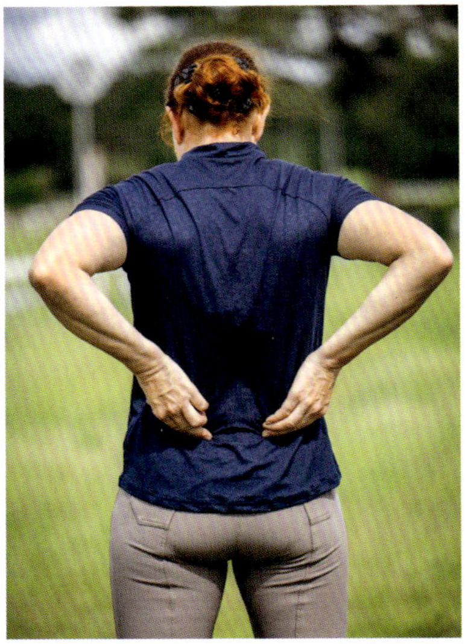

Finde die beiden „Beulen", die beiden Beckenkämme.

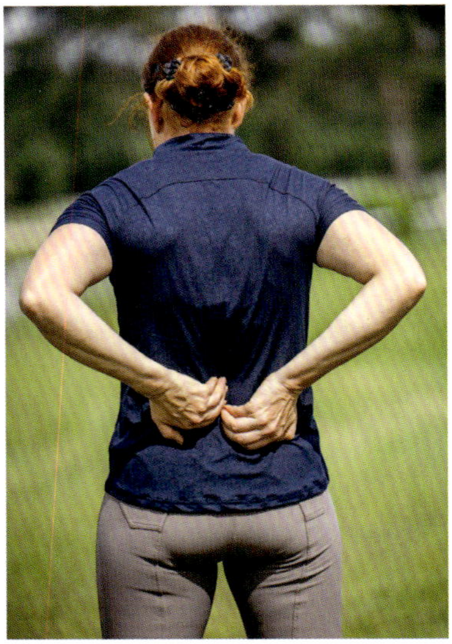

Von der Mitte aus Finger auf die Wirbel darüber legen.

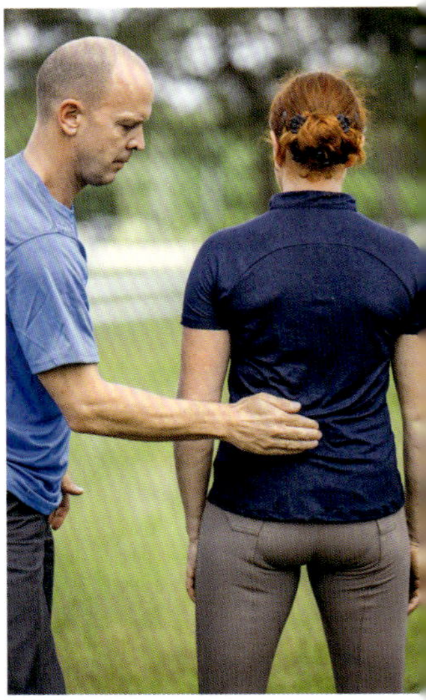

„Spürst du, wo du Bewegung erzeugen sollst?"

LENDENWIRBELSÄULE IM HALBKREIS VORWÄRTS

Fokusbereich: Greife mit beiden Händen an deine Lendenwirbelsäule (LWS) und entdecke die beiden Beckenkämme ungefähr fünf Zentimeter rechts und links von der Mitte. Finde die Wirbelsäule dazwischen. Vom Mittelpunkt aus legst du alle Finger außer dem Daumen der linken Hand und der rechten Hand aneinander an die Wirbelsäule nach oben und sagst „Hallo" zu deiner Lendenwirbelsäule. Reibe kräftig an den Wirbeln, du willst hier Bewegung erzeugen!

— Test durchführen
— Du beginnst im neutralen Stand (Seite 72), aber mit leicht gebeugten Knien. Das Becken bleibt die ganze Zeit aufgerichtet. Zuerst beugst du dich seitlich aus der Mitte heraus nach links und lässt deinen rechten Arm locker hängen, den rechten Arm ebenso, der Kopf kippt zur linken Seite. Jetzt stelle dir vor, dass du mit dem Kopf einen Halbkreis von links nach vorne und von vorne nach rechts malen wolltest. Lasse die rechte Schulter nach vorne fallen, der Blick geht zum Boden, beginne mit dem Kopf sehr langsam, den Kreis zu malen. Achte darauf, dass du in der Bewegung den Fokusbereich spürst und bewegst. Wenn nötig, beuge dich dafür etwas mehr vornüber. Bringe den Kreisbogen auf der rechten Seite zu Ende, ziehe zuletzt die linke Schulter aus der Rotation heraus und richte dich langsam wieder auf, zurück zur Mitte.
— Wiederhole die Bewegung in die andere Richtung. Es ist sehr wichtig, dass du dich zu Beginn des Übens im Zeitlupentempo bewegst, also pro Halbkreis nicht weniger als 30 Sekunden brauchst.
— Re-Test durchführen, Ergebnis in der Tabelle notieren und andere Seite testen.

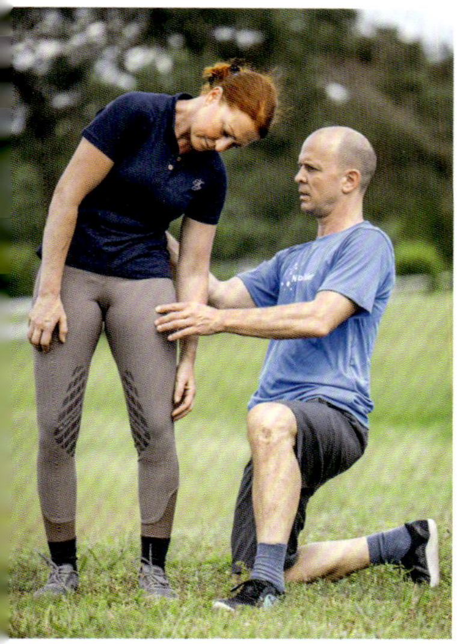

Alex soll die Bewegung in der Lendenwirbelsäule erzeugen.

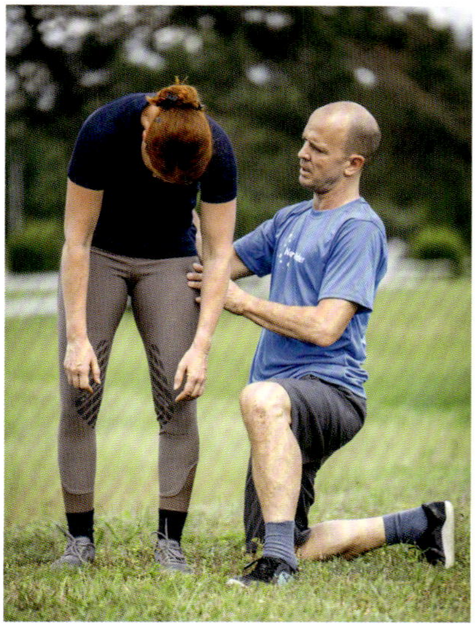

Ich lasse meine Finger dort, damit Alex das jederzeit prüft.

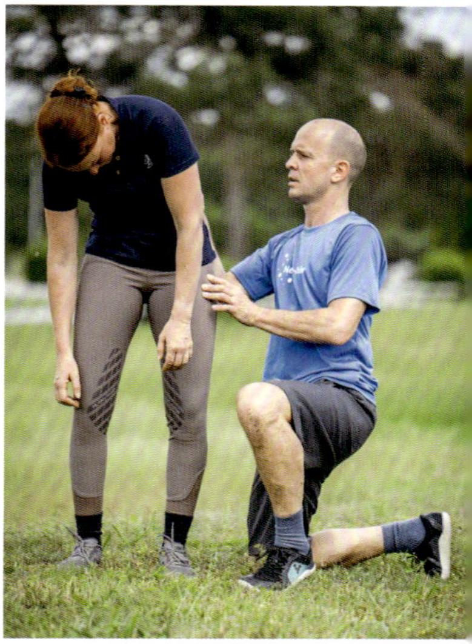

Sehr langsames Tempo, damit Selbstkorrektur möglich ist.

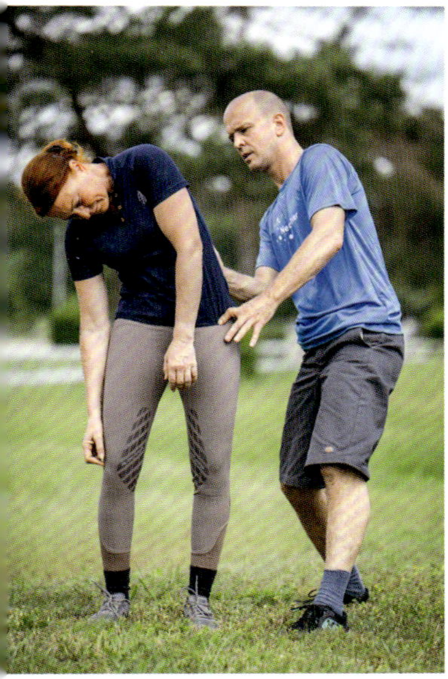

Für den Halbkreis brauchst du viel Aufmerksamkeit und Achtsamkeit. Lasse dir deshalb viel Zeit.

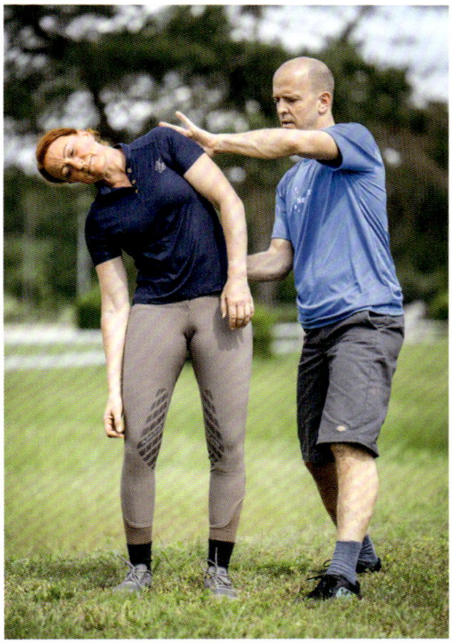

30 Sekunden sind lang. Du darfst auch 60 Sekunden brauchen. Steuere dich immer wieder so, dass du die Lendenwirbelsäule spürst.

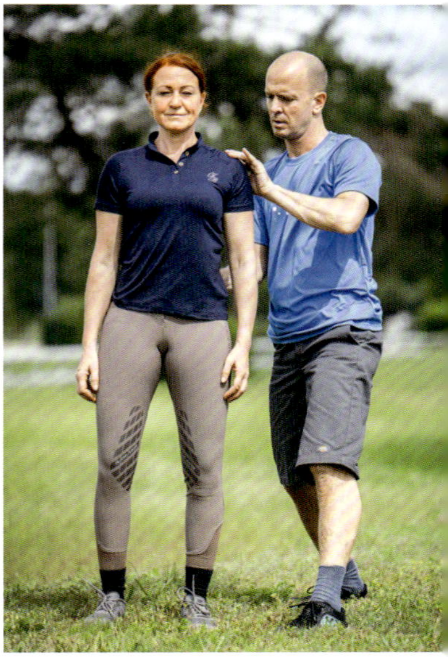

Ende mit der Bewegung genau dort, wo du sie begonnen hast: Im neutralen Stand mit Blick geradeaus.

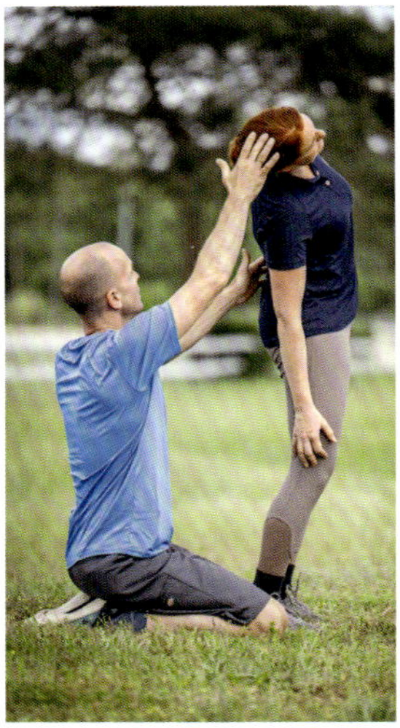

01

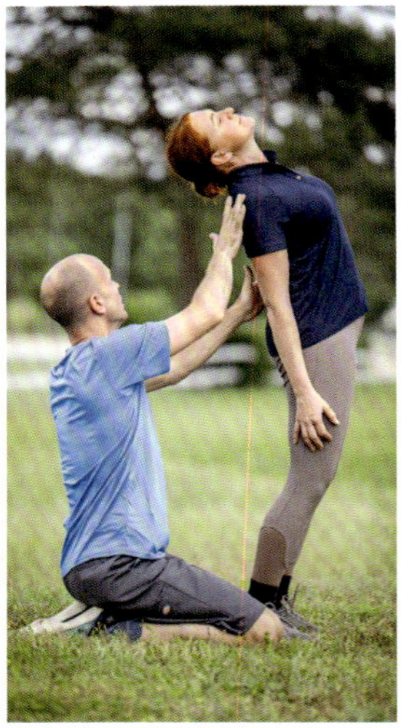

02

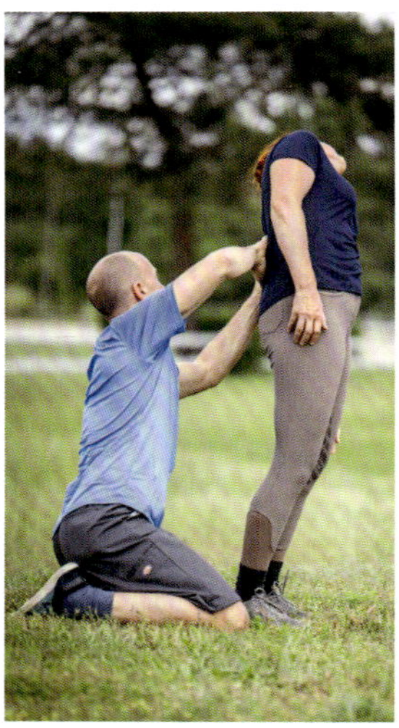

03

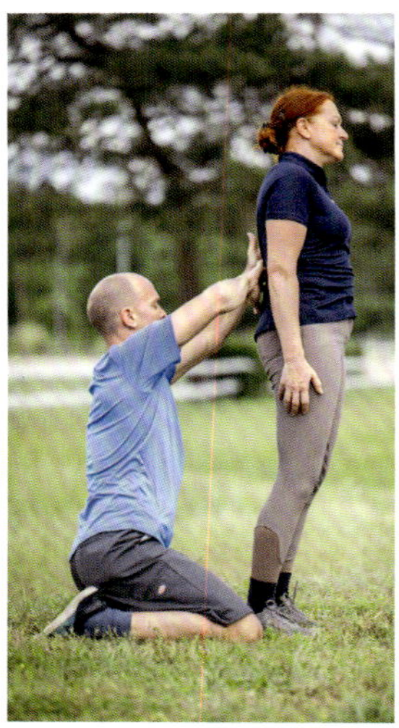

04

01 Alex beugt sich nach rechts, …

02 … dann nach hinten, der Kopf geht mit.

03 Von dort nach links …

04 … und zurück in die Ausgangsposition.

LENDENWIRBELSÄULE IM HALBKREIS RÜCKWÄRTS

Fokusbereich: Siehe Übung auf Seite 88

- Test durchführen
- Du beginnst im neutralen Stand (Seite 72), aber mit leicht gebeugten Knien. Das Becken bleibt die ganze Zeit aufgerichtet. Zuerst beugst du dich seitlich aus der Mitte nach rechts, lässt deinen rechten Arm locker hängen, den linken Arm ebenso, der Kopf kippt zur rechten Seite. Jetzt stelle dir vor, dass du mit dem Kopf einen Halbkreis von rechts nach hinten und von hinten nach links malen willst. Lass die linke Schulter nach hinten fallen, der Blick geht zur Decke, die Halswirbelsäule senkt sich nach hinten. Beginne mit dem Kopf sehr langsam den Kreis zu malen. Achte darauf, dass du in der Bewegung den Fokusbereich spürst und bewegst. Wenn nötig, beuge dich dafür etwas mehr zurück. Bringe den Kreisbogen auf der linken Seite zu Ende, ziehe zuletzt die rechte Schulter wieder aus der Rotation heraus und richte dich langsam wieder auf, zurück zur Mitte.
- Wiederhole die Bewegung in die andere Richtung. Es ist sehr wichtig, dass du dich zu Beginn des Übens im langsamen Zeitlupentempo bewegst, also pro Halbkreis nicht weniger als 30 Sekunden brauchst.
- Re-Test durchführen, Ergebnis in der Tabelle notieren und andere Seite testen.

BOOST FÜRS GLEICHGEWICHT

Lendenwirbelsäulenkreise – vor allem in schnelleren Ausführungen (wenn du sie später gut beherrscht) haben das Potenzial, sowohl die Gleichgewichtsorgane im Innenohr als auch die somatischen Komponenten des Gleichgewichtssystems, wahrscheinlich in den Nieren, kurzzeitig zu beeinflussen und somit die Gleichgewichtswahrnehmung zu verändern.

BECKEN AUFRICHTEN UND KIPPEN

Fokuspunkt: Vorwärtskippen und aufrichten bzw. die Beckenkämme kippen nach hinten

- Test durchführen
- Reibe an deinem Beckenkamm rechts und links. Deine Füße stehen schulterbreit auseinander, die Knie sind und bleiben ganz leicht gebeugt. Lege deine Finger links und rechts an deine Beckenkämme. Stelle dir vor, dein Becken wäre ein japanischer Fächer. Wie bewegt man einen Fächer? Vom Griffstück ausgehend, und zwar so, dass die obere Fläche ein wenig vor- und zurückgeschwungen wird. Du fächerst mit deinem Becken jedoch sehr langsam und vorsichtig, du sollst keinen Luftzug erzeugen.
- Hier noch eine andere Vorstellung, die dabei hilft, ein Gefühl für das Aufrichten des Beckens zu entwickeln: Stelle dir vor, du hättest wie unsere Vorfahren statt des Kreuzbeins (Sakrum) an dieser Stelle einen Schwanz. Der Schwanz reicht bis zum Boden und ist sehr stabil, du willst den Schwanz hinter dir nun kräftig in den Boden drücken – dein Becken richtet sich dabei auf. Schwanz leicht anheben – das Becken kippt nach vorn – Schwanz in den Boden drücken – das Becken richtet sich auf.
- Übe eine Minute lang, achte darauf, dass deine Lendenwirbelsäulenmuskulatur sich so wenig wie möglich anspannt und deine Bauchmuskulatur auch locker bleibt.
- Re-Test. Notiere dein Ergebnis.

FOKUSPUNKT BECKENPOSITION
Vielleicht hat sich durch diese Übung dein Verständnis dafür, wie sich ein aufgerichtetes Becken anfühlt, verändert. Passe im neutralen Stand die Beckenposition entsprechend deiner neuen Fähigkeit an!

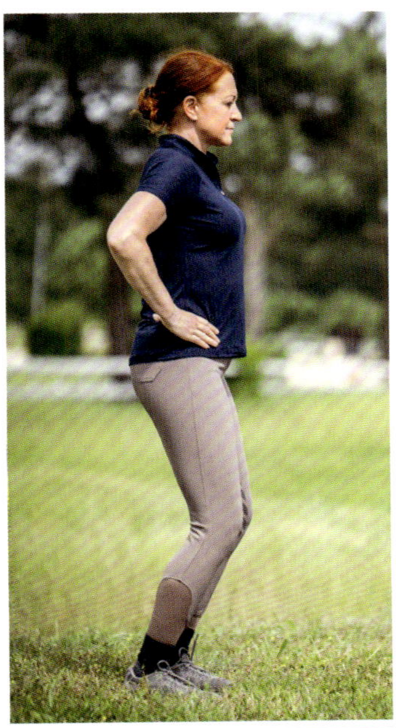

Leicht gebeugte Knie

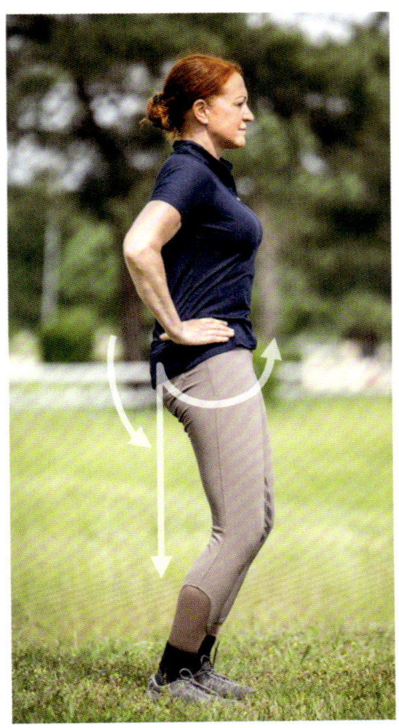

Becken aufrichten – „Schwanz zum Boden drücken“

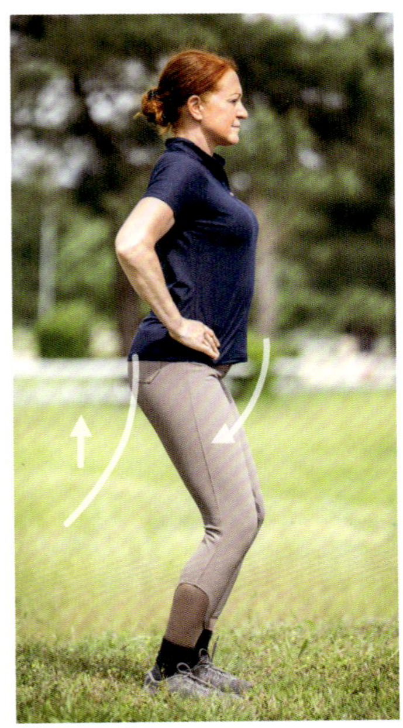

Becken kippen – „Schwanz anheben“

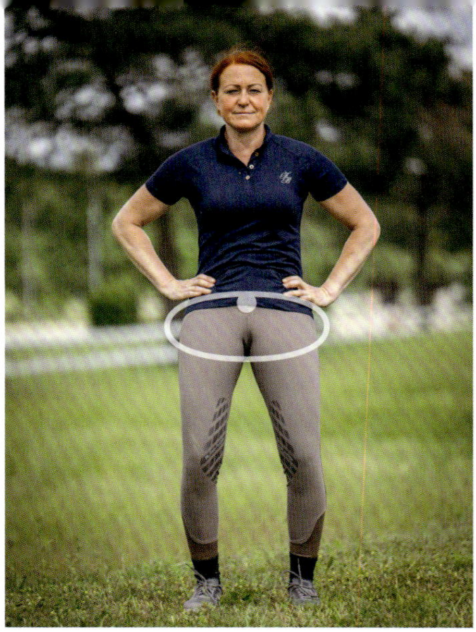

Beckenposition aufgerichtet

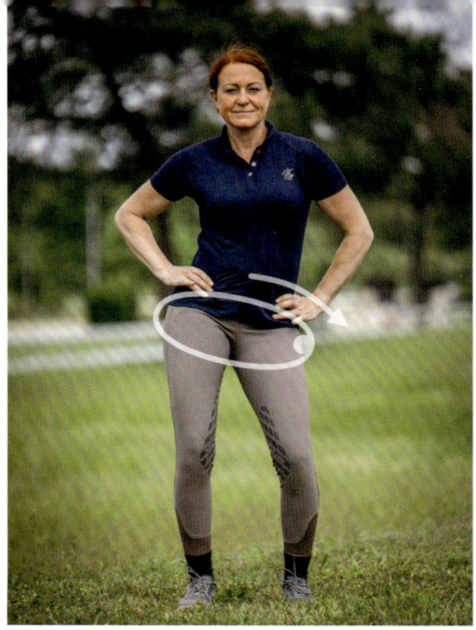

Becken nach links gekippt

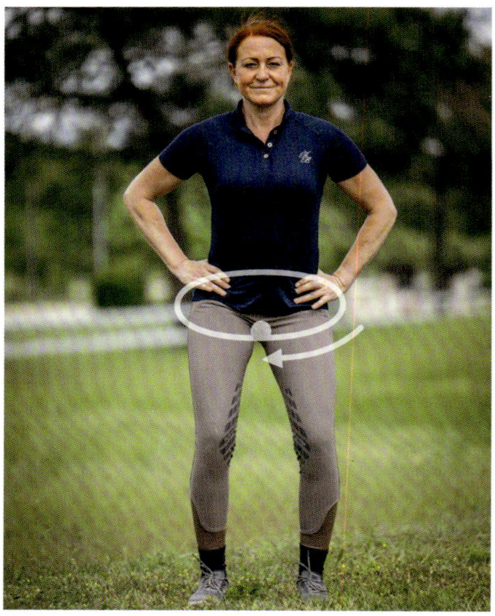

Becken nach vorne gekippt

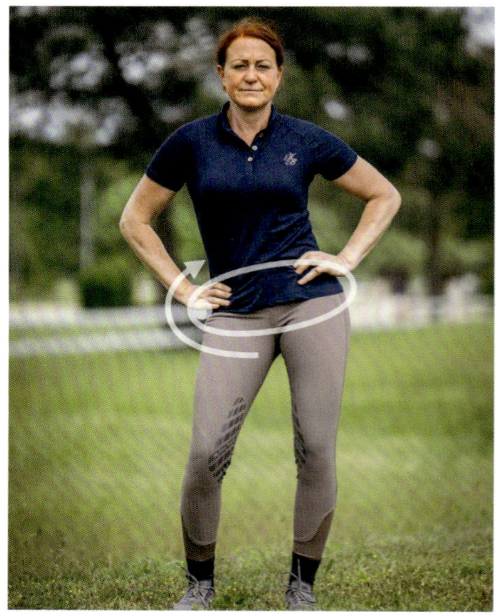

Becken nach rechts gekippt

BECKENKREISE

Fokuspunkt: Nur das Becken bewegen – die Murmel gleichmäßig schnell kreisen lassen. Du darfst hier nur das Becken bewegen – nicht den Rumpf, nicht den Rest der Wirbelsäule, nicht die Schultern, nicht den Kopf. Alles bleibt ruhig – nur das Becken kreist.

— Test durchführen

— Stelle dir vor, auf deinem Becken läge ein kreisrundes Tablett mit einer kleinen Murmel. Das Tablett hat eine Erhöhung an den Seiten. Bewege dein Becken so, dass die Murmel mit gleichmäßigem Tempo einen Kreis an den Rändern des Tabletts beschreibt. Lasse die Kugel ca. zehnmal kreisen, wechsle dann die Richtung.

— Re-Test. Notiere dein Ergebnis.

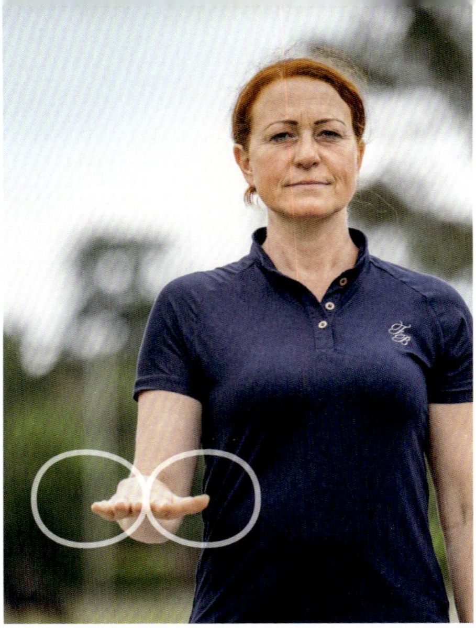

01

01 Die Handfläche zeigt nach unten.

02 Das Handgelenk beugen.

03 Den Daumen nach oben mittig ziehen.

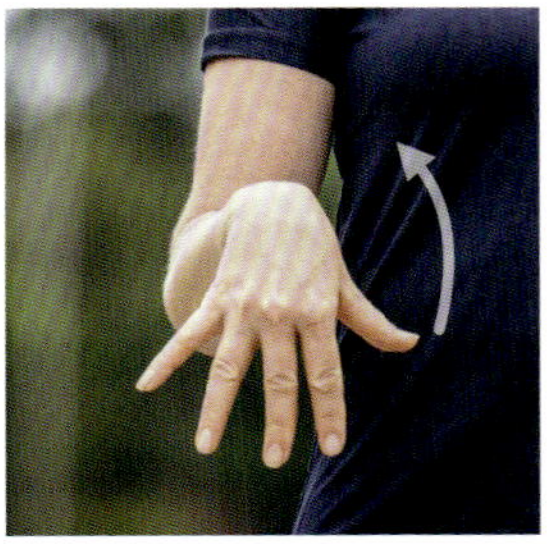

02

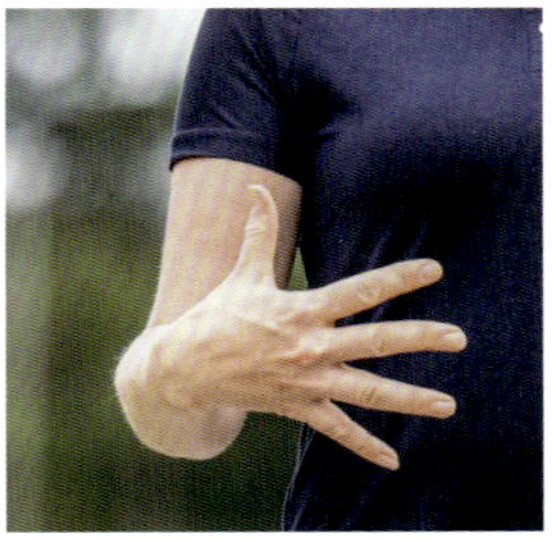

03

HAND-ACHTEN

Fokuspunkt: Maximale Bewegung in alle Richtungen im Handgelenk, Finger bleiben gestreckt. Achte darauf, dass du den Ellbogen und die Schulter ruhig hältst und nicht mitbewegst.

- Test durchführen
- Reibe dein rechtes Handgelenk krätig ab.
- Neutraler Stand (Seite 72). Hebe den rechten Unterarm bis in die Waagerechte, Handfläche zeigt nach unten. Strecke die Finger und drücke die Handfläche maximal nach unten, bis die Fingerspitzen zum Boden zeigen. Ziehe aus dieser Position den Daumen nach oben, bis er nach rechts zeigt – das Handgelenk rotiert dabei mit nach außen und ist immer noch maximal gebeugt.
- Drücke nun den Handrücken nach unten, bis das Handgelenk maximal überstreckt ist. Bewege den Daumen wieder nach oben, das Handgelenk rotiert mit, bis der Daumen nach links und die Handfläche nach vorne zeigt. Drücke das Handgelenk nun wieder nach unten, bis die Fingerspitzen nach unten zeigen. Übe und male eine liegende Acht in die Luft.
- Re-Test. Wiederholung mit der linken Hand. Notiere dein Ergebnis.

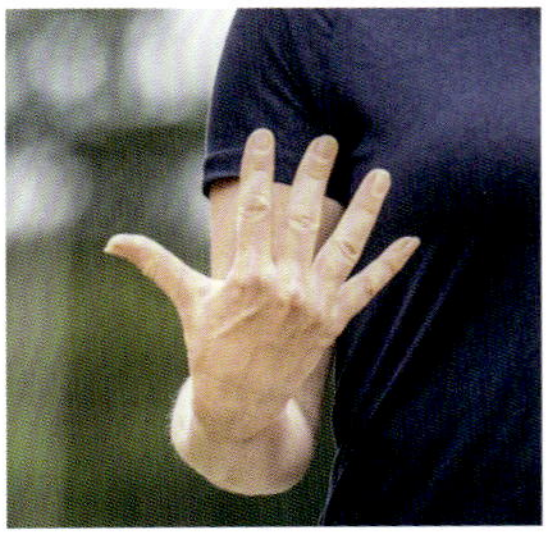

04

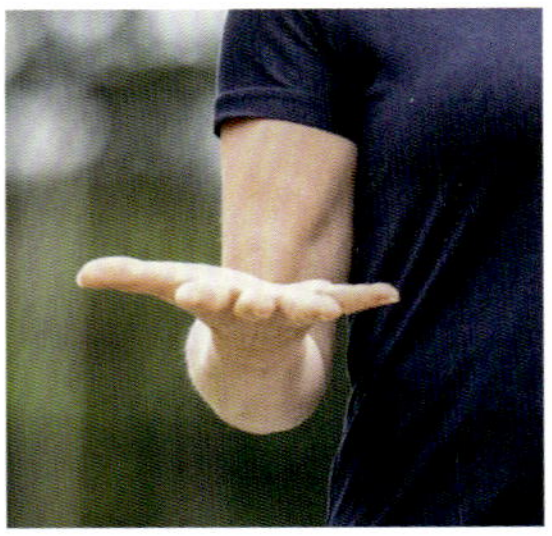

05

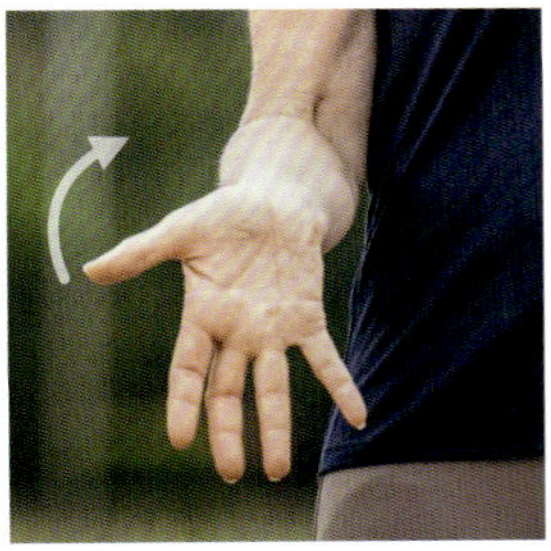

06

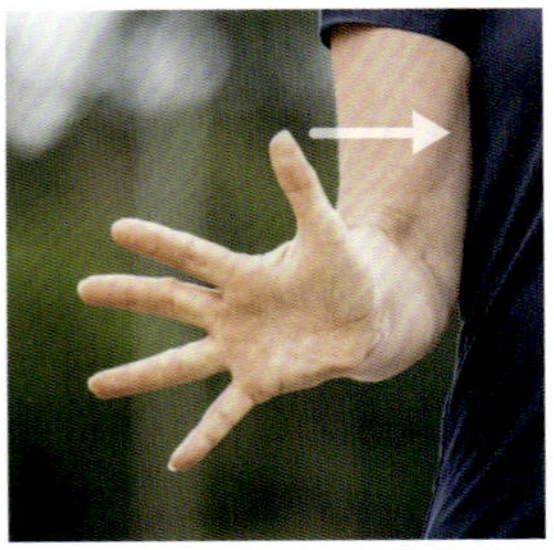

07

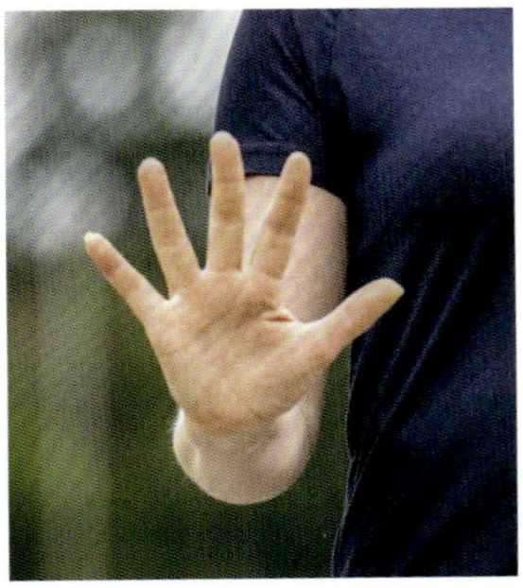

08

04 Von hier das Handgelenk strecken.

05 Die Handfläche zeigt nach oben.

06 Die Handfläche zeigt nach vorne.

07 Daumen nach oben mittig ziehen.

08 Von hier zurück zur Ausgangsposition.

SCHULTERKREISE VORNE

Fokuspunkt: Das Schultergelenk. Visualisiere die Bewegung im Gelenk.

- Test durchführen
- Neutraler Stand. Du beginnst mit der linken Schulter.
- Hebe den gestreckten Arm mit locker geschlossener Faust vor deinen Körper in die Waagerechte. Bewege mit deiner Schulter den gestreckten Arm so, dass ein Kreis von ca. einem Meter Durchmesser entsteht. Lasse den Ellbogen immer voll durchgestreckt. Wähle ein langsames Tempo bis hin zum Zeitlupentempo.
- Achte darauf, dass deine Wirbelsäule nicht rotiert. Deine Körperachsen sollen völlig stabil bleiben. Lediglich dein Schultergelenk bewegt sich.
- Re-Test. Wiederholung auf der rechten Seite. Notiere dein Ergebnis.

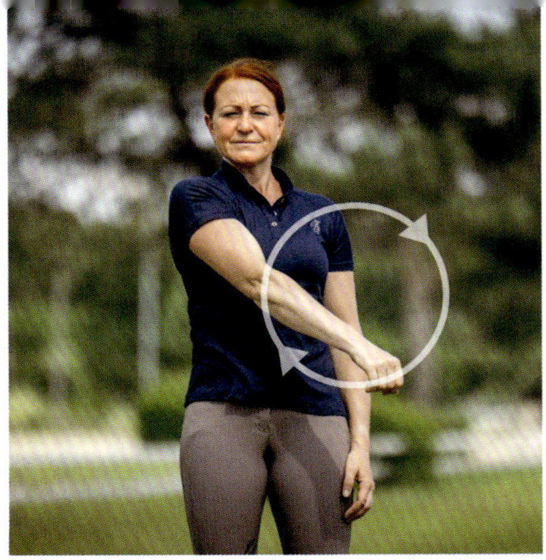

Cross body: kleine Kreise jenseits der Mittellinie.

SCHULTERKREISE CROSS BODY

Fokuspunkt: Fokussiere die Bewegung im Schultergelenk und dabei den Bereich des Kreises, der viel Muskelspannung im Brustmuskel benötigt.

- Test durchführen
- Neutraler Stand. Beginne mit der linken Schulter.

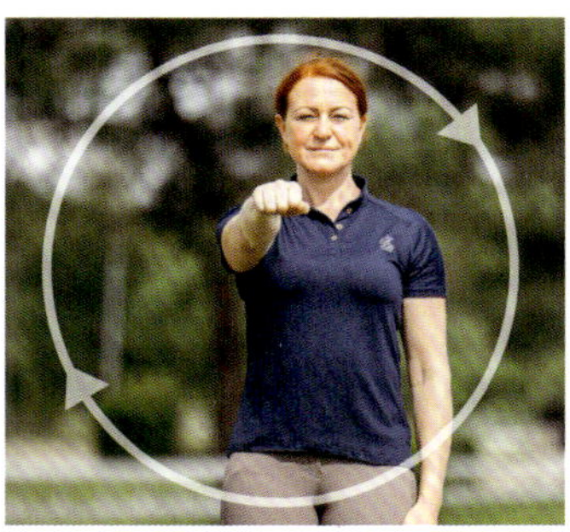

01

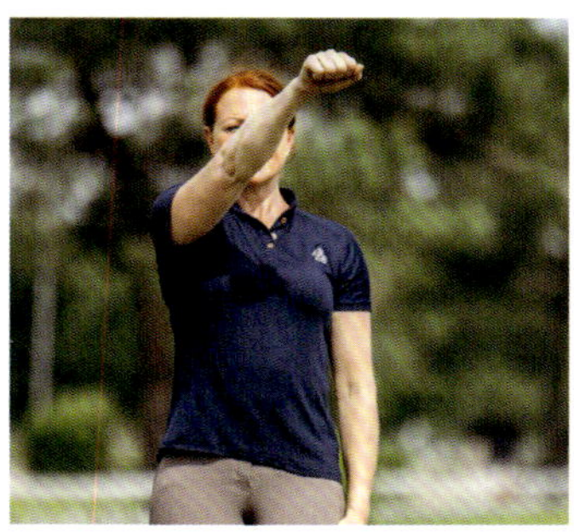

02

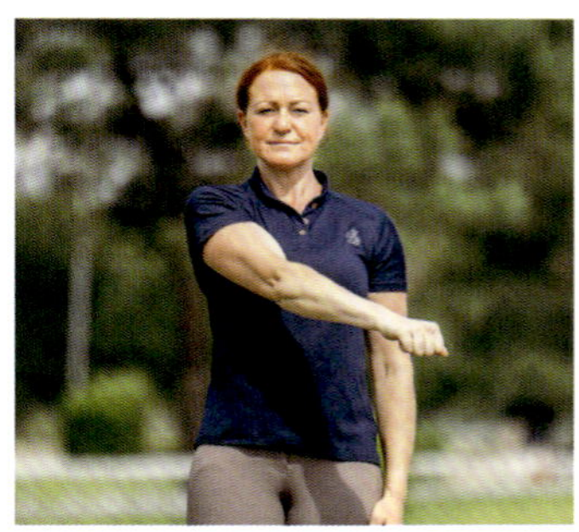

03

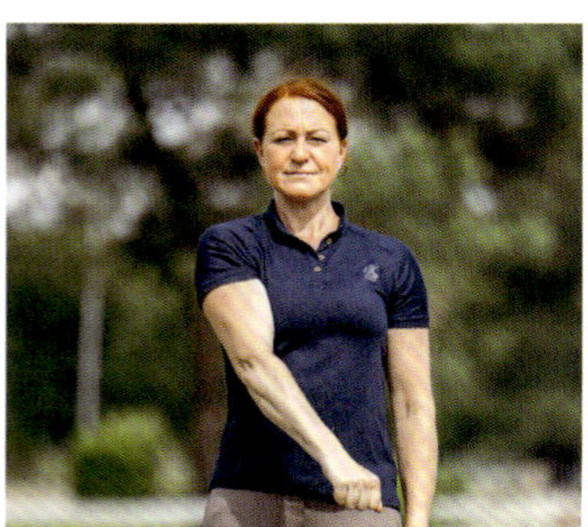

04

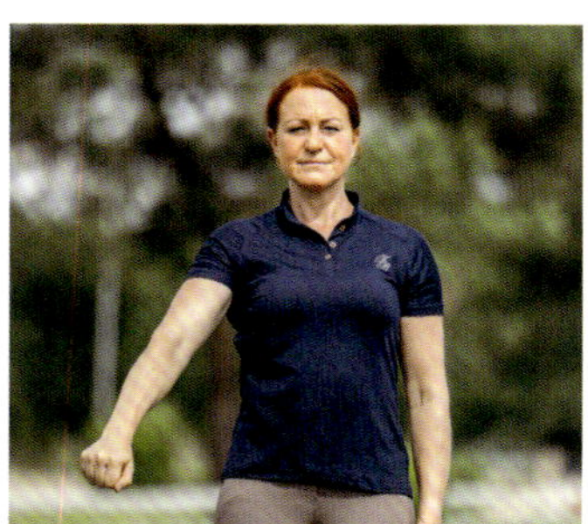

05

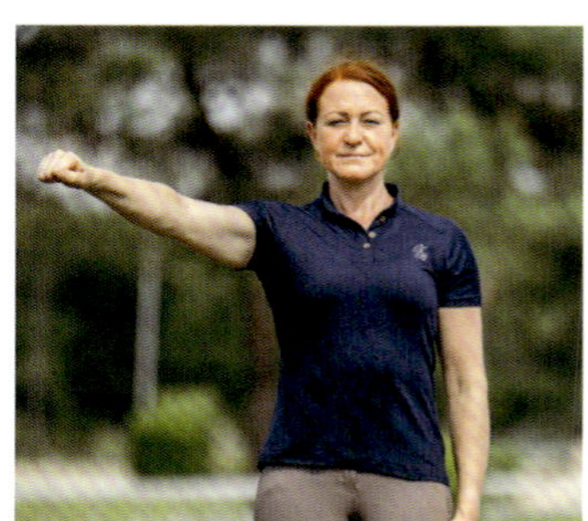

06

— Hebe den gestreckten Arm mit locker geschlossener Faust vor deinen Körper in die Waagerechte. Bewege die Schulter so, dass sich deine linke Faust vor deiner rechten Schulter befindet, der Arm bleibt voll gestreckt. Du solltest jetzt spüren, dass sich dein linker Brustmuskel anspannt. Sehr gut! Führe in dieser Position kleine Kreise aus. Lasse den Ellbogen voll durchgestreckt. Wähle ein langsames Tempo bis hin zum Zeitlupentempo.
— Achte darauf, dass deine Wirbelsäule nicht rotiert. Kopf und Augen sind geradeaus gerichtet. Deine Körperachsen sollen völlig stabil bleiben. Lediglich dein Schultergelenk bewegt sich.
— Re-Test. Wiederholung auf der rechten Seite. Notiere dein Ergebnis.

SCHULTERKREISE SEITLICH

Fokuspunkt: Bewegung im Schultergelenk
— Test durchführen
— Neutraler Stand. Beginne mit der linken Schulter.
— Hebe den gestreckten Arm mit locker geschlossener Faust neben deinem Körper in die Waagerechte. Bewege die Schulter so, dass der linke Arm waagerecht nach links zeigt. Führe in dieser Position große Kreise seitlich vom Körper durch. Die Augen schauen nach links, der Kopf bleibt geradeaus gerichtet. Lasse den Ellbogen voll durchgestreckt. Wähle ein langsames Tempo bis hin zum Zeitlupentempo.
— Achte darauf, dass deine Wirbelsäule samt Kopf nicht rotiert. Deine Körperachsen sollen völlig stabil bleiben. Lediglich dein Schultergelenk bewegt sich.
— Re-Test. Wiederholung auf der rechten Seite. Notiere dein Ergebnis.
— Teste in anderer Geschwindigkeit!

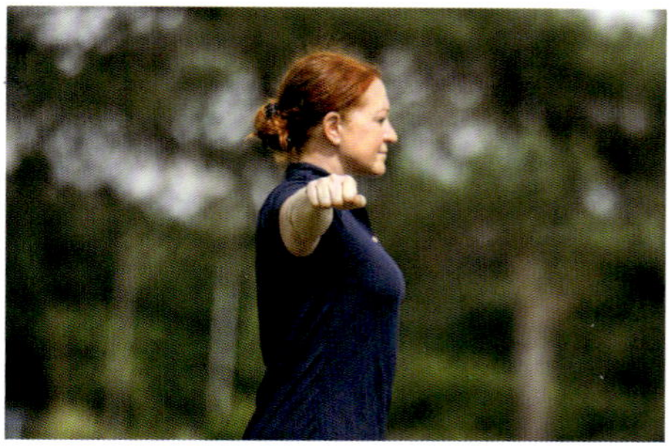

Hebe den Arm seitlich in die Waagerechte

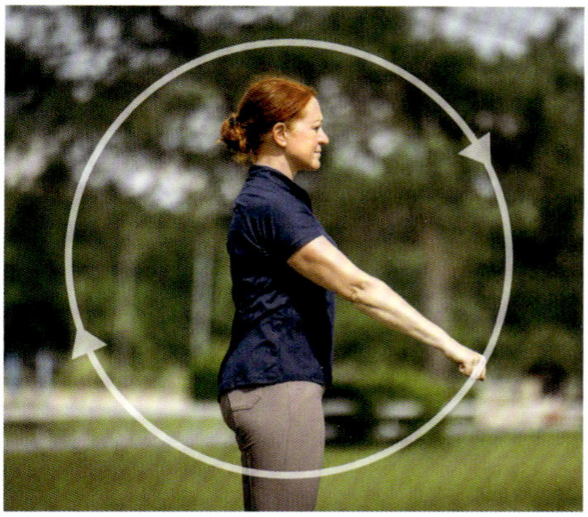

Die Schulter bewegt sich, sonst nichts!

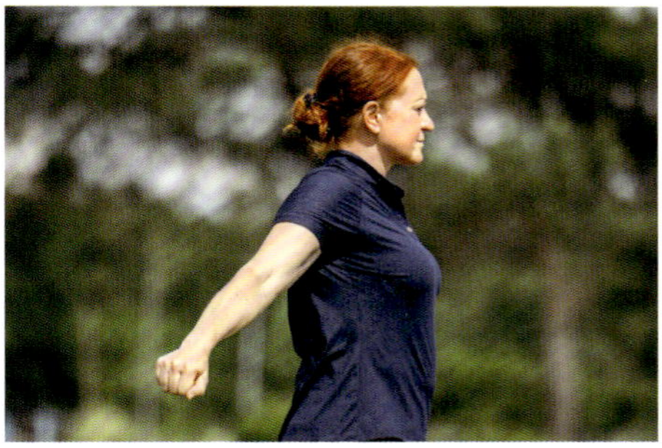

Der Kreis soll immer gleich groß sein.

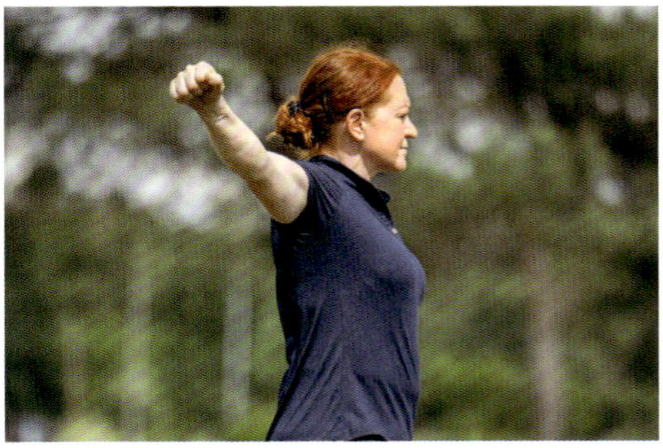

Male einen Kreis – ohne Ecken und Kanten!

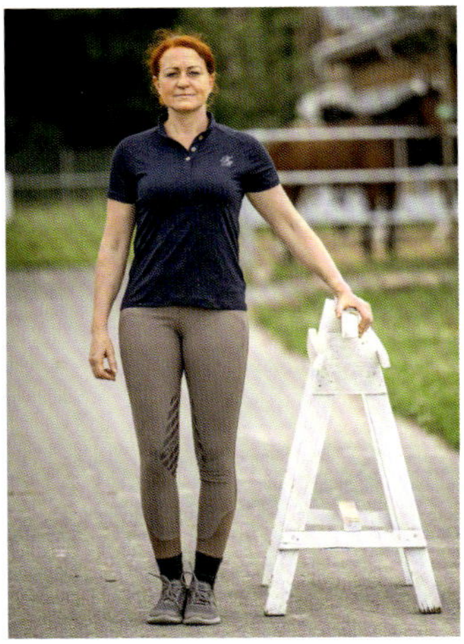

Hüftgelenk in „neutral"

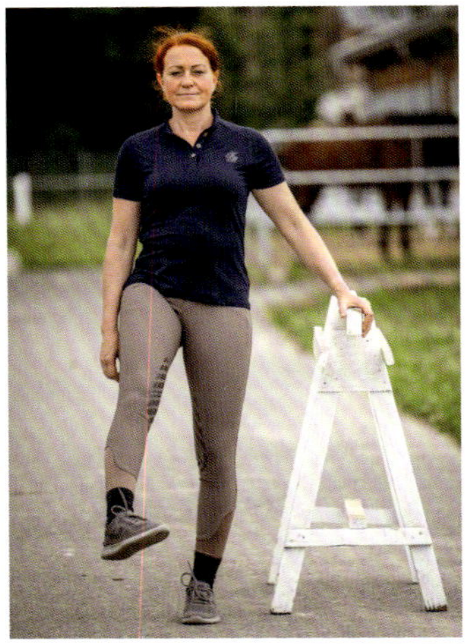

Rehaposition Innenrotation

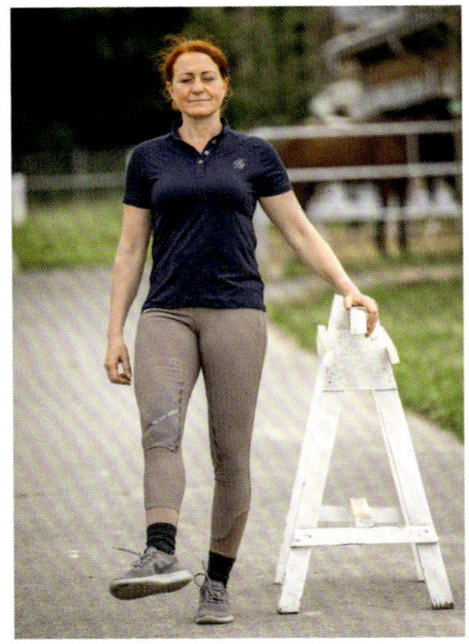

Rehaposition Außenrotation

HÜFTKREISE IN VIER POSITIONEN

Fokuspunkt: Bewegung in der Hüfte, Reha-Position finden

— Die Reha-Position finden: Zuerst müssen wir herausfinden, welche Position für dich die sogenannte Reha-Position ist. Neutraler Stand. Um in der Balance zu bleiben, stütze dich an einer Wand oder einer Stuhllehne mit einer Hand ab. Stelle dich auf das linke Bein, das rechte Bein hebst du gestreckt aus dem Hüftgelenk leicht nach vorne an, sodass die Ferse ca. 20 cm über dem Boden schwebt. Rotiere nun den Oberschenkelknochen in Richtung Körpermitte nach innen, ohne im Becken mitzurotieren. Spüre, wie leicht oder wie schwer es für dich ist, diese Position ein paar Sekunden zu halten. Relax.

— Setze noch einmal neu an, rotiere den Oberschenkelknochen im Hüftgelenk nach außen. Vergleiche den gefühlten Schwierigkeitsgrad, um diese Position halten zu können. Die Position, die für dich schwieriger zu halten war, ist deine Reha-Position. Teste deine Reha-Position für beide Hüftgelenke aus. In der Tabelle kannst du ein Kreuzchen machen.

Reha-Position in der Hüfte	Rechts	Links
Innenrotation		
Außenrotation		
Rotationen beide gleich		

HÜFTKREISE VORNE

Fokuspunkt: Hüftgelenke

— Test durchführen (wenn du Diskrepanzen der Beweglichkeit im Schultergelenk hast, dann nutze hier die Schulter-Tests von Seite 56)

— Neutraler Stand. Stütze dich an einer Stuhllehne mit einer Hand ab. Stelle dich auf das linke Bein und hebe das rechte Bein aus dem Hüftgelenk nach vorne an, Hüfte in Reha-Position bringen. Bewege den Oberschenkelknochen aus dem Hüftgelenk heraus, sodass deine Ferse einen möglichst großen Kreis aus-

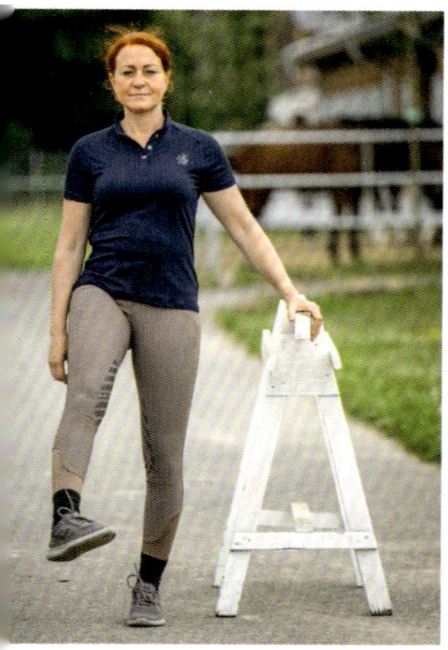

Produziere einen Kreis …

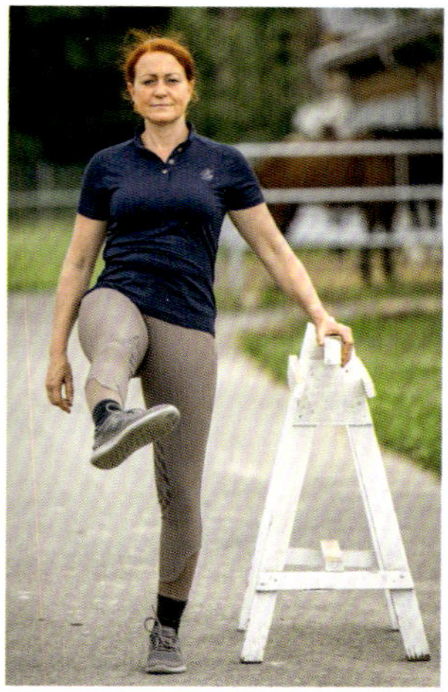

… vor deinem Körper.

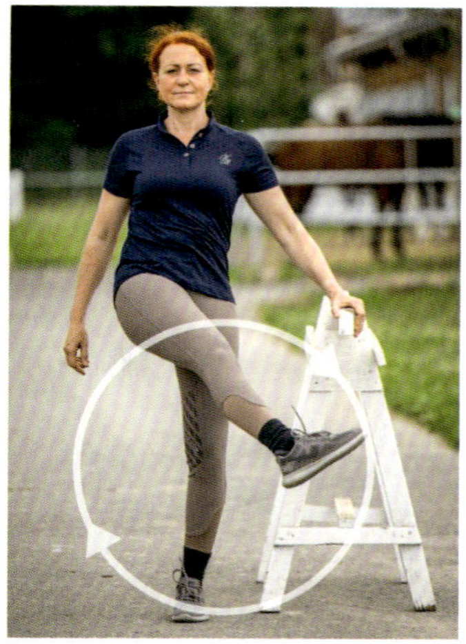

Schön groß und rund!

führt. Achte akribisch darauf, dass du dein Hüftgelenk während der gesamten Kreisbewegung in der Reha-Position behältst! Und beachte: Ein Kreis ist rund! Wähle ein langsames Tempo bis hin zum Zeitlupentempo.

— Achte darauf, dass dein Becken nicht rotiert oder seitlich abkippt. Behalte den neutralen, einbeinigen Stand mit langer Wirbelsäule bei! Lediglich deine Hüfte bewegt sich, nicht dein Fußgelenk! Lasse das Fußgelenk locker und entspannt.

— Starte mit zwei sauberen Kreisen im Uhrzeigersinn und mit zwei Kreisen gegen den Uhrzeigersinn.

— Re-Test. Wiederholung auf der anderen Seite. Notiere dein Ergebnis.

HÜFTKREISE CROSS BODY

Fokuspunkt: Hüftgelenke

— Test durchführen (wenn du Diskrepanzen der Beweglichkeit im Schultergelenk feststellst, dann nutze auf jeden Fall die Schulter-Tests von Seite 56)

— Neutraler Stand. Stütze dich an einer Stuhllehne mit einer Hand ab. Stelle dich auf das linke Bein und hebe das rechte Bein aus dem Hüftgelenk nach vorne an. Hüfte in Reha-Position bringen, dann das Bein nach links ziehen und über die Mitte kreuzen. Bewege den Oberschenkelknochen aus dem Hüftgelenk so, dass deine Ferse einen möglichst großen Kreis auf der linken Seite vor dir ausführt. Achte akribisch darauf, dass dein Hüftgelenk in der Rotation während

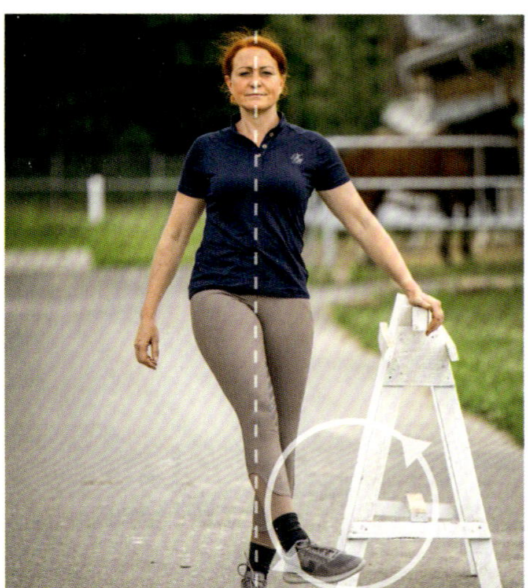

Cross body: Kreis jenseits der Mitte

der gesamten Kreisbewegung die Reha-Position beibehält! Ein runder, maximal großer Kreis ist das Ziel. Zeitlupentempo. Keine Beckenrotation.

— Zwei Kreise in jede Richtung.
— Re-Test. Wiederholung auf der anderen Seite. Notiere dein Ergebnis.

HÜFTKREISE SEITLICH

Fokuspunkt: Hüftgelenke

— Test durchführen (Schulter-Test auf Seite 56 oder Balance-Tests ab Seite 57).
— Neutraler Stand. Stütze dich an einer Stuhllehne mit einer Hand ab. Stelle dich auf das linke Bein und hebe das rechte Bein aus dem Hüftgelenk nach vorne an. Reha-Position einnehmen. Bein neben dem Körper bewegen. Ziehe einen Kreis neben deinem Körper. Die Hüfte soll immer in Reha-Position bleiben. Ein runder, maximal großer Kreis ist das Ziel. Zeitlupentempo. Zwei Kreise in jede Richtung.
— Re-Test. Wiederholung auf der anderen Seite. Notiere dein Ergebnis.

HÜFTKREISE HINTEN

Fokuspunkt: Hüftgelenk, Becken aufgerichtet halten bei Hüftstreckung.

— Test durchführen (Schulter-Test auf Seite 56 oder Balance-Test auf Seite 58).
— Neutraler Stand. Becken aufrichten. Stütze dich an einer Stuhllehne mit einer Hand ab. Stelle dich auf das linke Bein und hebe das rechte Bein aus dem Hüftgelenk nach vorne an. Reha-Position einnehmen. Führe das Bein so weit wie möglich hinter den Körper – ohne das Becken zu kippen! Vollziehe einen Kreis rechts hinter deinem Körper. Ein runder, maximal großer Kreis ist das Ziel. Zeitlupentempo. Zwei Kreise in jede Richtung.
— Re-Test. Wiederholung auf der anderen Seite. Notiere dein Ergebnis.

KLEINSTER KREIS
Dieser Kreis ist der kleinstmögliche Kreis. Es ist nicht viel Hüftüberstreckung möglich, also wundere dich nicht.

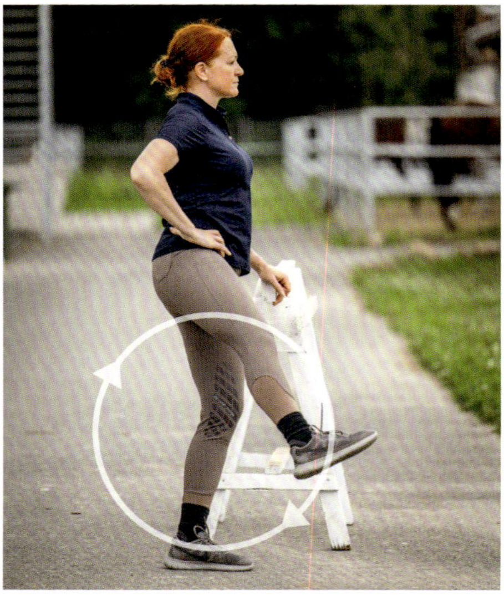

Seitlich: neben dem Körper

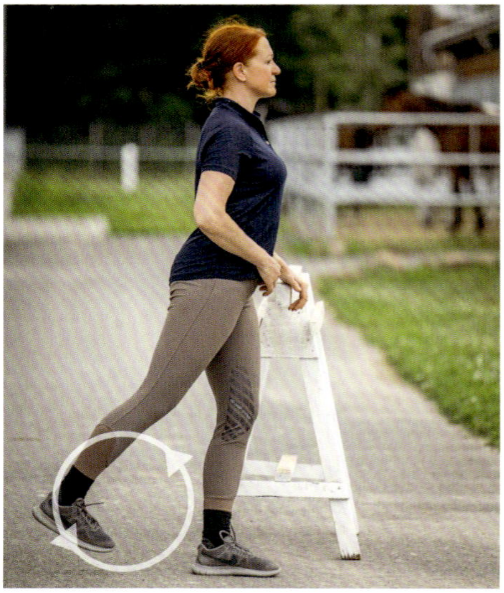

Hinten: hinter dem Körper

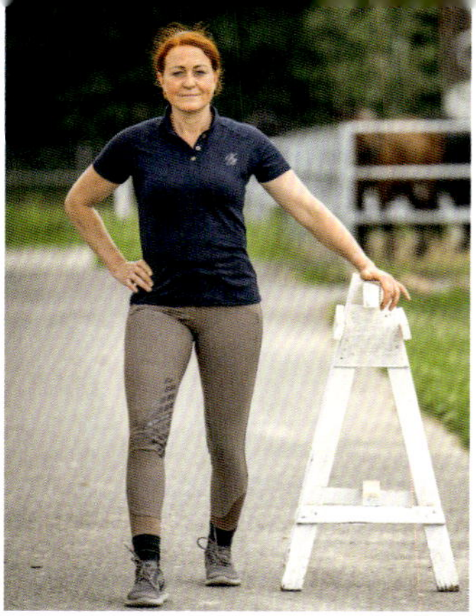

Das Bein vorn startet gestreckt.

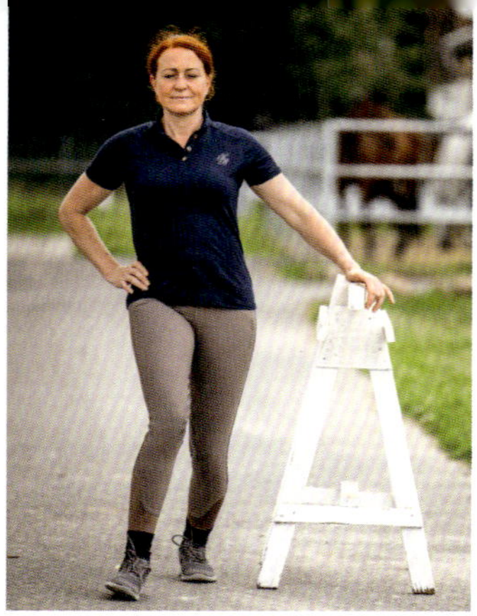

Drücke das Knie nach innen.

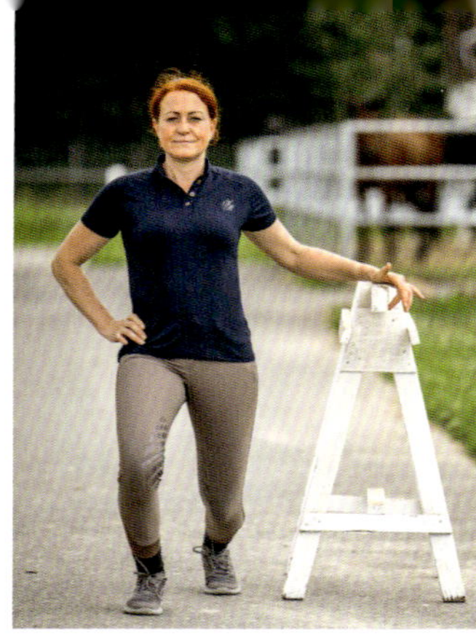

Nach vorne bewegen.

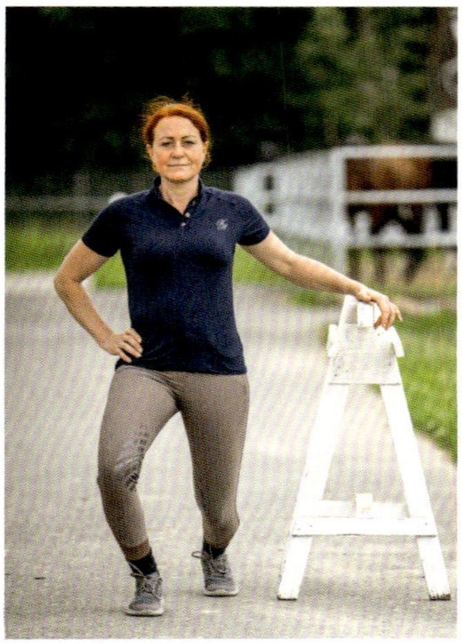

Nach außen.

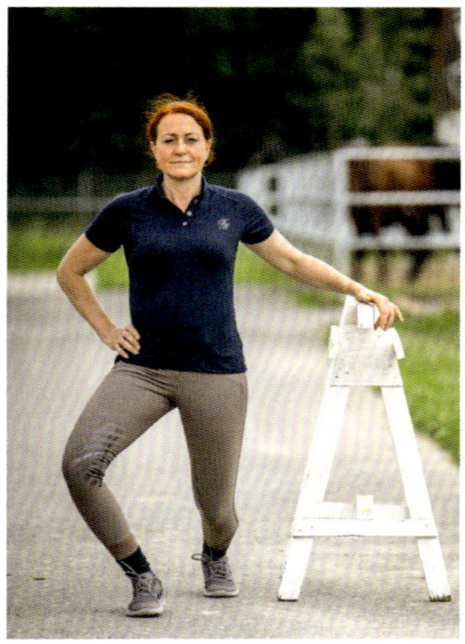

Durch einen Kreis.

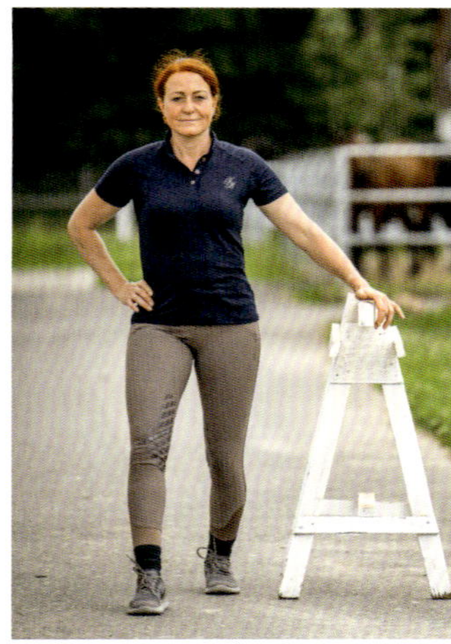

Und wieder in die Streckung.

KNIEKREISE

Fokuspunkt: Viel Bewegung im Kniegelenk erzeugen.

- Test durchführen
- Neutraler Stand. Ziel ist das rechte Knie. Reibe es bitte mit beiden Händen kräftig ab, bis es sich etwas wärmer anfühlt. Mache mit dem rechten Bein einen normal großen Schritt vorwärts. Stütze dich mit einer Hand irgendwo ab, ohne dass sich deine Körperhaltung verändert. Das Ziel der Übung ist es, das vordere Knie durch einen horizontalen Kreis zu bewegen. Du beginnst mit voll gestrecktem Kniegelenk. Stelle dir vor, du wolltest einen Hula-Hoop-Reifen um dein Knie bewegen – in Zeitlupe!
- Bewege das Knie aus der Streckung heraus zuerst nach innen, dann nach vorne, dann nach außen, dann zurück nach hinten in die Ausgangsposition. Die Fußsohle des vorderen Fußes bleibt ganz am Boden, dein Körperschwerpunkt und deine darüber liegende Wirbelsäule

BEWEGUNG IM KNIEGELENK

Natürlich bewegen sich auch das Sprunggelenk und das Hüftgelenk bei dieser Übung mit. Im Fokus deiner Aufmerksamkeit steht jedoch die Bewegung des Kniegelenkes. Wichtig ist, dass dein Kniegelenk nach jedem vollendeten Kreis in der gestreckten Position „einrastet"!

wandern nach vorne. Beim hinteren Fuß darf die Ferse vom Boden abgehoben werden. Versuche, einen maximal großen und tiefen Kreis zu erzeugen. Achte darauf, wo Ecken und Kanten in der Kreisbewegung entstehen. Reduziere, wenn nötig, das Tempo und versuche, diese Ecken zu eliminieren. Achte darauf, dass der Oberkörper stabil und aufrecht bleibt und dass dein Becken nicht rotiert, sondern immer gerade nach vorne zeigt.

— Re-Test. Auf der anderen Seite wiederholen und Re-Test. Notiere dein Ergebnis.

FUSSGELENK NACH AUSSEN KIPPEN

Fokuspunkt: Unter deinem linken äußeren Knöchel, dort wo du gerieben hat, befindet sich das untere Sprunggelenk.

— Test durchführen

— Reibe den Bereich zwei bis drei Zentimeter unterhalb deines äußeren linken Knöchels (Malleolus lateralis). Dort willst du Bewegung erzeugen. Ausgangsposition: neutraler Stand. Mache mit links einen kleinen Schritt nach vorne, sodass die linke Ferse etwa einen Fußbreit vor der rechten Zehenspitze ist. Stelle dir nun bitte vor, dass deine linke Ferse ein kleines Schiff ist, das im Wasser schaukelt. Das Schiff bekommt starke Krängung, es wird nach links außen gedrückt, bis Wasser über die seitliche Reling hineinläuft. Bitte versuche, diese Bewegung nur im Sprunggelenk anzusteuern, nicht aus der Hüfte heraus. Drücke das Schiffchen langsam, aber stark zur Seite – lasse es für zwei bis drei Sekunden volllaufen, kehre dann langsam – ohne Ecken und Kanten – wieder in die Startposition zurück. Wiederhole den Ablauf ca. fünfmal.

— Re-Test. Wiederholung auf der anderen Seite. Notiere dein Ergebnis.

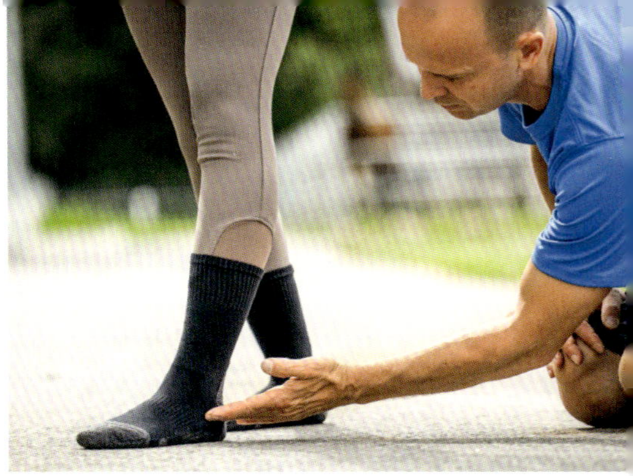

Erzeuge die Bewegung von hier.

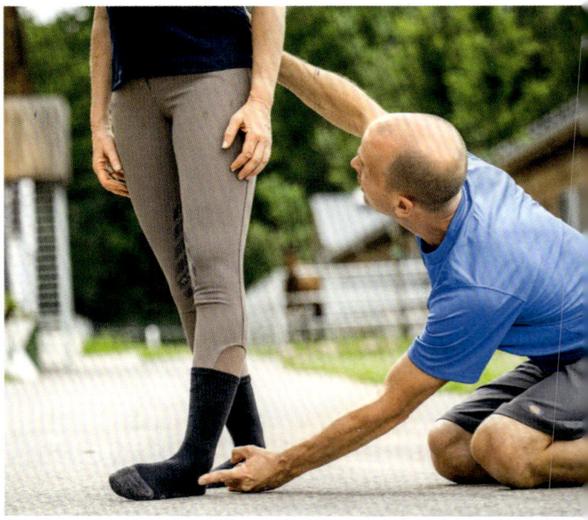

Die Wirbelsäule bleibt lang!

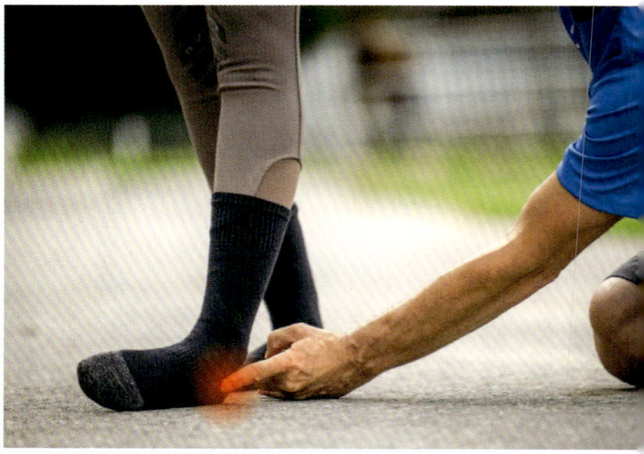

Drücke das Schiffchen seitlich.

— Rotiere den Fuß ein wenig nach innen und wiederhole den Drill in dieser veränderten Position ca. fünf Mal.

— Rotiere nun den Fuß ein wenig nach außen und wiederhole den Drill in dieser veränderten Position ca. fünfmal.

ZEHEN ZIEHEN GERADE

Fokuspunkt: Finde beide Unterseiten der Köchel deines Fußes und fahre mit den Fingern daran entlang, bis sie die Finger am Vorderfuß treffen, dort wirst du eine knöcherne Spalte finden, die quer über den Vorderfuß verläuft. Hier wollen wir Bewegung und eine Öffnung der Spalte erzielen.

- Test durchführen
- Reibe am Fokuspunkt, bis du ihn gut spürst. Neutraler Stand. Stütze dich mit der linken Hand an einer Wand ab. Führe dein rechtes Bein nach hinten und lege deine gebeugten Zehen mit den Zehennägeln voran auf den Boden ab. Die Hüfte des rechten Beins ist leicht überstreckt, der rechte Oberschenkel befindet sich mindestens ein wenig hinter dem linken Oberschenkel.
- Indem du dein Standbein leicht beugst und streckst, kannst du den Stretch erhöhen und reduzieren. Beugen – zwei bis drei Sekunden halten – wieder hochkommen. Absolviere ca. drei bis fünf Wiederholungen.
- Re-Teste. Wiederhole mit der anderen Seite. Notiere dein Ergebnis.

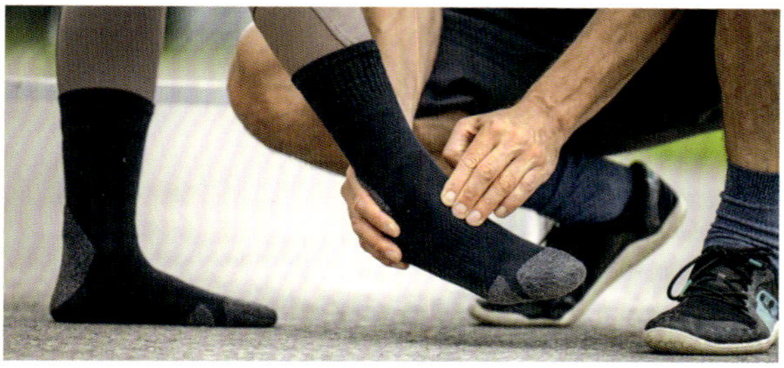

01

01 Reibe den Fokuspunkt.

02 Zehen auf den Boden legen.

03 Zehen nach vorne ziehen, ohne zu rutschen.

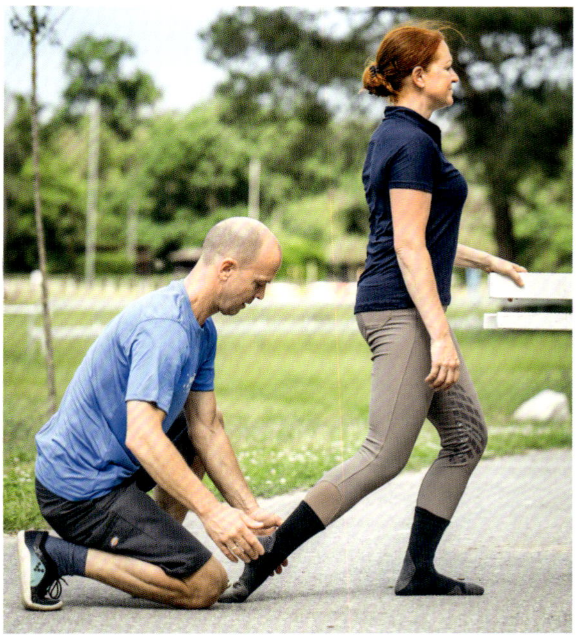

02

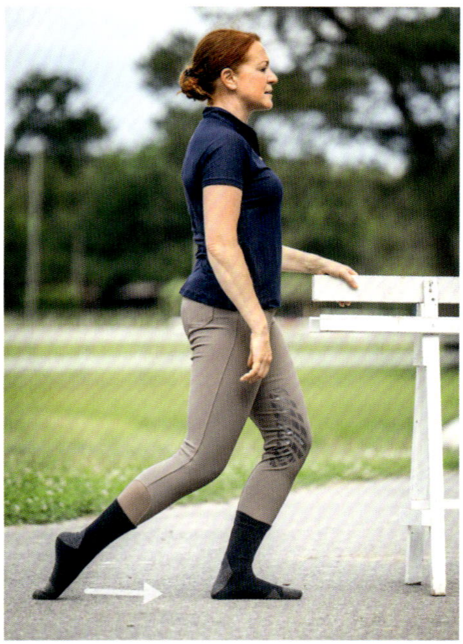

03

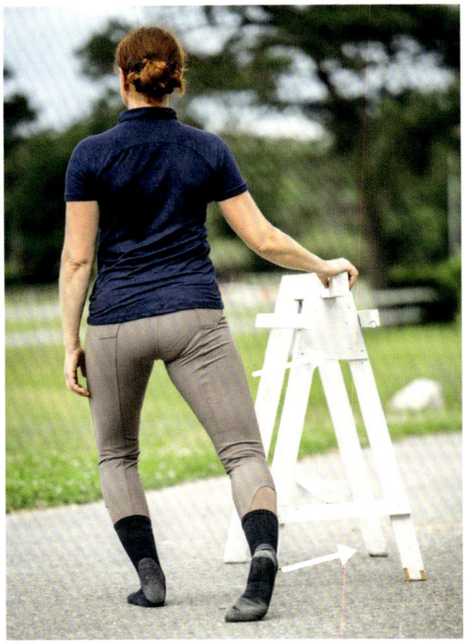

Drücke Fokuspunkt samt Oberschenkel nach außen.

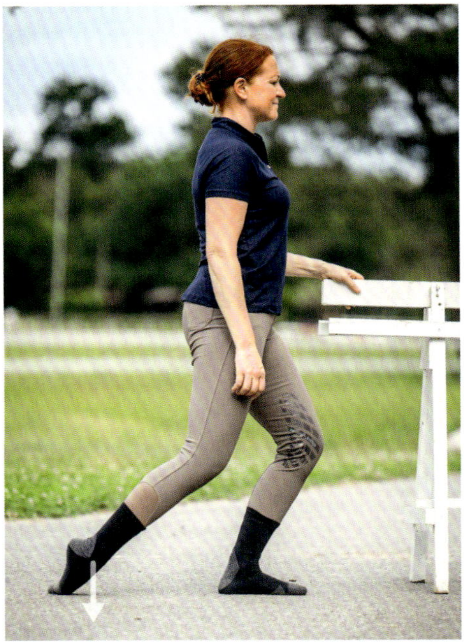

Bemühe dich, den Fokuspunkt zu öffnen.

ZEHEN ZIEHEN NACH AUSSEN

Fokuspunkt: Suche mit deinen Fingern den unteren Rand deines äußeren Knöchels und fahre mit der Fingerkuppe leicht drückend daran entlang in Richtung Vorderfuß, nach ein paar Zentimetern wirst du ein kleines, weiches Loch ertasten. Das ist der Fokuspunkt.

— Test durchführen

— Reibe am Fokuspunkt, bis du ihn gut spürst. Neutraler Stand. Stütze dich mit der linken Hand an einer Wand ab. Führe deinen rechtes Bein nach hinten und lege deine gebeugten Zehen mit den Zehennägeln voran auf den Boden ab. Die Hüfte des rechten Beins ist leicht überstreckt, der rechte Oberschenkel befindet sich ein wenig hinter dem Oberschenkel des Standbeines. Jetzt drückst du den Fokuspunkt nach außen, als ob du ihn in den Boden drücken wolltest. Um einen Stretch im Fokuspunkt zu spüren, ist es oft nötig, dass du den Oberschenkel aus der Hüfte heraus etwas nach außen drückst. Indem du dein Standbein leicht beugst und streckst, kannst du den Stretch erhöhen oder reduzieren. Beugen – zwei bis drei Sekunden halten – wieder hochkommen.

— Absolviere ca. drei bis fünf Wiederholungen.

— Re-Test. Wiederhole mit der anderen Seite. Notiere dein Ergebnis.

ISOMETRISCHE GANZKÖRPERSPANNUNG

Fokuspunkt: Hohe Spannung in allen Muskeln halten und explosiv entspannen. Du wirst feststellen, dass du bei dieser Übung sehr schnell dazu neigst, die Luft anzuhalten. Das ist jedoch nicht nötig. Du kannst deine Muskeln anspannen, die Spannung halten und dabei weiteratmen! Effizientes

MEHRMALS TÄGLICH

Wenn du keinerlei Krafttraining betreibst, dann führe diesen Drill täglich so oft wie möglich aus, wenn du ihn im Re-Test positiv bewertest.

Bewegen hat nicht nur etwas mit der Spannungsfähigkeit der Muskeln zu tun, sondern auch mit der Entspannungsfähigkeit der Muskeln.

— Test durchführen
— Neutraler Stand. Spanne nacheinander folgende Körperbereiche an. Halte die Spannung in allen Bereichen bis zum Schluss. Lasse dir zwischen jedem Schritt zwei bis drei Sekunden Zeit!
— Spanne die Füße an. Okay! Jetzt die Unterschenkel. Dann die Oberschenkel. Das Gesäß, den Bauch, die Brust, den Rücken, die Schultern – checke, ob du die Spannung in allen Bereichen aufrechterhalten hast – weiter mit den Armen, den Fäusten – fest ballen! Die Muskeln des Gesichts – alles anspannen, halten, halten, halten, ca. 3 – 5 Sekunden – und „Pffffffffffffhhhhhhhhhh" – explosiv entspannen, wie ein Luftballon, der platzt. Schüttle deine Arme und Beine locker aus.
— Wiederhole diese Abfolge drei- bis fünfmal.
— Re-Test. Wiederhole mit der anderen Seite. Notiere dein Ergebnis.

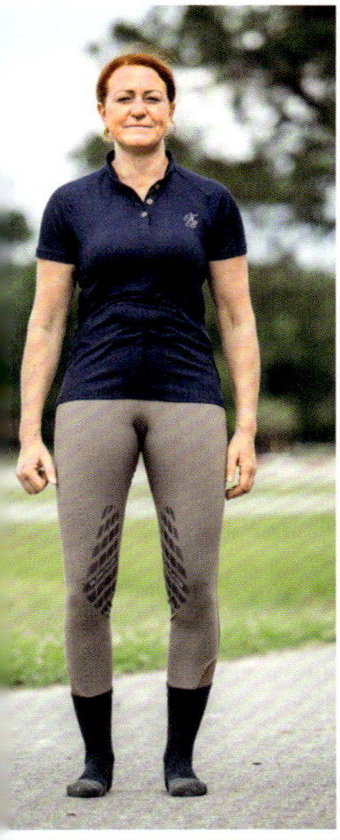

01

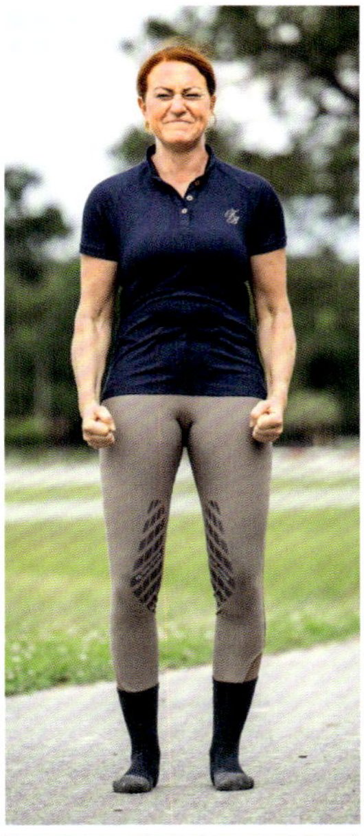

02

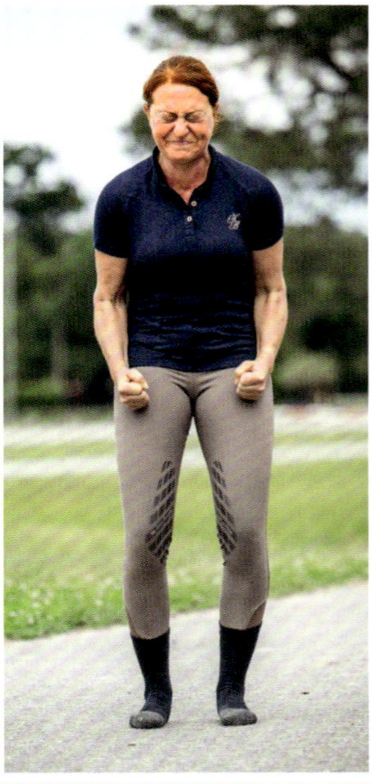

03

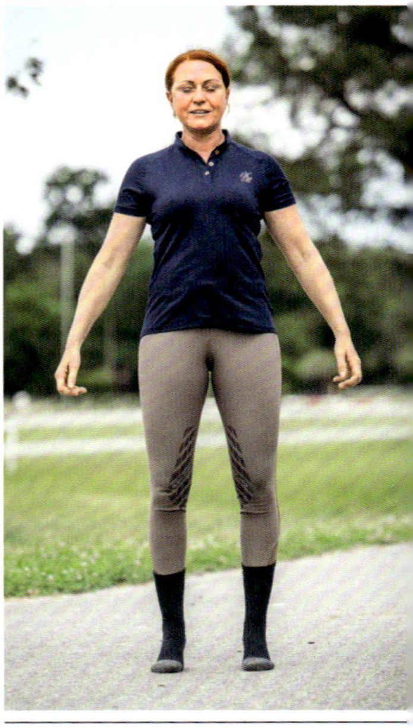

04

01 Erst die Beine anspannen, ...

02 ... dann Gesäß, Bauch, Rücken, Arme, ...

03 ... Hände und Gesicht. Alles halten und ...

04 ... explosiv entspannen!

001

Isometrische Ganzkörperspannung

Hier siehst du im Video, wie die isometrische Körperübung funktioniert.

NEURO-RIDER VISION

— besser sehen

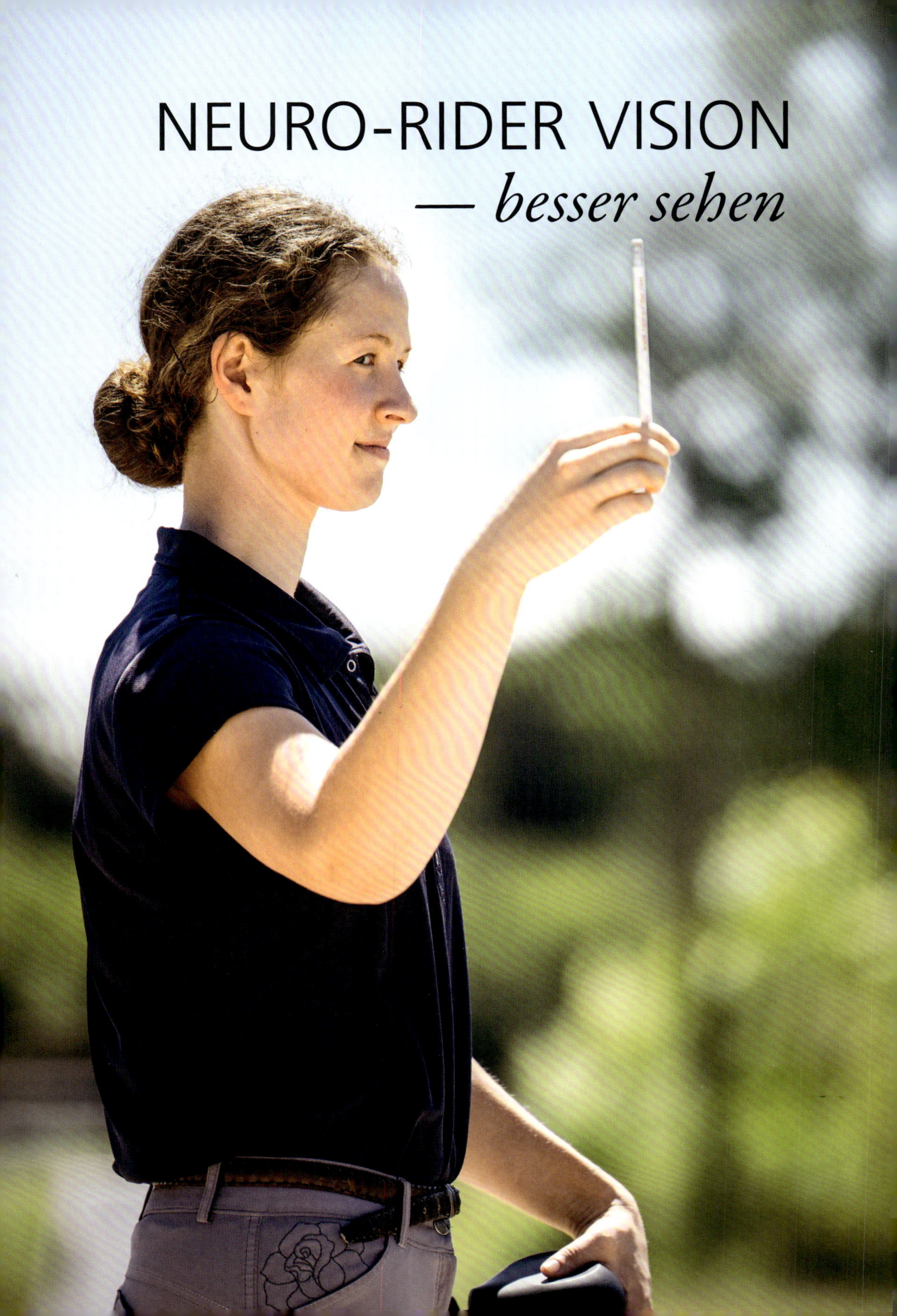

TRAINIERE DEIN VISUELLES SYSTEM!

Gratulation! Du hast schon viel geschafft! Es geht weiter mit Drills für das visuelle System. Ich habe jahrelang gebraucht, um das visuelle System so zu verstehen, dass ich damit arbeiten kann. Es ist kompliziert – aber die Vision-Drills sind sehr effektiv.

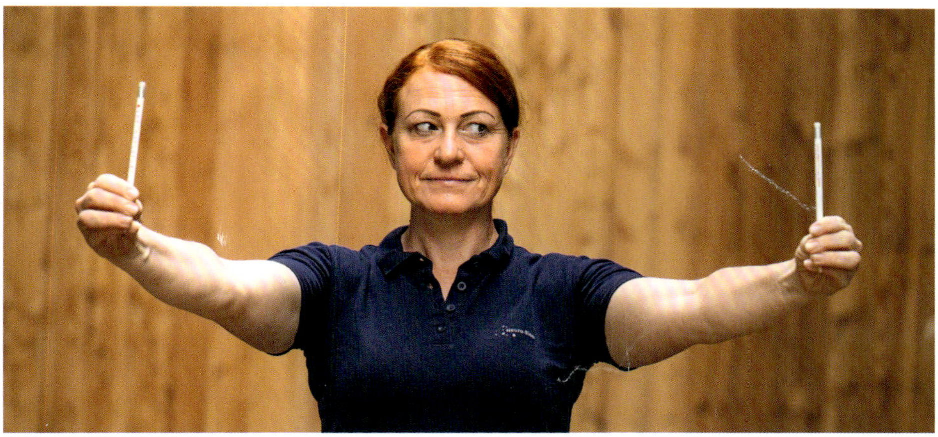

Blicksprünge: Visuelles Erfassen von Informationen ist die Grundlage für schnelles Handeln.

BESSER SEHEN FÜR HALTUNG UND STABILITÄT

Den meisten von uns wurde nicht viel darüber beigebracht, wie Augen und Sehen funktionieren, und auch nicht, dass wir die Augen und das Vision-System im Gehirn so trainieren können wie Herz und Muskeln oder Eigenschaften wie Kraft und Flexibilität. Mit diesen Basisübungen kannst du dein Gehirn stark beeinflussen und trainieren – Augenübungen sind nicht nur für Reiter der Bringer – sie sind echte Anti-Aging-Medizin. Denke daran, dass das Gehirn neben der Aktivierung, die du ihm durch die Übungen ermöglichst, auch genügend Treibstoff (Glukose und Sauerstoff) benötigt, um zu funktionieren und sich dauerhaft zu verändern!

MIT ODER OHNE BRILLE?

— Führe alle Drills, wenn möglich, ohne Brille aus. Es sei denn, du kannst deine visuellen Ziele in 0,5 m oder 1 m Entfernung gar nicht mehr identifizieren. Wenn du in 1 m Abstand den Daumen nicht vom Zeigefinger unterscheiden kannst, dann setze deine Brille auf.
— Wenn du eine Brille mit sehr hohem oder niedrigem Dioptrienwert trägst und

das Gestell dazu noch sehr klein ist, dann wirkt das wie ein Käfig für deine Augen. Kleine Brillen und Brillen mit dicken Rändern begrenzen grundsätzlich die Bewegung der Augen, also die der Augenmuskeln, und reduzieren so die neuronale Aktivierung der beteiligten kranialen Nerven. Wenn die Muskeln aber nicht von allen Seiten stark an deinem Augapfel ziehen und einen gesunden Tonus haben, dann wird dein Augapfel samt der Hornhaut immer krummer. Das nennt man Hornhautverkrümmung. Der Ausweg: größere Brillengläser und dünne oder gar keine Ränder.

— Wenn du ein Auge verloren haben solltest oder auf einem oder beiden Augen nur noch sehr wenig siehst, ist das Sehtraining erst recht wichtig. Die Muskeln deiner Augen sind noch da – und wollen bewegt werden. Die Nerven, die die Muskeln bewegen, ebenso und sie werden sich freuen, endlich mal wieder „feuern" zu dürfen.

ICH HABE EINE GLEITSICHTBRILLE, SUPER, ODER?

Klares Naja. Acht von zehn Klienten, die eine Gleitsichtbrille tragen und zu mir kommen, haben mit massiven Nacken- und Brustwirbelsäulenproblemen zu kämpfen. Kaum jemand kommt auf die Idee, dass es hier eine Verbindung geben könnte. Der kausale Zusammenhang ist jedoch offensichtlich, dafür gibt es neurologische Gründe: Gleitsichtbrillen machen die kleinen Muskeln arbeitslos, die deine Linse in Form bringen, damit unterschiedlich entfernte Ziele korrekt auf deiner Netzhaut abgebildet werden. Statt die Linse scharf zu stellen, hebst du mit der Gleitsichtbrille den Kopf, um nah zu sehen. Und umgekehrt – was schon mal per se unnatürlich ist. Die Muskeln (Ziliarmuskeln), die deine Linse formen, werden von einem kranialen Nerv aktiviert, der im Mittelhirn zu Hause ist – dem Nervus oculomotoris. Das Mittelhirn ist ein Bereich, der – sehr vereinfacht gesagt – unter anderem dafür sorgt, dass die Muskelspannung von Beugemuskeln des ganzen Körpers und auch des Nackens korrekt moduliert wird. Ergo wird das Mittelhirn durch die Teilzeitarbeit des Nervus oculomotorius beim Gleitsichtbrillenträger weniger aktiviert – und seine Muskelspannungszustände werden ungünstig beeinflusst. Das Tragen von Gleitsichtbrillen führt zu einer schlechteren Ausdauer der tiefen Nackenbeuger, der Kopf rutscht vor, die Halswirbelsäule ist dauerhaft überstreckt und nicht mehr in der Balance. Träger einer Gleitsichtbrille bezahlen mit hoher Wahrscheinlichkeit einen hohen Preis für die Bequemlichkeit. Die Lösung: zwei Brillen nutzen – und trainieren.

WAS IST ZU TUN?

Verfahre mit dem Ablauf der Vision-Drills genauso wie mit den Übungen für die Propriozeption (siehe Seite 67). Lese die Beschreibungen und führe deine Tests durch. Mache die Drills wie beschrieben. Absolviere deine Re-Tests.

DIE DOSIS ENTSCHEIDET

Denke daran: Die Dosis ist entscheidend. Beginne mit den angegebenen Empfehlungen. Wenn ein Drill nicht funktioniert, dann wiederhole ihn mit höherer Dosis, anderer Geschwindigkeit und gegebenenfalls auch mit geringerer Dosis und re-teste.

PS: Das gilt auch für alle deine „neutralen" Drills aus dem Bereich Propriozeption.

Es gibt viele Leute, die mehr Wiederholungen oder auch mehr Geschwindigkeit benötigen als die, die ich in den Beschreibungen empfohlen habe.

Test und Drills Sehsystem – Vision	auf Seite	Beide Augen			Links			Rechts		
		Neutral	Reha	Power	Neutral	Reha	Power	Neutral	Reha	Power
Blickstabilisierung 9 Punkte	109									
links oben										
links horizontal										
links unten										
Mitte oben										
Mitte										
Mitte unten										
rechts oben										
rechts horizontal										
rechts unten										
Sanfte Blickverfolgung	110									
nach rechts										
nach links										
nach oben										
nach unten										
nach links oben										
nach links unten										
nach rechts oben										
nach rechts unten										
Blicksprünge	112									
nach rechts										
nach links										
Optokinetik	114									
Laufrichtung nach rechts										
Laufrichtung nach links										
Schiel-o-Mat/Bleistift-liegestütz	116									
Augenkreise	119									
Peripheres Sehen	120									
Nah-Fern-Sprünge	122									
Lochbrille	124									
Farbbrille	125									
Binasale/uninasale Teilokklusion	126									
Ohrstöpsel	127									

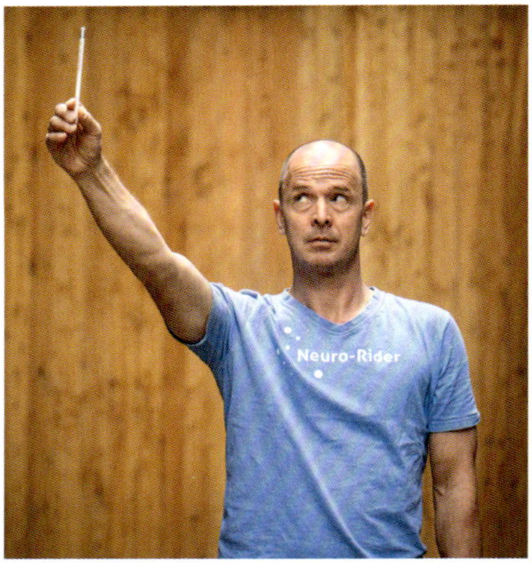

01

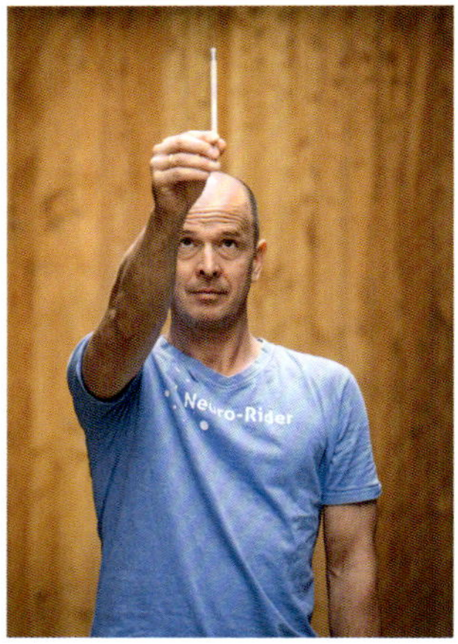

02

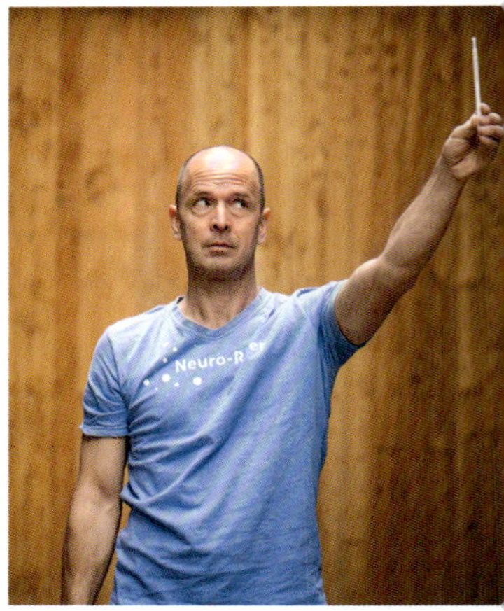

03

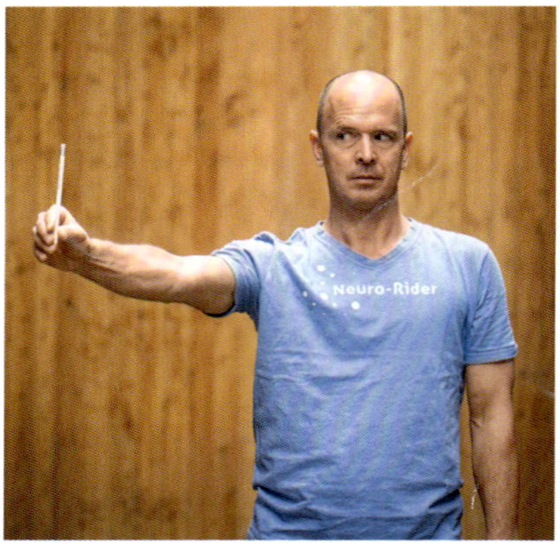

04

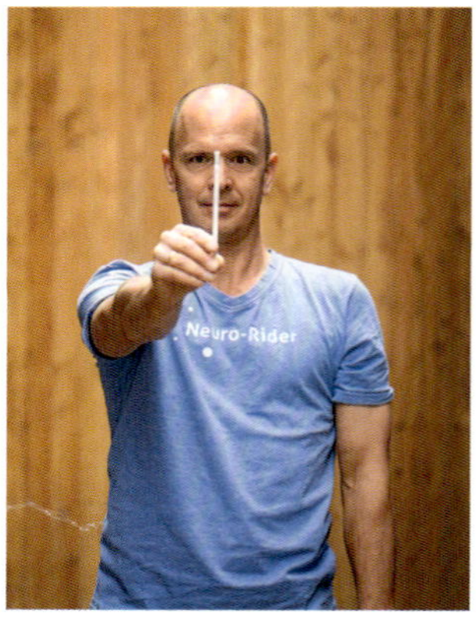

05

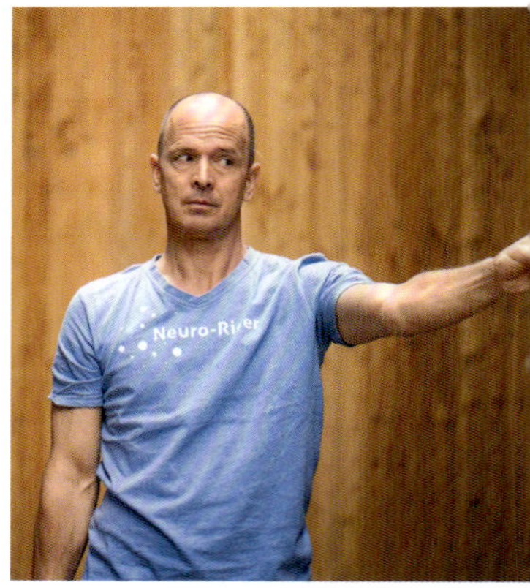

06

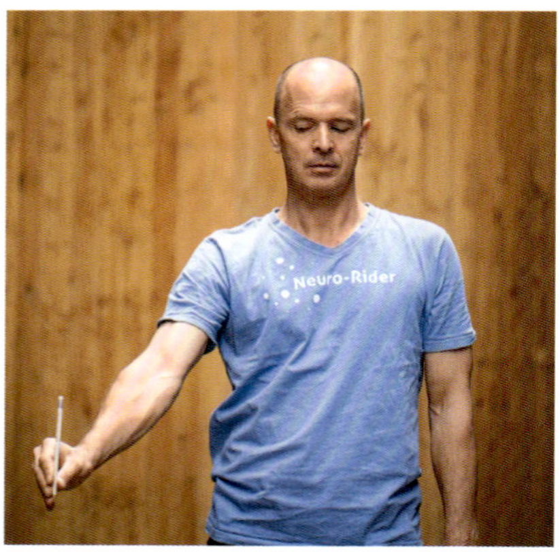

07

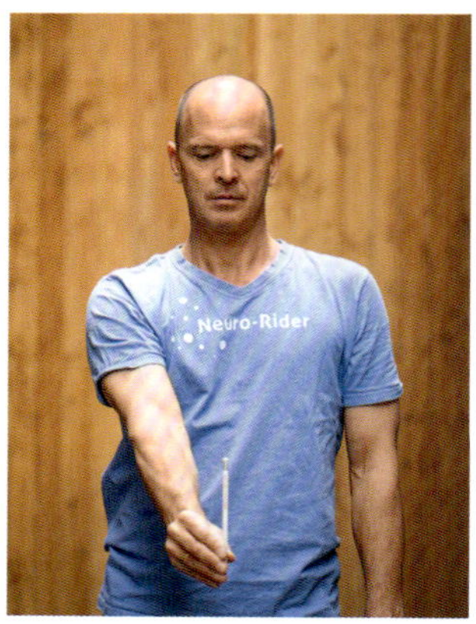

08

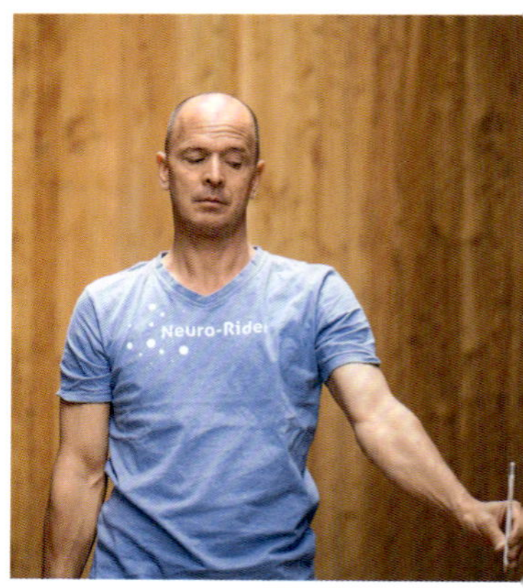

09

01 – 09 Blickstabilisierung auf 9 Punkte: So unscheinbar dieser einfache Drill ist, so erstaunlich kann er wirken. Menschen sollten dazu in der Lage sein, in jede Richtung zu blicken, ohne dass die Re-Tests schlechter werden. Findest du Blickrichtungen, die deine Leistung beeinflussen?

BLICKSTABILISIERUNG AUF 9 PUNKTE

Fokuspunkt: Sehe ich den Buchstaben scharf, wenn ich den Blick darauf werfe? Blickstabilisierung ist eine sehr wichtige, grundlegende Fähigkeit, die großen Einfluss auf unsere Kopf und Nackenstabilisierung hat und der Bewegungspräzision unserer gesamten Wirbelsäule hilft. Die Aufgabe erscheint sehr einfach, neurologisch ist sie aber recht komplex. Blickstabilisierungen sind isometrisches Training für unsere Augenmuskeln. Sie trainieren unser mittleres Kleinhirn und unsere Fähigkeit, ablenkende Reize zu ignorieren – es ist ein Skill, der für jeden Menschen und jeden Sportler hilfreich ist.

- Test durchführen
- Neutraler Stand. Starte einen Timer: das Ziel sind 30 Sekunden.
- Schaue auf ein visuelles Ziel in einer Armlänge Abstand auf Augenhöhe mittig für 30 Sekunden. Sofort danach Re-Test.
- Wechsle dann zu den übrigen acht Positionen, teste und re-teste jede einzelne Position und trage die Ergebnisse in die Tabelle ein.
- Achte darauf, dass du nur die Augen bewegst und nicht den Kopf.
- Achte darauf, dass du immer mit beiden Augen deinen Zielpunkt sehen kannst.
- Die Challenge besteht darin, dass du 30 Sekunden deine Aufmerksamkeit halten kannst und die Augen nicht zittern, tränen oder trocken werden. Gelegentliches Blinzeln ist normal.
- Passe die Dauer jeder einzelnen Position deinen Fähigkeiten an, wenn du mit fünf Sekunden starten musst, weil du nach fünf Sekunden schon ein Zittern der Augen spürst, dann ist das okay. Steigere langsam, bis du problemlos 30 Sekunden erreichst.
- Re-Test durchführen und das Ergebnis in der Tabelle notieren.

STEIGERUNG FÜR BEWEGUNGSDRILLS

Wenn du eine Augenposition findest, die dich besser macht, dann nutze diese, indem du sie bei der Durchführung der Bewegungsdrills des vorherigen Kapitels einsetzt. Also: Power-Augenposition und Bewegungsdrill kombinieren.

TRAININGSTIPPS BLICKSTABILISIERUNG

- Versuche, einen Reha-Bewegungsdrill mit Power-Augenposition durchzuführen und überprüfe deinen Re-Test. Es kann sein, dass eine hilfreiche Augenposition deinem Gehirn hilft und du einen Reha-Bewegungsdrill zu einem neutralen Drill umtrainieren kannst, der keine Bedrohungsreaktion deines Nervensystems verursacht.
- Umgekehrt geht es auch: Du hast eine Augenposition gefunden, die deine Re-Tests schlechter macht? Nutze einen Power-Bewegungsdrill und absolviere ihn für 20 – 30 Sekunden. Mache eine Pause von ca. zehn Sekunden und wiederhole den Bewegungsdrill gepaart mit der Reha-Augenposition.
- Augenbewegungen helfen Rückenbewegungen! Augenbewegungen – insbesondere Blickstabilisierungen – aktivieren das mittlere Kleinhirn. Und das mittlere Kleinhirn kümmert sich auch um die Präzision von Bewegungen der Wirbelsäule. Wenn du Augenbewegungen trainierst, tust du also gleichzeitig etwas für einen stabilen und präzise beweglichen Rücken.
- Du kannst diesen Drill auch mit einem Auge ausführen. Decke dafür ein Auge mit der Hand oder einer Augenklappe ab. Durch Test/Re-Test kannst du herausfinden, ob der Drill mit einem Auge effektiver für dich ist.

— Denke an Treibstoff: Augenbewegungen trainieren ist neu für dich und kann sehr anstrengend sein. Wenn du bemerkst, dass du müde wirst (deine Re-Tests werden immer schlechter, oder deine Augen tränen oder werden trocken), dann trinke zwischendurch ein Glas Orangensaft. Schließe die Augen und lege deine warm geriebenen Hände auf die Augen. Massiere die knöchernen Ränder der Augenhöhle leicht, zwinkere ein wenig mit den Augen. Und mache irgendeine Atemübung aus diesem Buch. All diese Dinge helfen, die beteiligten Strukturen zu entlasten oder genügend Sauerstoff und Glukose ins Gehirn zu bringen.

SANFTE BLICKVERFOLGUNG IN 8 RICHTUNGEN

Fokuspunkt: Sehe ich den Buchstaben scharf, wenn sich das Ziel bewegt?
Blickverfolgung bezeichnet eine sanfte Bewegung der Augen mit dem Ziel, ein sich bewegendes Ziel zu beobachten und dabei scharf zu sehen. Wir können die Augen nur dann so sanft ohne Sprünge bewegen, wenn wir ein visuelles Ziel verfolgen. Ohne ein visuelles Ziel ist keine sanfte Blickverfolgung möglich.
Zuerst vergewissere dich, dass du mit beiden Augen in jeder Richtung das Ziel erfassen kannst. Wenn du eine sanfte Blickverfolgung nach rechts machst, dann müsstest du dein rechtes Auge einmal zukneifen, wenn das Ziel in der weit rechten Endposition ist, um zu sehen, ob dein linkes Auge an der Nase vorbei noch das Ziel erfassen kann. Wenn du das getan hast, kennst du deinen Bewegungsspielraum für diese Richtung.

— Test durchführen
— Neutraler Stand. Fixiere das Ziel in die Mitte auf Augenhöhe. Bewege das Ziel in die horizontal linke Position, für die Bewegung solltest du dir eine Sekunde Zeit nehmen (wenn du das Wort „einundzwanzig" aussprichst, ist das genau eine Sekunde). Achte darauf, dass du das Ziel die ganze Zeit scharf siehst. Achte darauf, dass sich dein Kopf nicht bewegt. Du darfst zur Kontrolle des Kopfes mit einer Hand dein Kinn berühren. In der Endposition schließt du die Augen. Bringe dann das Ziel wieder zurück zur Mitte, fokussiere es neu und wiederhole die Verfolgung.
— Absolviere ca. 10 – 20 Verfolgungen.
— Re-Test, notiere deine Ergebnisse.
— Verfahre ebenso mit allen anderen Blickverfolgungsrichtungen.

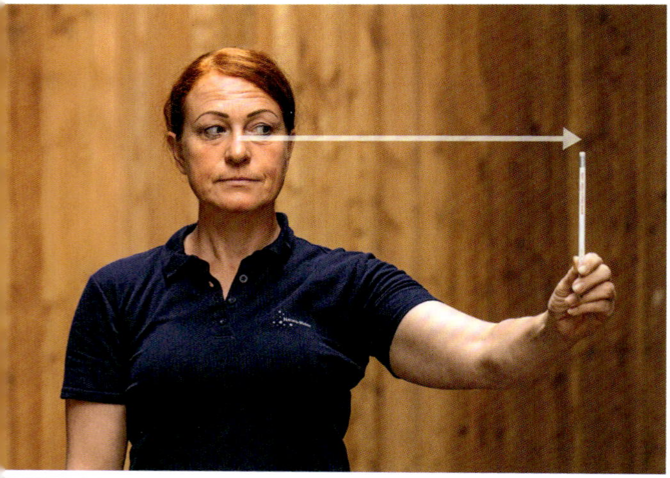

Siehst du den Buchstaben scharf? Blickverfolgung nach links

TRAININGSTIPPS BLICKVERFOLGUNG

— Vielleicht findest du heraus, dass du eine bestimmte Richtung besonders gut retestest. Dann machst du mehr davon. So viel, wie du magst. So lange, wie die Re-Tests positiv ausfallen.

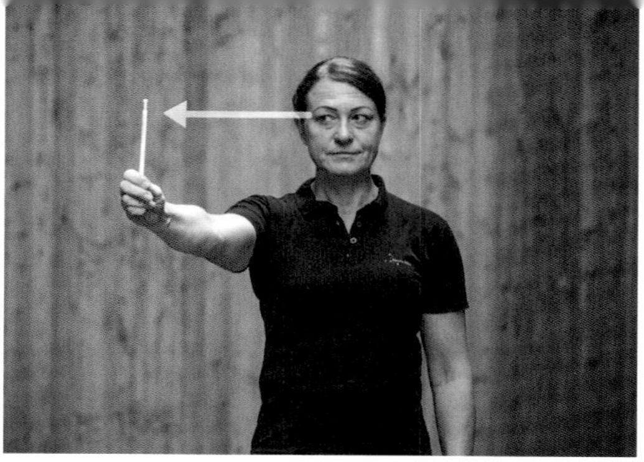

Blickverfolgung (BVF) nach rechts

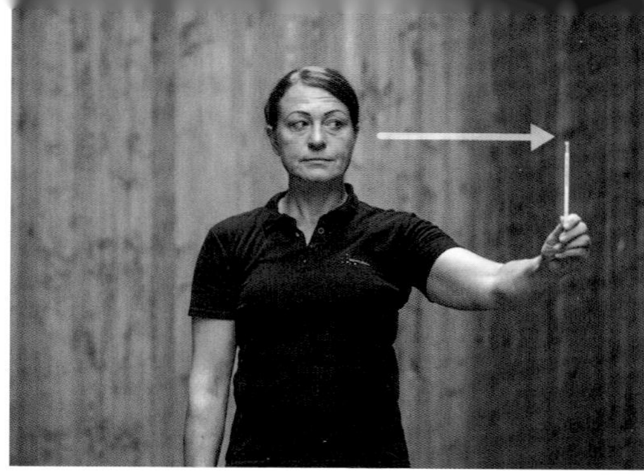

BVF nach links

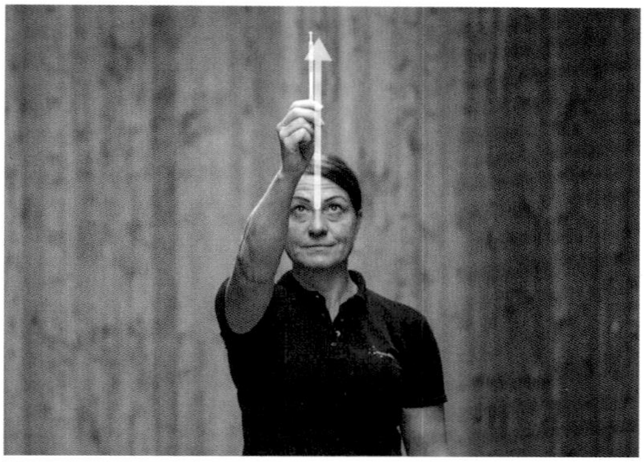

BVF nach oben

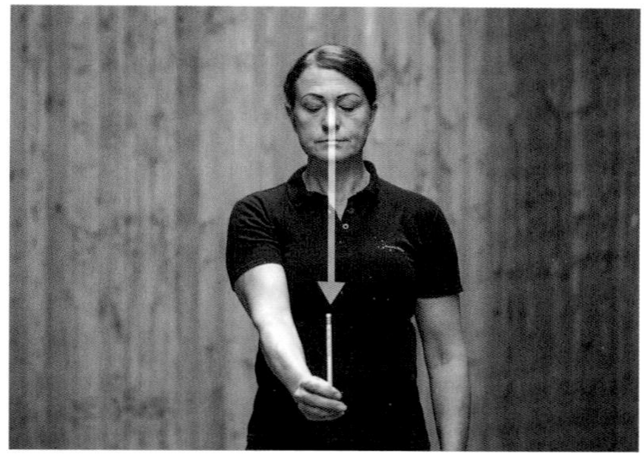

BVF nach unten

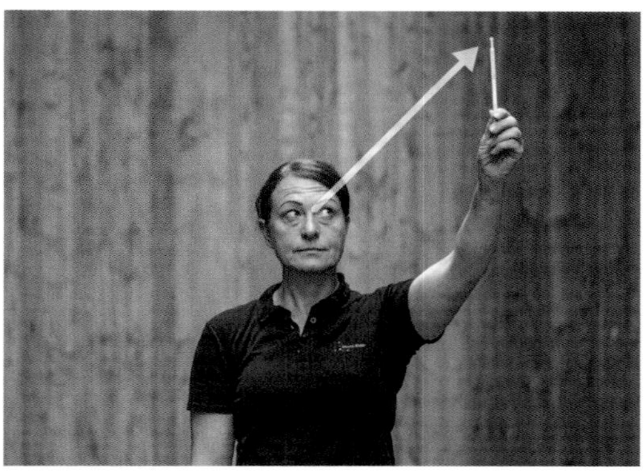

BVF von rechts unten nach links oben

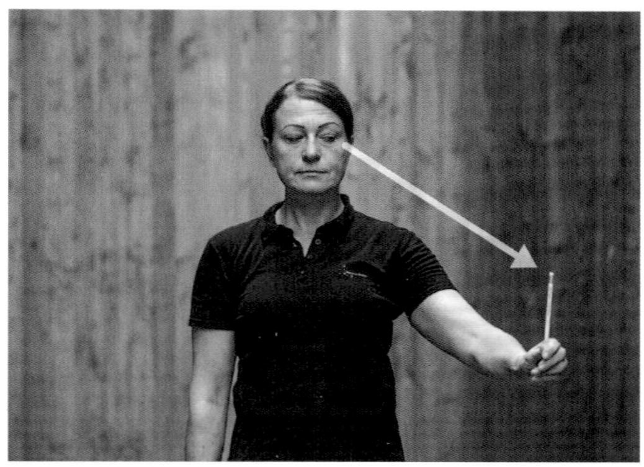

BVF von rechts oben nach links unten

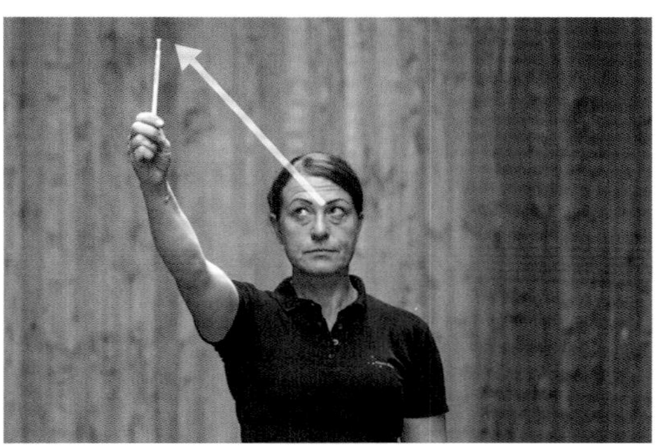

BVF von links unten nach rechts oben

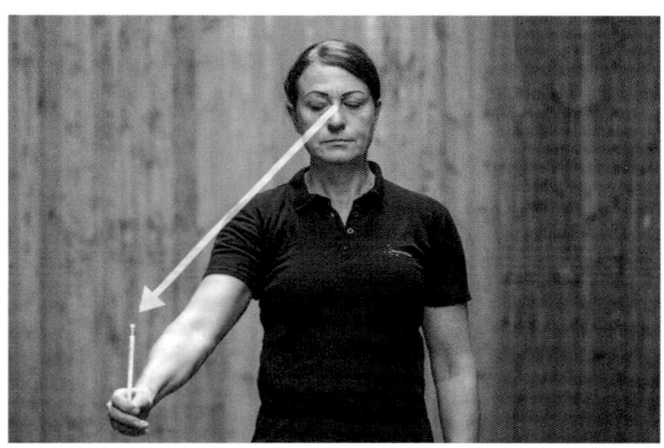

BVF von links oben nach rechts unten

— Vielleicht bemerkst du auch, dass du den Fokus oder die Schärfe in manchen Bereichen der Verfolgung verlierst oder deine Augen zucken oder springen. Das sollen sie nicht. Übe dann in diesen Bereichen Augenkreise, wie auf Seite 119 beschrieben, aber viel kleiner, vielleicht mit dem Durchmesser eine Handbreite.

— Wenn du starke Probleme hast, dann kannst du Blickstabilisierungen mit Kopfbewegungen vorschalten. Das Signal aus den Bogengängen sollte die Augenmuskelbewegungen unterstützen. Bei Problemen mit Blickverfolgung nach links als Beispiel würdest du eine Kopfbewegung nach rechts machen, während du das Ziel fokussierst. Merkst du, dass deine Augen sich dabei sanft nach links bewegen müssen?

— Auch wenn deine Re-Tests neutral sind, ist es empfehlenswert, sanfte Blickverfolgung zu üben, denn dieser Reiz aktivieren dein Gleichgewichtssystem sehr gut.

— Du kannst diesen auch mit einem Auge ausführen. Decke dafür ein Auge mit der Hand oder einer Augenklappe ab. Durch Test/Re-Test kannst du herausfinden, ob der Drill mit einem Auge effektiver für dich ist.

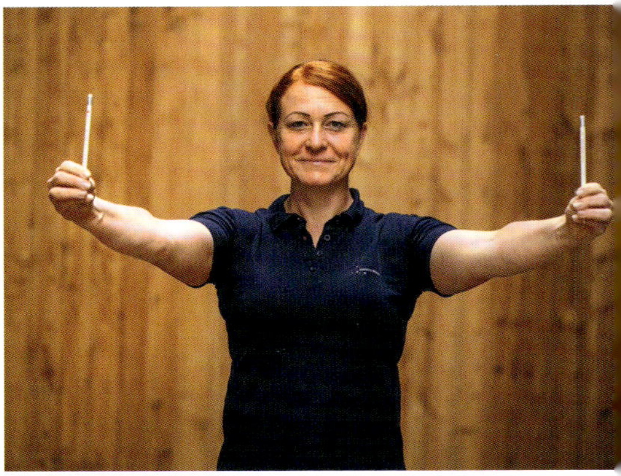

01

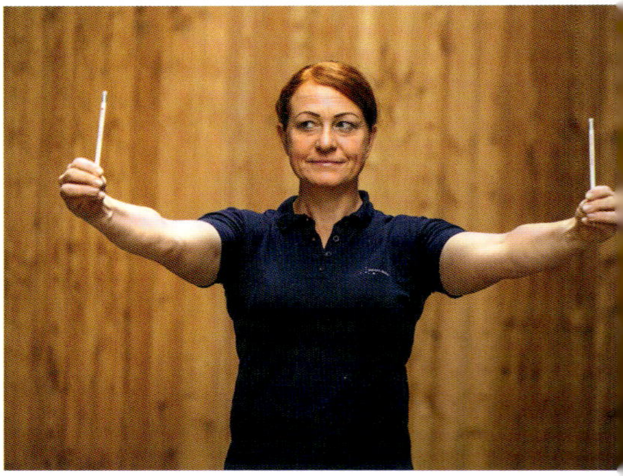

02

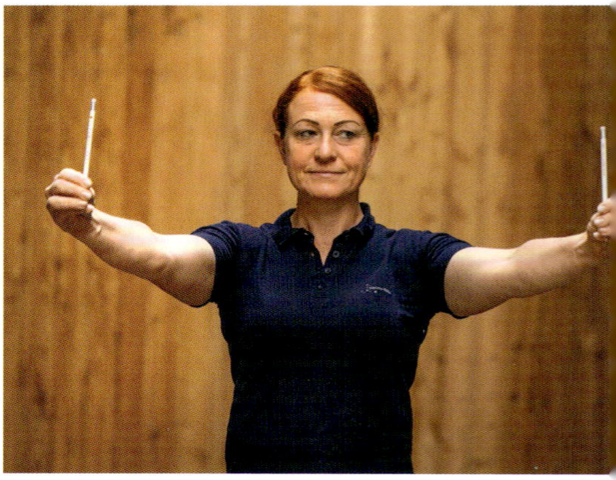

03

BLICKSPRÜNGE

Fokuspunkt: Der Kopf bewegt sich nicht, aber die Augen – sehe ich mein Ziel scharf? Blicksprünge sind sehr schnelle Augenbewegungen von einem Fokuspunkt zum anderen Fokuspunkt. Man nennt sie auch Sakkaden. Mit einer Sakkade sollten wir sehr schnell und sehr präzise ein visuelles Ziel finden, es scharf sehen, um schnell zu verstehen, was wir sehen.

— Test durchführen

— Du beginnst im neutralen Stand und hältst zwei visuelle Fokuspunkte (Visitenkarten mit Buchstaben, Bleistifte,

01 Startposition: Kopf bewegt sich nicht.

02 Blicksprung nach rechts und von dort …

03 … Blicksprung nach links.

etc.) auf Augenhöhe in gut 0,5 m Abstand vor dich. Ohne den Kopf zu bewegen, lässt du deine Augen nun von einem Ziel zum anderen hin- und herspringen. Lasse den Blick so lange auf dem Ziel, bist du das Ziel scharf siehst und identifizieren kannst. Absolviere Blicksprünge zunächst für 30 Sekunden bis zu einer Minute.
— Re-Test. Notiere deine Ergebnisse
— Verfahre ebenso mit allen anderen Blicksprungrichtungen: Vertikal (von oben nach unten) und in den zwei diagonalen Achsen.

TRAININGSTIPPS BLICKSPRÜNGE

— Präzision von Blicksprüngen verbessern: Es gibt bei Blicksprüngen verschiedene Ungenauigkeitstendenzen. Entweder die Augen springen ein wenig zu weit und korrigieren dann in einem kleinen Sprung zurück, der Fachbegriff dafür lautet: hypermetrisch. Oder die Augen springen nicht ganz bis zum Ziel und müssen einen Mini-Hopser zusätzlich machen, um zum Ziel zu kommen, das nennt man hypometrisch. Ohne einen Coach, der deine Blicksprünge anschaut, ist das für dich schwer zu definieren. Deshalb probiere einfach einmal Folgendes und entscheide, ob sich die Augenbewegung besser und präziser anfühlt. Du wirst ein bisschen üben müssen, bis es läuft.
— Bei hypometrischen Blicksprüngen: Mache Mikrosakkaden, viele kleine Blicksprünge in eine Richtung, zum Beispiel mit Post-its an einer Wand entlang.
Mache nach jedem Blicksprung für 6 – 7 kleine Kopfbewegungen, so als ob du beim Neinsagen mit dem Kopf schüttelst, während die Augen auf dem Ziel bleiben. Drücke immer mit den Fingern auf einen Ball in der Hand, zu der du den Blicksprung machst. Das mag auf den ersten Blick seltsam erscheinen, aber du hast bestimmt schon einmal etwas vom Begriff Hand-Auge-Koordination gehört, oder? Wir nutzen hier die dafür zuständigen Gehirnbereiche des Kleinhirns, die an der „Koordinationskontrolle" zwischen dem okulomotorischen und dem manuell-motorischen System stark beteiligt sind.
— Bei hypermetrischen Blicksprüngen: Mikro-Kopf-Augen-Sakkaden: Bewege Kopf und Augen gleichzeitig von Ziel zu Ziel. Dafür wählst einen sehr geringen Abstand der Ziele (Mikro!). Absolviere nach jedem Blickspung eine Blickverfolgung in die Gegenrichtung.
— Teste und re-teste. Notiere deine Ergebnisse.
— Du kannst auch diesen Drill mit dem schwächeren Auge ausführen. Durch Tests/Re-Tests kannst du herausfinden, ob der Drill mit einem Auge effektiver für dich ist.
— Nutze 5 – 10 Post-its für Serienblicksprünge in eine Richtung.

WICHTIG!

Jede Blicksprungrichtung hat ein unterschiedliches Profil hinsichtlich seiner Gehirnaktivierungsmuster. Blicksprünge nach links aktivieren beispielsweise den rechten Frontallappen und die Pons im linken Stammhirn und das linke Kleinhirn. Wenn du ein Stabilitätsproblem mit einer Körperseite hast, können isolierte Serienblicksprünge in nur eine Richtung ein sehr hilfreicher Stimulus sein. Ebenso, wenn du ein Problem mit Bewegungsgenauigkeit auf einer Körperseite hast, denn dafür ist das Kleinhirn zuständig.
Teste doch mal aus, ob 30 – 50 Sakkaden (immer nur in eine Richtung) einen Einfluss auf den Kleinhirntest Hand-RAPS (Disdiadochokinese, siehe Seite 61) haben?

REFLEXIVE AUGEN-BEWEGUNGEN

Fokuspunkt: Dieser Drill aktiviert den sogenannten optokinetischen Nystagmus. Diese reflexive Augenbewegung stabilisiert die Augen während der Verfolgung einer großen visuellen Szene. Das passiert, wenn du beim Zugfahren aus dem Fenster guckst und träumst: Die Augen bleiben an irgendeiner Szene „kleben", verfolgen sie einen kleinen Moment (Blickverfolgung) , dann springen die Augen zur nächsten Szenerie (Blicksprung in die Gegenrichtung). Das ist ein sehr wichtiger Reflex, der in der Natur nur dann vorkommt, wenn wir uns sehr schnell bewegen oder drehen. Für junge Menschen ist das kein Problem – für die Älteren schwierig – aber supergut trainierbar! Suche in einer Suchmaschine die Begriffe „Optokinetic App" oder „OptoDrum" und du wirst für alle gängigen Betriebssysteme eine Anwendung finden. Wähle eine mittlere Balkengröße und ein mittleres Tempo, um zu starten. Kleine Bildschirme funktionieren, aber je größer der Screen, desto besser.

- Test durchführen: sehr geeignet sind Rotationen und Hand-RAPS.
- Stelle die App so ein bzw. halte dein Gerät so, dass die Streifen sich von links nach rechts bewegen. Neutraler Stand. Halte das Gerät ca. eine Handlänge entfernt direkt vor deine Augen. Atme entspannt und tief aus und weiter durch die Nase ein und schaue passiv auf den Bildschirm. „Passiv" deshalb, weil du nichts weiter tun musst, als dich zu entspannen.
- Nach kurzer Zeit solltest du bemerken, dass deine Augen beginnen, kurze Verfolgungsbewegungen nach rechts gefolgt von Blicksprüngen nach links zu machen. Das ist gut so. Lasse sie machen, ohne sie willkürlich zu beeinflussen. Starte mit 30 Sekunden (bis eine Minute).
- Re-Test. Notiere deine Ergebnisse.
- Wiederhole die Übung mit der Streifen-Laufrichtung von links nach rechts.

TRAININGSTIPPS REFLEXIVE AUGENBEWEGUNGEN

- Du kannst die Laufrichtungen von oben nach unten und von unten nach oben separat testen. Diese habe ich zwar nicht in der Tabelle aufgeführt, aber sie können sehr hilfreich sein.
- Wenn deine Augen sich nicht bewegen und starr bleiben, versuche eine Atemübung und wiederhole die Übung.
- Wenn sich danach immer noch keine Augenbewegungen einstellen: Absolviere die Übung aktiv: Das heißt, du suchst dir einen der erscheinenden Balken, verfolgst ihn mit deinem Blick, bis er verschwindet, und machst dann einen Blicksprung, um einen neuen Balken zu finden und diesen auch wieder zu verfolgen, bis er verschwindet und so weiter. Übe ein bis zwei Wochen auf

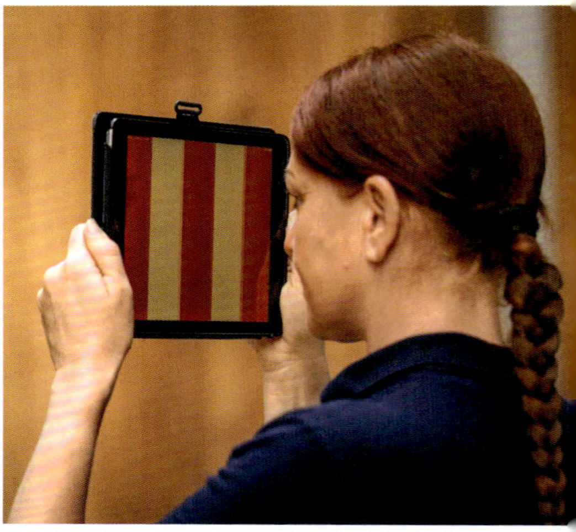

01

01 Optokinetische Reflexstimulation OptoDrum

02 Smartphone ist okay, Tablet ist besser.

diese aktive Art. Versuche zwischendurch immer wieder, ob sich die passive Bewegung einstellt.

— Für Neuro-Nerds: Blickverfolgung nach rechts aktiviert den rechten Parietallappen und Blicksprünge nach links aktivieren den rechten Frontallappen. Und umgekehrt. Eine Kombination dieser beiden Augenbewegungen – Blicksprünge in die eine gefolgt von Blickverfolgung in die andere Richtung – ist also eine sinnvolle Kombination für eine starke Aktivierung einer Gehirnhälfte.
— Deine Re-Tests waren besser und du willst noch mehr Aktivierung für deine rechte (linke) Gehirnhälfte?
— Rieche mit dem rechten Nasenloch an drei verschiedenen Gerüchen und identifiziere die Gerüche. Das aktiviert deine rechte Gehirnhälfte.
— Mache Bewegungsdrills für deine linke Körperseite, zum Beispiel Hand-Achten. (das aktiviert deinen rechten Motor Cortex und dein linkes Kleinhirn).
— Schlage mit der linken Handfläche schnell und rhythmisch seitlich auf deinen linken Oberschenkel (das aktiviert den rechten Motor Cortex und dein linkes Kleinhirn).
— Lasse eine starke Lichtquelle von links in deine Augen scheinen.
— Du kannst auch diesen Drill mit dem schwächeren Auge ausführen. Durch Tests/Re-Tests kannst du herausfinden, ob der Drill mit einem Auge effektiver für dich ist.

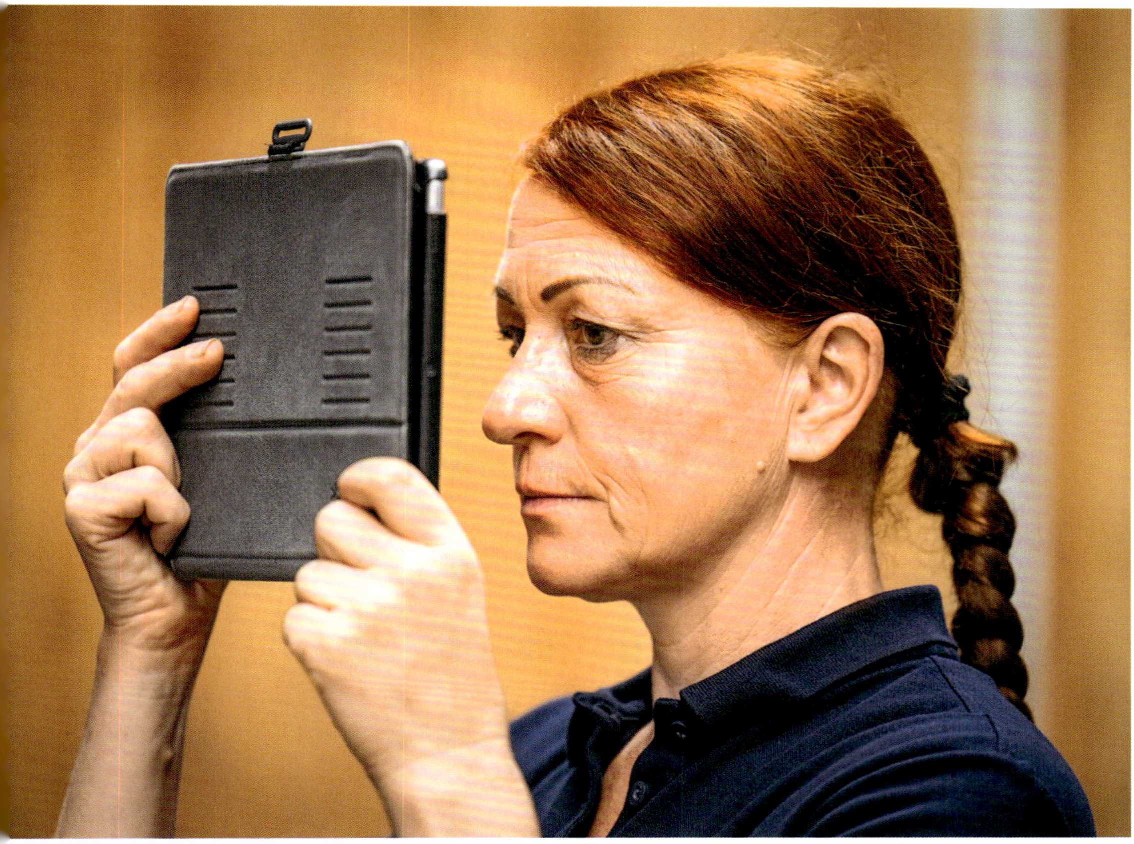

02

SCHIEL-O-MAT ODER BLEISTIFTLIEGESTÜTZ

Fokuspunkt: Sehe ich mein Ziel ohne Doppelbild? Mit dem Schiel-o-Mat trainieren wir Konvergenz- und Divergenzbewegungen der Augen. Konvergenz bezeichnet eine gegenseitige Augenbwegung, um Dinge in der Nähe zu betrachten. Divergenz ist die Auswärtsbewegung der Augen, im Dinge zu beobachten, die sich von uns wegbewegen. Unsere Augen sollten auch hier als Team zusammenarbeiten. Konvergenz und Divergenzbewegungen sind nach leichten Gehirnerschütterungen oft beeinträchtigt (Szymanowicz u. a. 2012) – und Reiter haben fast alle schon mindestens einmal eine Gehirnerschütterung gehabt.

Vorbereitung: Du brauchst einen Stift, Bleistift, Kugelschreiber oder eine Visitenkarte, du kannst aber auch einfach deinen Daumen nehmen. Es hilft allerdings, wie bei allen anderen Übungen auch, wenn ein Buchstabe oder Zeichen auf dem Ziel zu sehen ist, denn unsere Augen bleiben besser an Formen „hängen".

— Test durchführen

— Neutraler Stand. Halte das visuelle Ziel ungefähr eine Armlänge entfernt in Augenhöhe mittig vor dich und fixiere einen Buchstaben auf diesem Ziel. Ziehe das Kinn ein wenig zum Kehlkopf nach unten und nach hinten, sodass der Kopf ein wenig nach vorne kippt.

— Führe den Stift in einer geraden Linie in Augenhöhe mittig zu deinen Augen – genau in Richtung der Nasenwurzel – das ist das Stück Nase zwischen deinen Augen. Der Weg zur Nase dauert ca. drei Sekunden. Zähle „einundzwanzig, zweiundzwanzig, dreiundzwanzig".

— Währenddessen schaust du die ganze Zeit auf einen Buchstaben auf deinem Ziel. Führe den Stift langsam so nah vor deine Augen wie möglich. Nimm wahr, wann die Schrift unscharf wird (kein

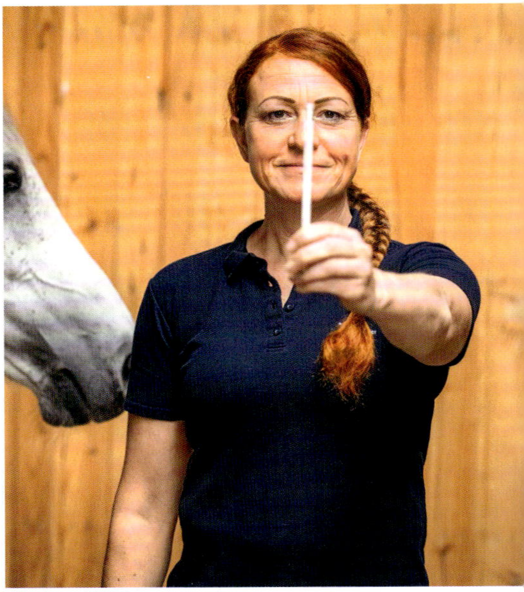

Aus einer Armlänge Abstand …

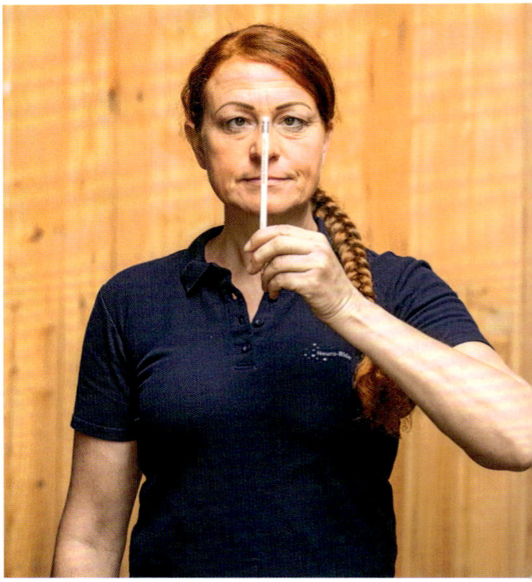

… das Ziel mittig heranziehen.

002

Schiel-o-Mat

Im Video siehst du eine Schiel-o-Mat-Übung.

HINWEISE ZUR DOSIERUNG

Wenn du den Schiel-o-Mat positiv re-testest, dann mache mehr davon. Du willst genau wissen, was „mehr" bedeutet? Zum Beispiel 2 x 5 Wiederholungen. Oder 1 x 10 Wiederholungen. Wenn der Drill für dich funktioniert, wäre es gut, wenn du möglichst mehrmals täglich kurze Sets davon übst. Vielleicht fünfmal. Wenn du mehr schaffst, dann mache ruhig mehr. Ein Set von sechs Wiederholungen dauert eine Minute. Vielleicht kannst du 5 x 2 Sets machen, dann hättest du zehn Minuten trainiert. Das wäre ein toller Start. Versuche, deinen Atemrhythmus mit der Augenbewegung zu synchronisieren – aber atme langsam und mache Atempausen an den Umkehrpunkten.

Problem) oder du ein Doppelbild des Ziels siehst. Wenn du ein Doppelbild siehst, hältst du den Stift kurz vor der Doppelbildstelle an. Der Hintergrund deines Sichtfeldes wird doppelt erscheinen, das ist normal. Das Ziel soll aber eindeutig sein.

— Halte die Nahposition für zwei Sekunden. Strecke den Arm wieder und führe das Ziel langsam weg von deinen Augen in die Ausgangsposition, wieder in drei Sekunden. Hier machst du wieder einen kurzen Stopp. Und dann das Ganze von vorne. Starte mit drei bis fünf Wiederholungen. Eine Wiederholung dauert ca. zehn Sekunden.
— Re-Test. Notiere deine Ergebnisse.

EINÄUGIGER SCHIEL-O-MAT

Fokuspunkt: Halte stets Blickkontakt zum Ziel mit deinem schwächeren Auge!

Wenn dieser Drill bei dir keine guten Effekte hat, dann kann das normal sein, es kann aber auch daran liegen, dass du – wie sehr viele andere Menschen auch – eine Konvergenzschwäche (Konvergenz-Insuffizienz) hast oder auf dem Weg dahin bist. Gerade nach Gehirnerschütterungen tritt diese Störung des beidäugigen Sehens oft auf (Pearce u. a. 2015). Sie ist gekennzeichnet durch eine verringerte Fähigkeit der Augen, sich aufeinander zu zu drehen. Die Betroffenen spüren das in der Regel überhaupt nicht. Lasse dir von einem Bekannten oder Partner deine Augenbewegungen beim Schiel-o-Mat filmen und schau, ob ein Auge sich weniger gut in die Konvergenzposition bewegt oder diese nicht lange halten kann. Du schaust dann, ob ein Auge weiter den Fokuspunkt fixiert, während das schwache Auge zurück in die Mittelposition driftet. Dieser kleine Defekt kann über längere Zeit große motorische Folgen haben, weil Teile des Mittelhirns und der dort entspringenden Bahnen und Kranialnerven weniger Aktivierung bekommen – mit Auswirkungen auf die Schulterbewegungen und auf die gesamte Stabilität des Nackens und Rumpfes. Deshalb teste und re-teste in diesem Fall einäugige Dreicksverfolgung mit dem schwachen Auge. Decke das stärkere Auge mit der Hand oder einer Augenklappe ab.

— Test durchführen
— Das visuelle Ziel langsam und gerade zum Auge ziehen. Stopp. Langsam die Mitte kreuzen, so weit wie möglich, ohne den Blickkontakt zu verlieren. Stopp. Langsam zurück in die Mitte zur Ausgangsposition. Halte an jedem Eckpunkt für drei Sekunden. Absolviere zu Beginn 3 – 5 langsame Wiederholungen. Teste die Anzahl gerne aus, die du verträgst. Schließe die Dreiecksverfolgung mit einem beidäugigen Schiel-o-Mat ab, um den Augen zu zeigen, wie sie als Team zusammenarbeiten sollen.
— Re-Test. Ergebnis notieren.
— Teste gegenebenfalls auch das andere Auge, falls du dir nicht sicher bist.

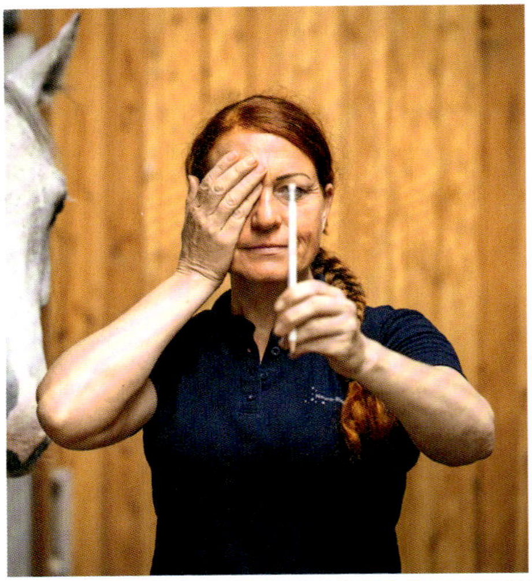

Das „gute" Auge schließen.

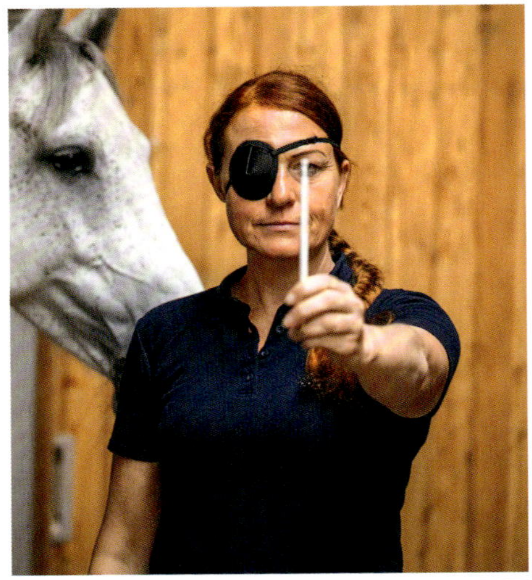

Arm gestreckt, Ziel zum Auge ziehen.

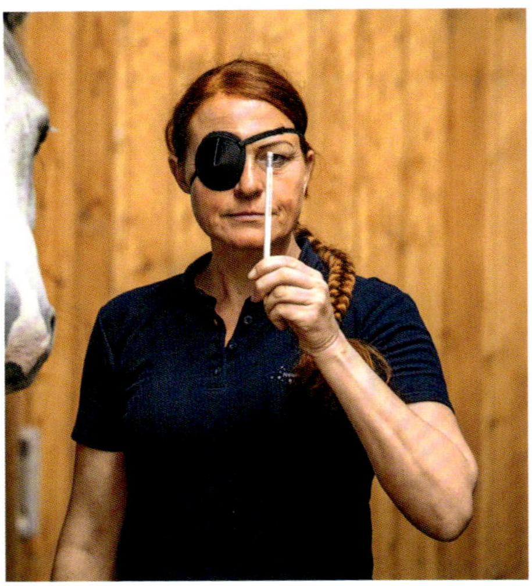

Kurz verharren im Nahbereich.

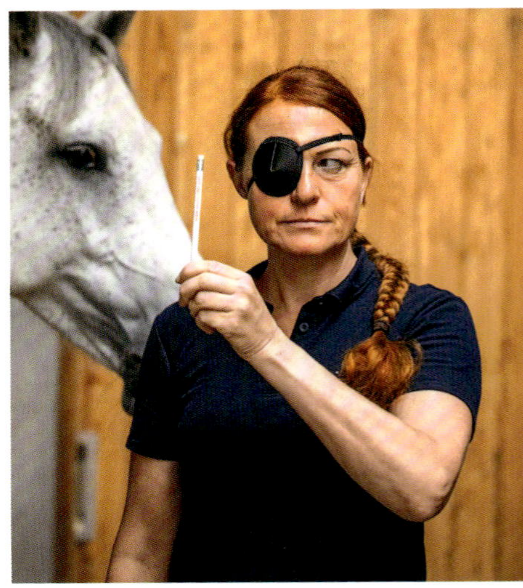

Ziel über Kreuz ziehen und verfolgen.

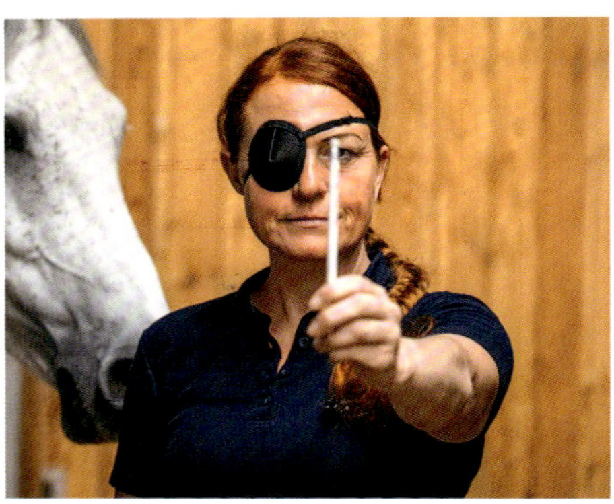

Zurück zum Ausgangspunkt – repeat!

WICHTIG!

Verbessert sich das beidäugige Verhalten trotz regelmäßigem Training aller Bereiche nicht, dann würde ich dir raten, einen Funktionaloptometristen oder einen komplett ausgebildeten Neuro-Rider-Trainer in deiner Nähe oder online zu konsultieren. Eine Liste aller Trainer findest du unter www.neuro-rider.com.

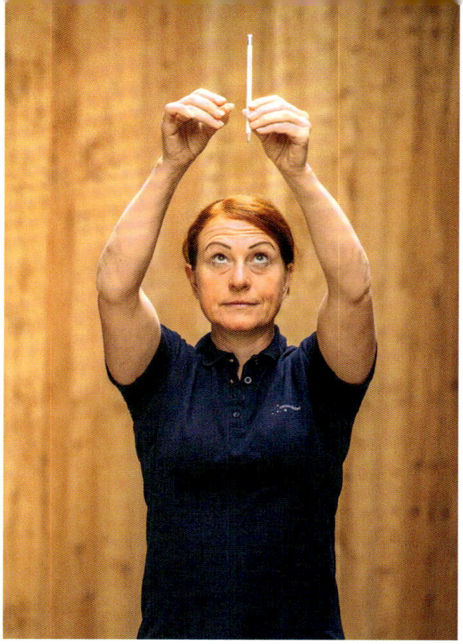

Ziel in die andere Hand übergeben.

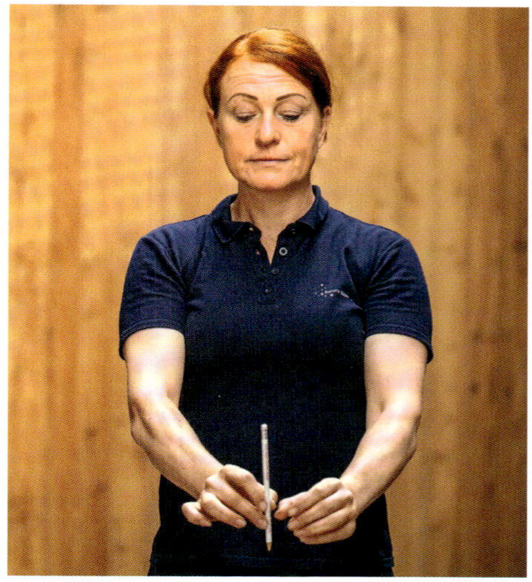

Unten wieder übergeben.

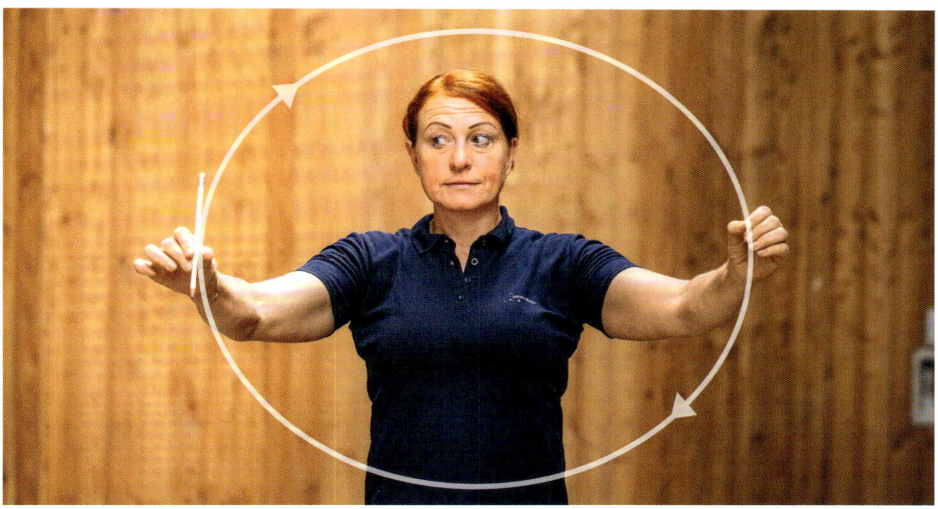

So kannst du einen schönen Kreis erzeugen. Bitte den Kopf nicht bewegen!

AUGENKREISE

Fokuspunkt: Ein einfacher Drill für beide Augen

— Test durchführen

— Neutraler Stand: Ziehe das Kinn ein wenig zum Kehlkopf nach unten und nach hinten, sodass der Kopf minimal nach vorne kippt. Fixiere das visuelle Ziel, das du vor deinem Körper ungefähr in Höhe des Bauchnabels hältst.

003

Augenkreise

Im Video siehst du eine Augenkreise-Übung.

— Führe den Stift durch eine Kreisbewegung. Der Kreis hat den Durchmesser von ungefähr einer Unterarmlänge. Zeitlupentempo – mindestens zehn Sekunden pro Umdrehung. Achte darauf, dass du in jeder Millisekunde den Buchstaben scharf siehst. Absolviere zwei bis drei Umdrehungen in jede Richtung. Denke an ruhige Atmung!
— Re-Test. Notiere deine Ergebnisse. Wiederhole den Drill mit jedem Auge einzeln.

TRAININGSTIPPS AUGENKREISE

— Wenn du in Abschnitten der Kreisbewegung spürst, dass deine Augen springen oder zucken, dann verbringe etwas mehr Zeit in diesen Positionen. Du kannst in diesen Positionen sowohl Blickstabilisierung als auch Minikreise oder kleine Spiralen absolvieren. Das sollte helfen.
— Du kannst diesen Drill auch mit dem schwächeren Auge ausführen. Durch Tests/Re-Tests kannst du herausfinden, ob der Drill mit einem Auge effektiver für dich ist.

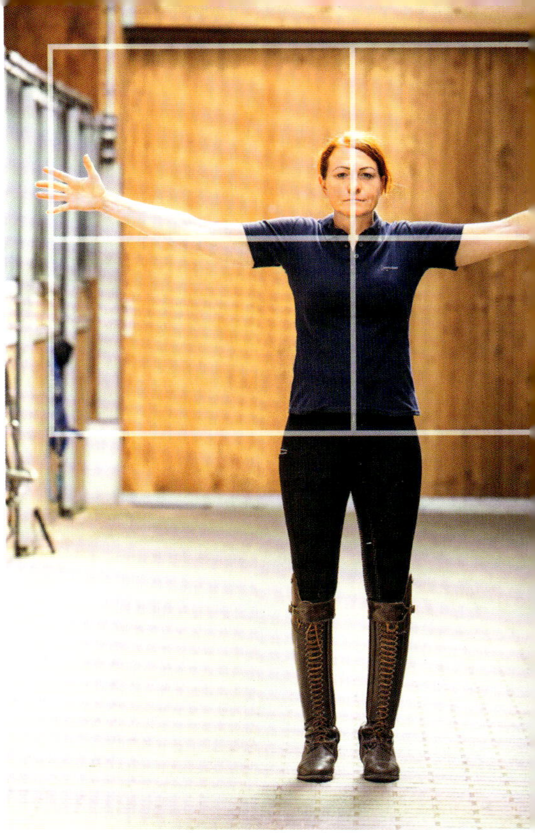

Sichtfeld mit Selbsttest prüfen.

PERIPHERES SEHEN

Fokuspunkt: Bewegung in der Peripherie wahrnehmen
Die vielleicht entscheidenste visuelle Funktion mit dem größten Einfluss auf Bewegung ist das periphere Sehen. In der Peripherie sehen wir das, was wir nicht fokussieren. Und das sollte eine ganze Menge sein. Vor allem nehmen wir Bewegungen und Formen in der Peripherie sehr gut wahr. Dafür haben wir sogar eigene Zellen. Wenn wir sehr gestresst sind, dann schrumpft das periphere Sichtfeld. Du hast schon mal den Begriff Tunnelblick gehört – das ist kein sehr leistungsfähiger Zustand. Wenn jemand „im Tunnel“ und sein Sichtfeld tatsächlich eingeschränkt ist, dann hat er schlechte Karten im Sport. Ich habe die Erfahrung gemacht, dass Athleten, die ihr peripheres Sehen trainieren, weniger schnell und weniger stark auf Stressreize reagieren – sie bleiben länger

TRAININGSMÖGLICHKEITEN

— Der Test als Drill
— Training mit dem peripheren Vision-Chart
— Peripheres Sehen und Gehen
— Peripheres Sehen und Reiten
— Peripherie-Sakkaden-Chart

Du kannst dich zum Beispiel vor einen Fernseher stellen, sodass du in deinem schwächeren Sichtfeld feststellen kannst, wann sich das Bild verändert. In so einer Position könntest du deine Neuro-Moves trainieren und gleichzeitig dein peripheres Sehen trainieren.

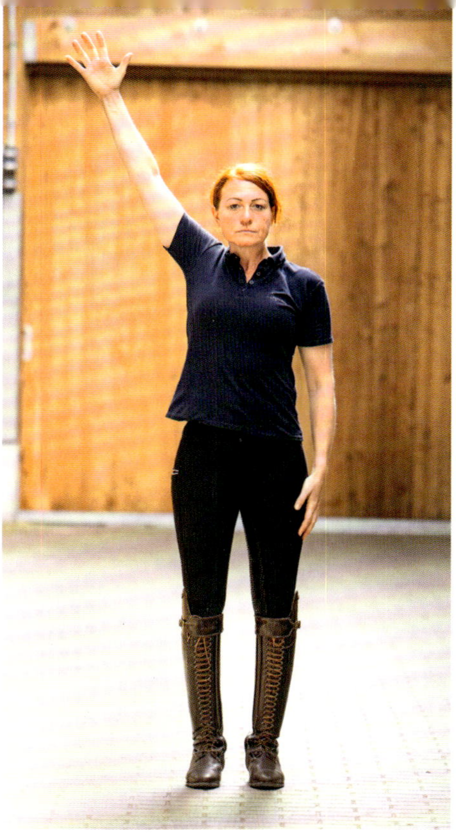

Test rechter oberer Quadrant.

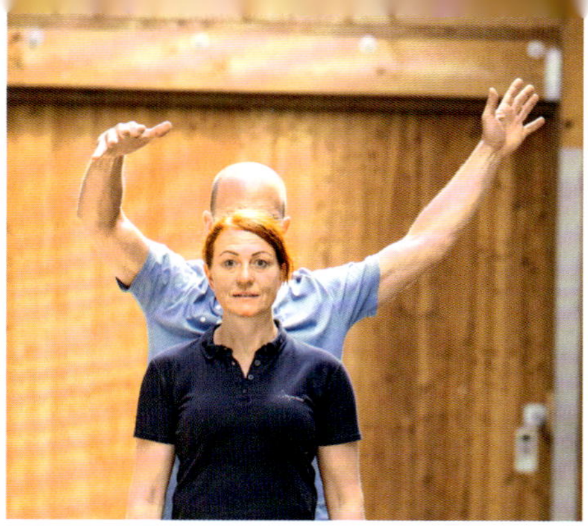

Mit Coach geht es einfacher.

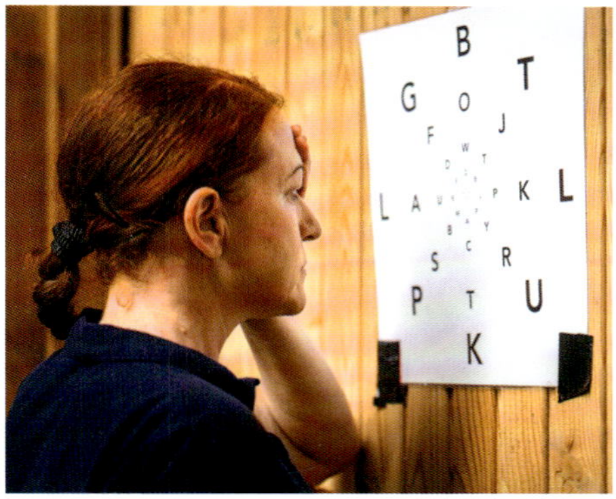

Fokussiere das X. Welche Buchstaben kannst du identifizieren, ohne hinzuschauen?

gelassen, entspannter und ihre Haltung bleibt länger stabil – dementsprechend machen sie weniger Fehler. Wir teilen unser Sichtfeld in vier Quadranten auf.

- Stehe gerade und schaue auf einen Punkt geradeaus vor dir. Breite deine Arme gestreckt seitlich aus und beginne, deine rechte Hand mit wackelnden Fingern von hinten langsam nach vorne zu bewegen. Achte darauf, wann du in deinem Sichtfeld die Bewegung der Hand wahrnimmst.
- Lasse deinen Arm in der Position, in der du die Bewegung gesehen hast. Wiederhole den Vorgang mit dem anderen Arm auf der Gegenseite. Stelle fest, ob beide Seiten ein gleich großes Sichtfeld haben. Wiederhole den Test in den beiden oberen Quadranten und den beiden unteren Quadranten.
- Notiere in der Tabelle die Unterschiede im peripheren Sichtfeld rechts und links.

Wenn es Unterschiede gibt, dann stimuliere die schwächere Seite des Sichtfeldes für eine Minute. Wenn es keine Unterschiede gibt, stimuliere alle Quadranten.

ACHTUNG!

Kleinere Unterschiede von 10–20 Grad sind meist unproblematisch und harmlos und sollten sich mit ein wenig Übung in wenigen Minuten reduzieren lassen. Solltest du jedoch irgendwann einmal beim Üben ein größeres Defizit feststellen, Farbveränderungen oder gar einen Ausfall in einem der vier Quadranten, dann solltest du so schnell wie möglich ein Krankenhaus aufsuchen. Je schneller, desto besser.

NAH-FERN-SPRÜNGE

Fokuspunkt: Nah-Fern-Sprünge sind leicht zu lernen und durchzuführen. Sie trainieren die Akkomodationsbewegungen der Augen, ähnlich wie beim Schiel-o-Mat (siehe Seite 116), nur dass die Augen hier nicht sanft verfolgen, sondern schnell springen. Dieser Drill hilft, Muskelspannungen auszugleichen und zu regulieren. Wenn du viel am Bildschirm arbeitest, wäre das dein erster Drill für eine kleine Bildschirmtrainingspause – wenn du ihn positiv retestest!

- Test durchführen
- Neutraler Stand. Halte das visuelle Ziel sehr nah auf Augenhöhe mittig vor dich und fixiere das Ziel – du musst es scharf sehen. Dann springe mit deinem Fokus zu einem Ziel in der gleichen Höhe, aber weiter entfernt. Als visuelle Ziele kannst du die Charts benutzen, das kann aber auch einfach dein Daumen im Nahbereich und ein Detail an einem Haus oder einem Baum in der Ferne sein. Wechsle für 30 Sekunden bis eine Minute lang zwischen den Zielen hin und her. Sobald du scharf gestellt hast, kannst du wieder wechseln.
- Versuche, deinen Atemrhythmus mit der Augenbewegung zu synchronisieren – aber atme langsam und mache Pause nach jedem Ein- und Ausatmen!
- Re-Test. Trage die Ergebnisse in die Tabelle ein.

MIT EINEM AUGE ODER BEIDEN AUGEN

Du kannst auch diesen Drill mit dem schwächeren Auge ausführen. Durch Tests/Re-Tests kannst du herausfinden, ob der Drill mit einem Auge effektiver für dich ist.

AKTIVIERE DEIN STAMMHIRN

Die Muskelaktivierungen beim nah und fern Sehen aktivieren unterschiedliche Bereiche im Stammhirn – mit unterschiedlichen Wirkungen auf unseren Muskeltonus. Das Mittelhirn hilft den Beugermuskeln, die Pons erhöhen den Tonus der Streckermuskulatur.

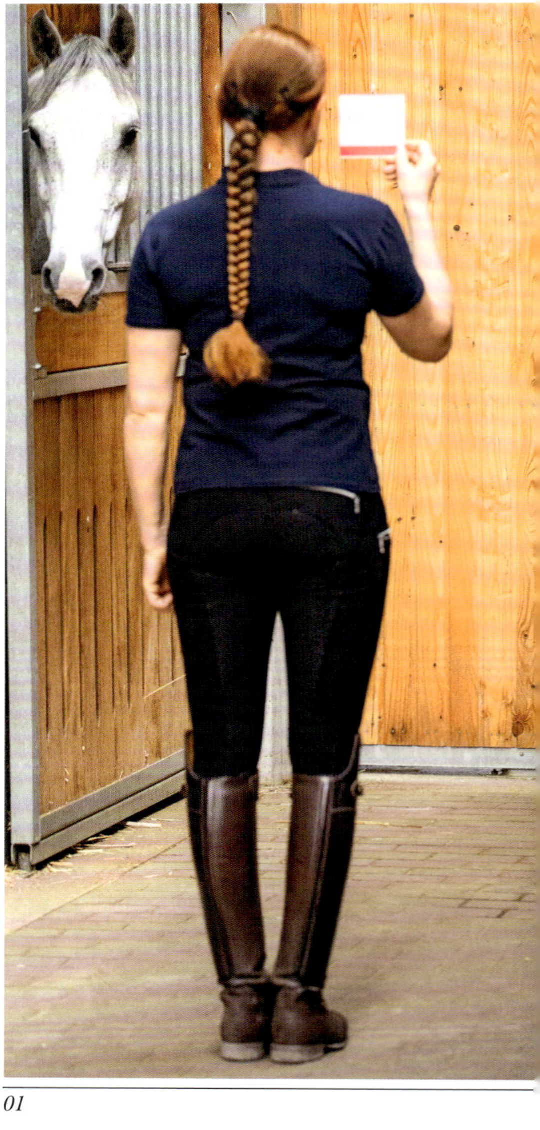

01

01 Nah-Fern-Sprünge im Stall als Vorbereitung.

02 Schneller Fokuswechsel von sehr nah …

03 … zu fern. Wie schnell stellst du scharf?

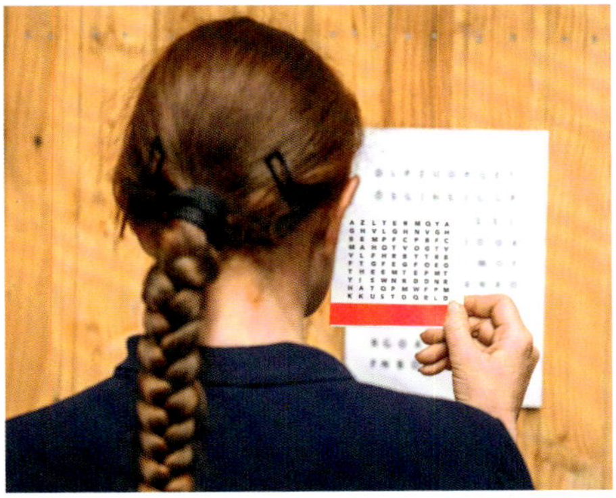

02

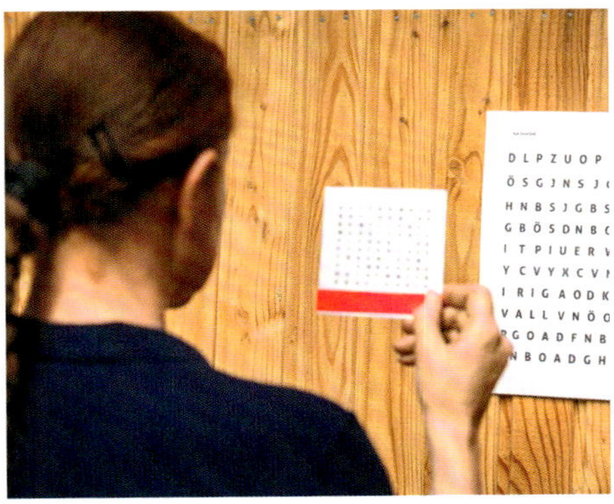

02

004

Charts

Hier findest du die Charts, also die visuellen Ziele zum Download.

HEMMUNG STATT AKTIVIERUNG

Wenn Menschen eine oder mehrere Gehirnerschütterungen gehabt haben, dann kommt es nicht selten zu auffälligen Reaktionen bei den Augendrills. Wenn du auf Licht und laute Geräusche empfindlich reagierst, kann dies auch bei den Augendrills der Fall sein. Es kann passieren, dass du die Drills pauschal schlecht re-testest. Es kann aber auch sein, dass dir schlecht wird, du aggressiv wirst oder andere emotionale Ausbrüche erlebst. Das sind normale Reaktionen auf visuelles Training. Solltest du erleben, dass du diese Tendenzen hast, dann gebe ich dir hier ein paar Ratschläge:

— Starte mit deinen Power-Drills: Mache vor und nach jedem visuellen Drill einen Power-Drill.
— Wenn möglich: Führe gleichzeitig einen deiner Power-Drills oder einen neutralen Drill aus, während du einen visuellen Drill machst.
— Reduziere die Dosis: Fahre die Wiederholungszahl bzw. die Belastungsdauer der visuellen Drills herunter.
— Schalte einen Atemdrill vor, idealerweise „Lufthunger" vor einem visuellen Drill.
— Benutze Hemmungen, die ich dir in der Folge kurz vorstelle, sie erleichtern dem Gehirn die Integration.

LUFTHUNGER-DRILLS

Die Bereiche, die wir hier entlasten und gleichzeitig indirekt trainieren wollen, liegen im Mittelhirn. Mit Lufthunger-Drills aktivieren wir Nachbarbereiche und wir sorgen für mehr Durchblutung in den Bereichen, die das visuelle System unterstützen (in diesem Fall die Superior colliculi – die „Oberen Hügel") und hoffen, dass diese Bereiche dann besser arbeiten. Mehr dazu siehe Seite 146.

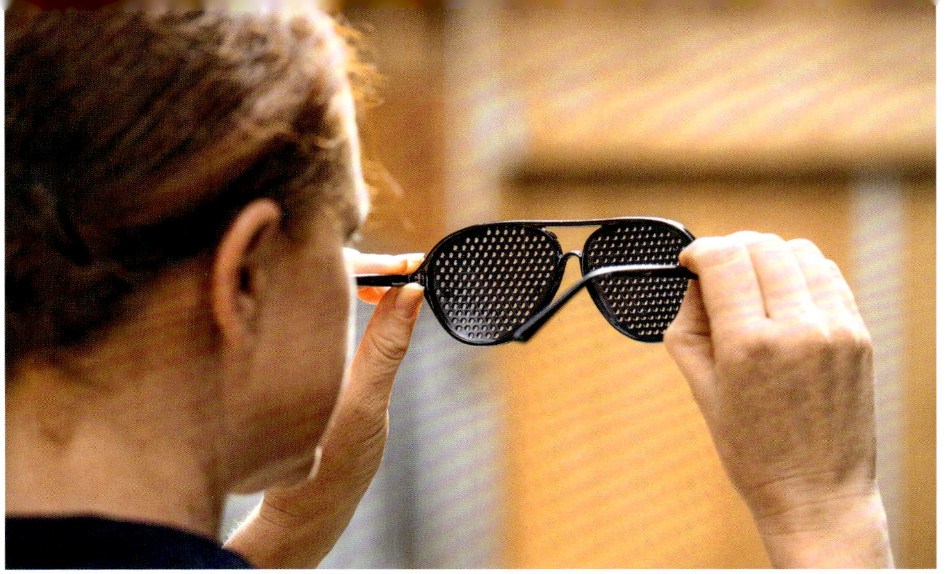

Eine Brille mit Löchern. Sehr einfach. Kostengünstige Lochbrillen sind ausreichend.

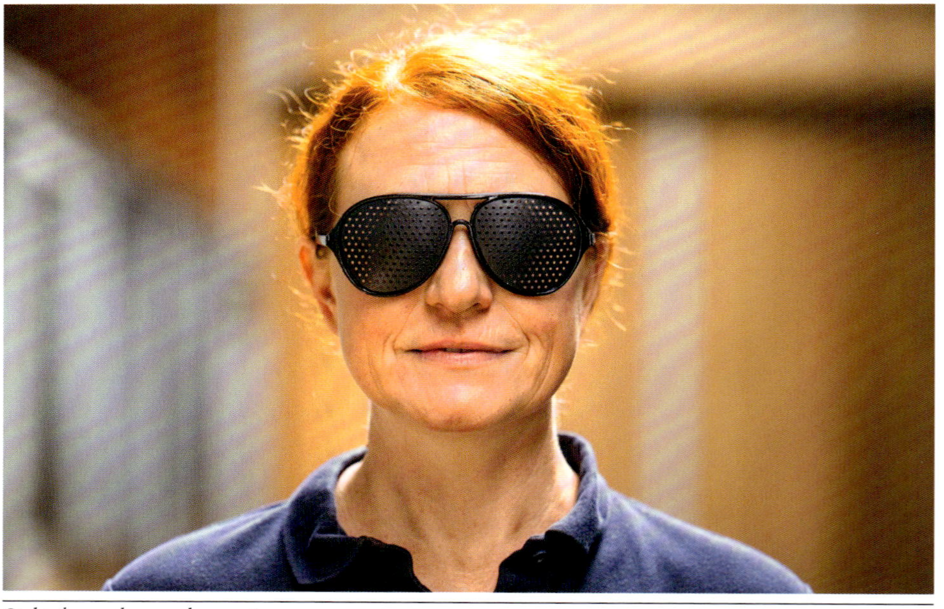

Sieht das cool aus, oder was?

LOCHBRILLE

Eine Lochbrille reduziert die Daten, die dein visuelles System verarbeiten muss. Dadurch geben wir dem visuellen System die Chance, mit der reduzierten Datenmenge besser klarzukommen. Die Lochbrille testest du wie jeden anderen Drill. Es ist ein neuer Reiz für dein Nervensystem. Ich habe Klienten gesehen, die eine Lochbrille aufgesetzt haben und zum ersten Mal nach einem Jahr ihre Schulter wieder schmerzfrei bewegen oder eine schmerzfreie Kniebeuge machen konnten.

— Mache deine Tests. Probiere aus, wie scharf du Objekte in der Nähe sehen kannst. Trage die Brille für eine Minute und bewege dich ein wenig. Schau durch die Gegend. Re-teste, ob sich deine Sehschärfe im Nahbereich verbessert.

— Re-teste danach deine Vision-Drills mit geringer Anzahl, während du die Brille trägst. Wenn die Re-Tests insgesamt positiv ausfallen, dann trage die Lochbrille beim Training. Starte mit zwei Minuten. Du kannst step by step die Tragedauer verlängern. Ich kann damit ganz gut lesen oder auch fernsehen – aber bitte nicht Auto fahren! Lochbrillen sind ein schöner, passiver Stimulus. Man muss sie nur tragen! Und: Du kannst sie auch beim Training der anderen Bereiche tragen, möglicherweise testen dadurch auch andere Drills besser. Check it out.

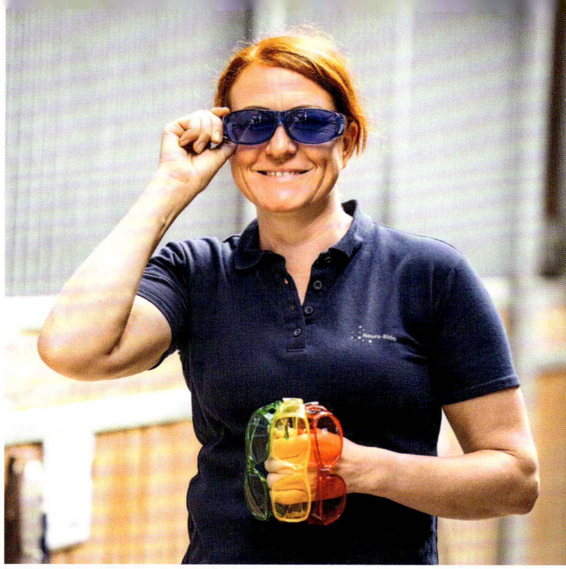

Blau aktiviert das Nervensystem

FARBLICHTBRILLEN

Das Gleiche gilt für Farblichtbrillen. Das mag auch überraschend und seltsam anmuten, aber wir haben Rezeptoren für Rot, Grün und Blau auf der Retina. Es passiert oft, dass eine akzentuierte Stimulation von bestimmten Rezeptoren der Retina zu deutlich besseren Re-Tests führt. Gehe vor wie mit der Lochbrille. Teste Rot, Grün, Blau und Gelb (Ray, Fowler, und Stein 2005). Du kannst alle Tests und Re-Tests dafür nutzen. Produktempfehlungen für Lochbrillen und Farblichtbrillen findest du auf dem Blog der Website www.neuro-rider.com.

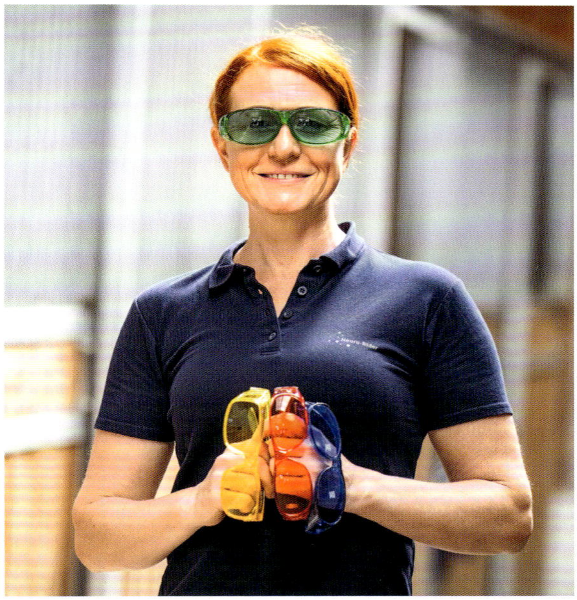

Grün: Bei Kopfschmerz & Migräne

BINASALE/UNINASALE TEIL-OKKLUSION

Ein weiterer cooler Drill bzw. eine tolle Anwendung, die vielen Menschen extrem hilft und sehr einfach und kostengünstig anzuwenden ist, heißt binasale Teil-Okklusion. Die Anwendung der binasalen Teil-Okklusion kann auf verschiedene Weise erfolgen. In den meisten Fällen wird mattes Klebeband verwendet, aber auch Nagellack oder farbige Filter sind effektiv. Das Verfahren besteht darin, Klebebänder auf die Brillengläser rechts und/oder links der Nase aufzukleben. Du kannst mit der Breite des Streifens experimentieren. Nach einem Sturz und einer Gehirnerschütterung (aber auch nach einem Schlaganfall oder einer Gehirntumorerkrankung) kann die Erarbeitung der visuellen Informationen im Gehirn gestört sein. Die Unterbrechung von Nervenfasern im Hirnstamm kann sich negativ auf das Gleichgewichtssystem und die Orientierungssysteme

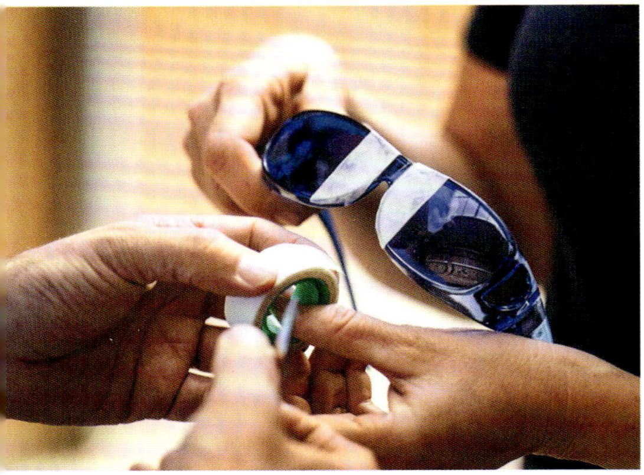

Zwei Stücke Klebeband ca. 1 cm breit aufkleben …

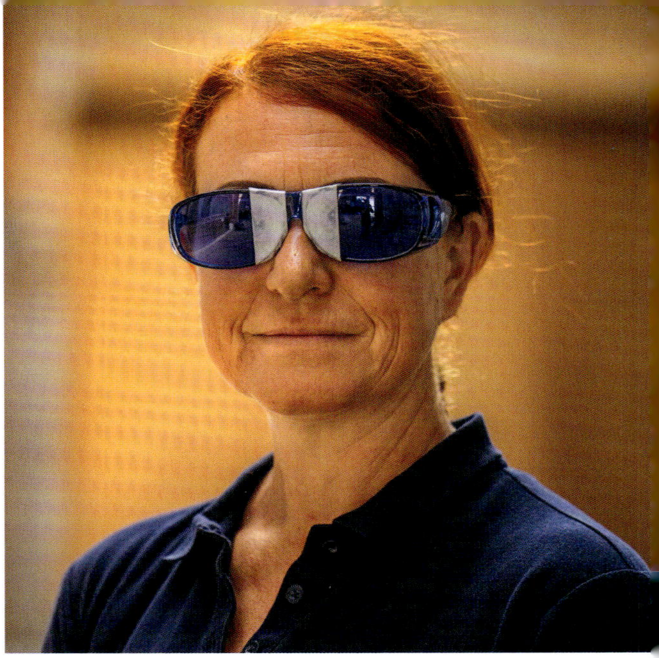

… auch geeignet für normalen Brillen. Einfach ausprobieren.

auswirken. Oft zeigt sich im Alltag, dass Menschen in überfüllten Bereichen wie z. B. im Einkaufszentrum, auf Partys oder auf vollen Reitplätzen überfordert sind.
Der Zweck der Binasal-Okklusion ist es, bei der räumlichen Orientierung zu helfen. Viele meiner Athleten haben von dieser Anwendnung profitiert. Eine häufige Reaktion ist, dass sich die Person beim Gehen, Laufen, Turnen oder Reiten stabiler und sicherer fühlt. Die Binasal-Okklusion hilft dem Patienten, sein ihn umgebendes (peripheres) System in größerem Umfang zu nutzen. Du kannst natürlich auch deine normale Brille abkleben. Wenn du kein Brillenträger bist, kaufe dir eine billige Brille ohne Sehstärke. Trage die Okklusion ruhig mehrere Stunden am Tag, auf jeden Fall beim Reiten und beim Training. Ich habe gute Erfahrungen damit gemacht, Athleten bei akuten Gehirnerschütterungen mit binalsaler Okklusion zu testen. Es ist ein toller zusätzlicher Reiz, der nicht viel Einsatz erfordert und für die richtige Person einen riesigen Unterschied ausmachen kann. Teste und re-teste – und setze es gerne sofort auf dem Pferd ein.

OHRSTÖPSEL

Was haben Ohrstöpsel mit dem Sehen zu tun? Nun ja, Menschen, die auf visuelle oder/und auf akustische Reize sehr empfindlich reagieren, haben im Mittelhirn im Bereich der oberen und unteren Hügel Gewebe, das seinen Job nicht richtig macht, sozusagen etwas ungesund ist. Wie bei einer Muskelzerrung. In den oberen Hügeln findet eine erste unbewusste Verarbeitung von visuellen Informationen statt, in den direkt darunterliegenden unteren Hügeln eine erste, schnelle Verarbeitung von akustischen Informationen. Diese Zentren ermöglichen uns eine schnelle, reflexartige Orientierung im Gefahrenfall, sie sind also ein wichtiger Bestandteil unseres Gefahrenabwehrsystems. Sie steuern reflexartig Nackenbewegungen und orientieren unsere Augen hin zur potenziellen Gefahr. Diese Bereiche können überlastet sein. Es kann helfen, die darauf einprasselnden Stimuli zu reduzieren bzw. zu modifizieren. Und das können wir sehr einfach mit Lochbrille, Farbbrille oder eben mit einfachen Ohrstöpseln tun.

- Test durchführen
- Ohrstöpsel in das eine, das andere oder beide Ohren stecken, etwas bewegen
- Einzeln re-testen und entsprechend beim Training einsetzen. Trage die Ergebnisse in die Tabelle ein.

Es ist gut möglich, dass du mit Ohrstöpseln und Lochbrille deinen Trainingsumfang im visuellen Bereich langsam erhöhen kannst. Das wäre das Ziel. Betrachte es wie eine Bandage bei einer Knieverletzung – nur dass diese Bandage in diesem Fall ein Ohrstöpsel ist und nicht das Knie entlastet, sondern das Mittelhirn. Stelle dir diese Drills also wie ein Muskeltraining vor, das das Knie unterstützt und die Heilung erleichtert.

ANGST

Loch- oder Farbbrille und Ohrstöpsel gepaart mit Atemdrills (physiologischer Atemrhythmus von zehn Sekunden pro Atemzug) und in Kombination mit Augenübungen, speziell bei entweder sehr schneller Blickverfolgung/Blicksprüngen oder Schiel-o-Mat und Nah-Fern-Sprüngen (Konvergenz/Divergenz-Drills) sind gute Übungen für Menschen, die Probleme mit Angst oder Panikattacken haben. Sie reduzieren Stress über den Vagusnerv (Bowan 2008). Und: Die Augen steuern unsere Bewegung, also bereiten wir uns mit Augenbewegungen auf das vor, was wir tun müssten, um einer realen Bedrohungssituation zu überleben, nämlich aufs Kämpfen oder Fliehen. Schnelle Augenbewegungen wie suchende Blicksprünge sind ein Signal des Gehirns zum Handeln: Nach einem Fluchtweg Ausschau halten, nach einer Waffe suchen, um sich und seine Familie zu schützen. Mit dieser Art von Übungen zapfst du tiefere, subkortikale Mechanismen an, die unterhalb des bewussten Denkens liegen. Wenn du Probleme mit unangemessenen Angstzuständen hast, kann es gut sein, das du mit diesen Übungen deine Angst reduzieren kannst. Auch in Akutsituationen helfen diese Drills. Du solltest sie aber vorher geübt haben, damit du sie bei Bedarf auch richtig ausführen kannst.

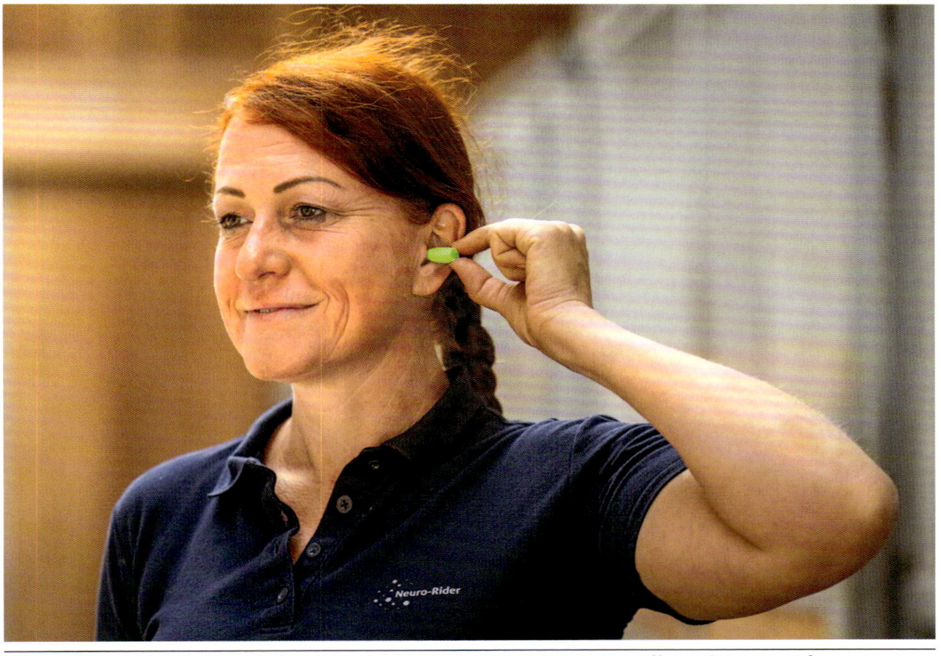

Fast in jedem Haushalt zu finden: Ohrstöpsel. Damit können wir Mittelhirnaktivierung hemmen.

ÜBUNGEN FÜRS VESTIBULÄRE SYSTEM — *gut im Gleichgewicht!*

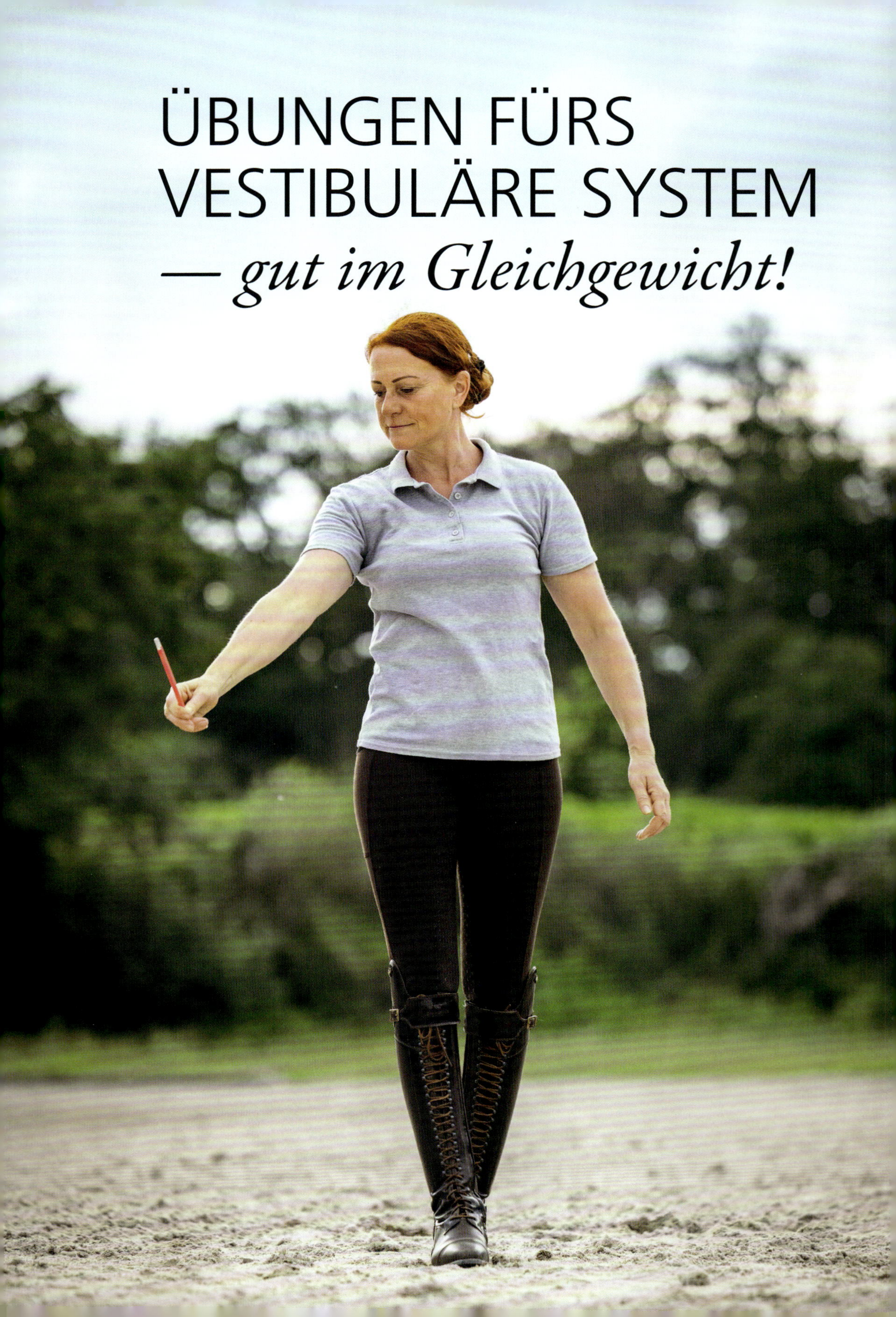

BALANCE UND GLEICH-GEWICHT

Eine kleine Geschichte, die ich gerne erzähle, ist die einer Kundin, 60 Jahre alt, die sich am Telefon mit den Worten „Sie sind meine letzte Hoffnung!" verabschiedete. Beim ersten Treffen berichtete sie mir von Schmerzen am ganzen Körper.

EIN FALLBEISPIEL

Bewegung war zehn Jahre lang viel zu kurz gekommen, die Schmerzen ließen sie verzweifeln. Druck im Job, dauernde Anspannung, Schlaflosigkeit – all das mache ihr Leben zur Hölle. Niemand hatte ihr bisher helfen können. Kein Arzt, keine Physiotherapie, kein Kieser-Training, ihre vestibulären Tests fielen allesamt katastrophal aus. Ihre propriozeptiven Fähigkeiten waren sehr begrenzt, präzise Bewegungen waren nicht gut machbar, vor allem keine Bewegungen der Halswirbelsäule.

Ich wusste, es besteht nur dann eine Chance auf Veränderung, wenn das Training mit sichtbarem Erfolg beginnt und die Hausaufgaben einfach bleiben. Sie brauchte vestibuläre Aktivierung, das war offensichtlich, aber sie war schlicht nicht in der Lage dazu, die Drills in der nötigen Präzision und Geschwindigkeit korrekt auszuführen. Ich entschloss mich, statt präziser und genauer Bewegung eher unspezifische Drills zu testen, und diese dann in höherem Umfang zu verschreiben, wenn möglich.

Ich leitete die Übung Sanduhr an und wir testeten sechs Wiederholungen – mit deutlich besseren Re-Tests. Ich verbrachte eine halbe Stunde damit, ihr die Sanduhr exakt und genau beizubringen. Ihre Hausaufgabe: Starte mit sechs Wiederholungen am Morgen, versuche am Rastplatz in jeder Autopause sechs Wiederholungen: mittags sechs, Nachmittags sechs, am Abend sechs. Steigerung nach einer Woche auf sieben Wiederholungen. Dann auf acht, dann auf zehn.

Wir redeten noch über ihre Ernährung. Sie sagte, es sei kein Problem für sie, täglich einen Liter Orangensaft zu trinken. Ebenso mochte sie gern gebratene Leber, hatte aber lange Zeit keine mehr gegessen. Ich schickte sie also mit den Sanduhr-Drills, 1-Liter-Orangensaft pro Tag und einer Leber-Mahlzeit pro Woche nach Hause.

Wegen der langen Anreise von zweieinhalb Stunden sah ich sie erst nach sechs Wochen wieder. Ich traf eine völlig veränderte Frau an. Die Schmerzen waren runter von 8 auf 1. Sie hatte nach drei Wochen Training zum ersten Mal wieder eine ganze Nacht lang durchgeschlafen und am Wochenende einen Mittagsschlaf gemacht – das war bisher unmöglich gewesen. Sie berichtete, dass sie nach zwei Tagen Training eine Pause habe machen müssen, weil sie Muskelkater hatte, aber sie habe am vierten Tag weitertrainiert. Sie habe sechs Wiederholungen Schritt für Schritt getestet und sich bis auf 40 gesteigert. „Ich habe fünf Kilo abgenommen", lachte sie mich an. Sie würde jetzt gerne lernen, Tennis zu spielen. Ob ich das für möglich

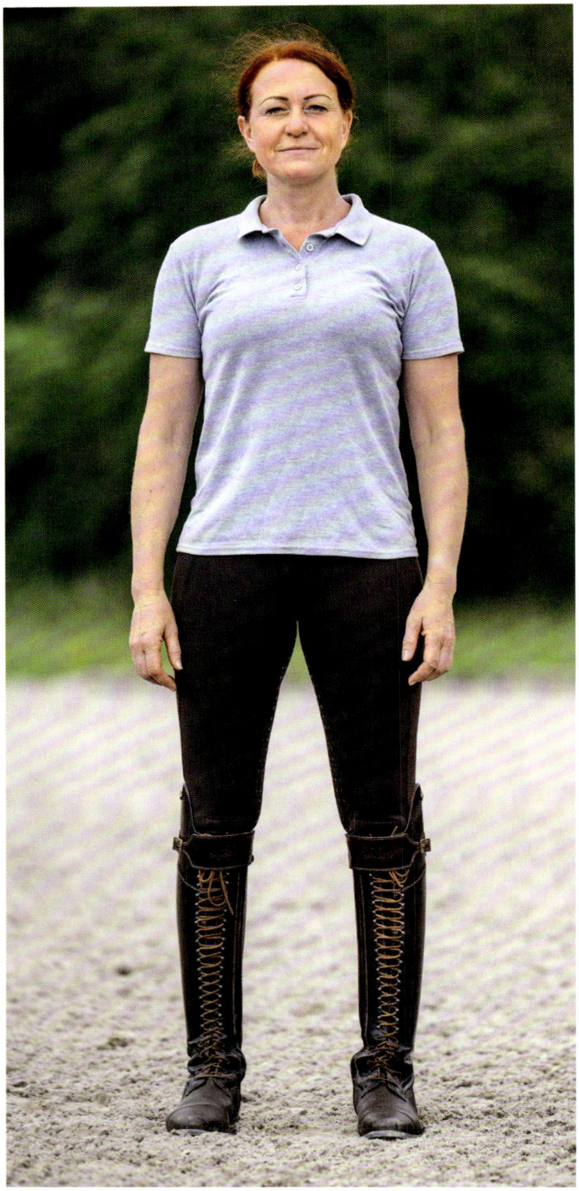

01

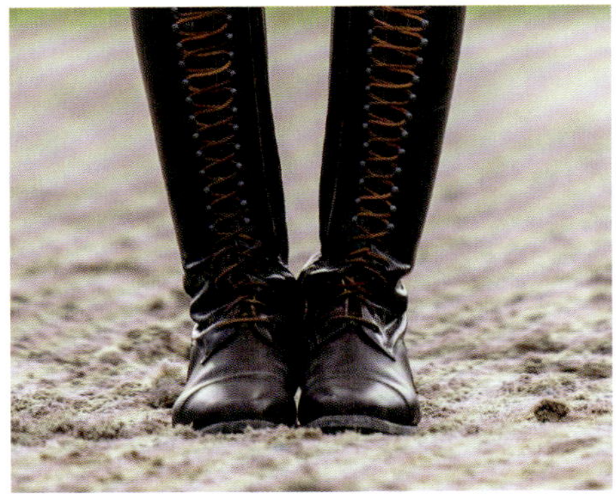

02

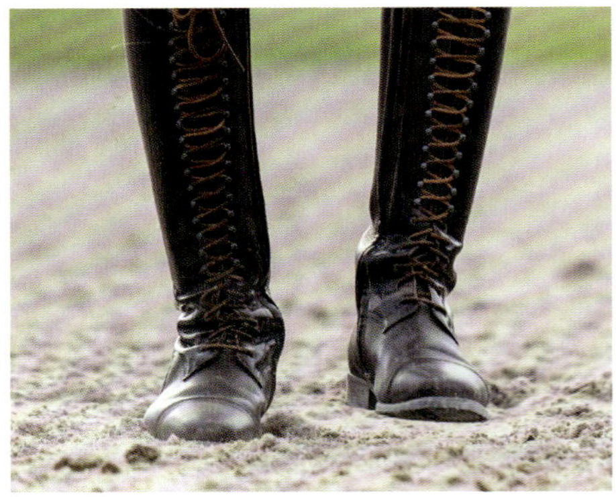

03

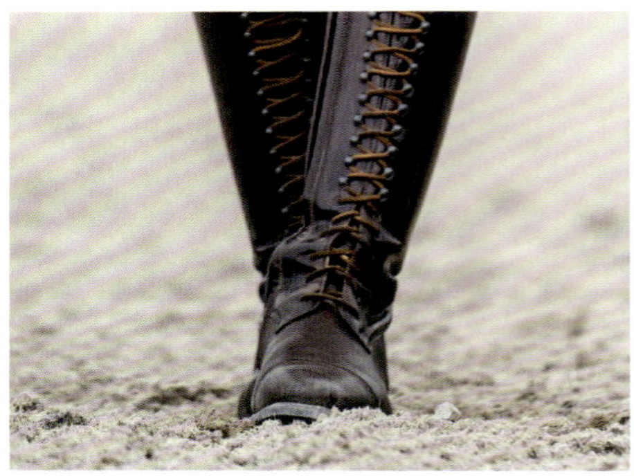

04

01 Einfachste Standposition: schulterbreit

02 Füße eng zusammen oder „Romberg-Stand"

03 Versetzt nebeneinander: „Semi-Tandem"

04 Füße auf einer Linie: „Tandem-Stand"

STANDPOSITIONEN

— Füße schulterbereit nebeneinander
— Füße nah nebeneinander
— Füße versetzt nebeneinander
— Füße auf einer Linie hintereinander
— Einbeiniger Stand

halten würde? Mir standen fast Tränen in den Augen. Wie konnten solche Veränderungen so einfach erreicht werden? Man muss sich klarmachen, dass uns das Gleichgewichtssystem orientiert. Es ist wichtig! Es beeinflusst Kognition, Beweglichkeit, Stress, Schlaf, sogar Depressionen – also unser gesamtes Leben (Gurvich u. a. 2013; Smith und Zheng 2013; Sailesh, Archana, und Mukkadan 2016). Orangensaft wirkt gegen Entzündungen im Darm, der Zucker darin ist ein Gegenspieler des Stresshormons Kortisol. Leber ist wahrscheinlich das nährstoffreichste Lebensmittel der Erde. Viele kleine Dinge können in Summe Großes bewirken.

STARTE EINFACH – STEIGERE SPÄTER!

Manche Menschen brauchen eine Schwierigkeitsreduzierung und starten im Sitzen, was völlig in Ordnung ist. Die meisten werden jedoch zum Lernen der Drills im neutralen Stand in Schulterbreite beginnen. Über die Standposition kannst du die Schwierigkeit der Aufgabe erhöhen. Das ist also eine Möglichkeit, die Dosis zu modifizieren. Erinnere dich – die Dosis muss stimmen! Im weiteren Verlauf deines Trainings wirst du höhere Dosen vertragen und sogar benötigen, du solltest also Schritt für Schritt die

Tests und Drills Gleichgewichtssystem	auf Seite	**Neutral**	**Reha**	**Power**
Sanduhr	132			
Riesenrad mit Blickstabilisierung	134			
Vestibulär-okularer Reflex in 8 Richtungen	134			
nach links oben				
nach links				
nach links unten				
nach rechts oben				
nach rechts				
nach rechts unten				
nach oben				
nach unten				
Nein-Kopfbewegungen im Gehen	137			
Ja-Kopfbewegungen im Gehen	137			
Fersenpreller mit Blickstabilisierung	138			
Kopf in neutraler Position				
Kopf nach rechts gekippt				
Kopf nach links gekippt				
Achterlaufen mit Blickstabilisierung	138			

Schwierigkeit erhöhen, um dich weiterhin verbessern zu können. Trainere an deinem Limit – es soll schwer sein, die Balance zu halten. Scheitern ist erlaubt! Vom schulterbreiten zum schmalen Stand, dann zum versetzten Stand, zum Linienstand und bis zum einbeinigen Stand. Einbeinig sind die Drills echt sehr schwierig. Aber wenn du dort angekommen bist, dann haut dich garantiert so leicht nichts mehr vom Pferd.

SANDUHR

Fokuspunkt: Stimulation für das Gleichgewichtssystem

Dieser Drill könnte auch gut in die Kategorie Bewegungsdrill passen. Ich habe ihn hier aufgenommen, weil er auch eine sehr gute allgemeine Stimulation für das Gleichgewichtssystem darstellt. Nach ein paar Wochen Training solltest du so viele Sanduhr-Umdrehungen schaffen, wie du alt bist. Wenn du täglich Sanduhr-Drills entsprechend deines Alters machst, dann wird es dir sehr lange sehr gut gehen! Und ja – jedes Jahr wird es eine mehr. Der Aufwand wird leider im Alter nicht kleiner. Okay! Los geht's: Jeder kennt das klassische Hüftkreisen. Das ist hier nicht gemeint! Während beim Hüftkreisen der Kopf völlig ruhig bleibt und demzufolge das Vestibulärsystem über die Bogengänge, Sakkulus und Utrikulus keinerlei Aktivierung erfährt, schlägst du mit diesem Drill zwei Fliegen mit einer Klappe: massiv viel Input aus der Wirbelsäulenmuskulatur, massiv viel Input aus dem Innenohr.

- Test durchführen
- Neutraler Stand (Bild 01). Schiebe das Becken nach rechts, während du die Wirbelsäule nach links kippst. Ab jetzt bewegen sich Becken und obere Wirbelsäule immer in die entgegengesetzten Richtungen.
- Kopf wandert nach vorne – Becken wandert synchron nach hinten (Bilder 03 und 04).
- Kopf wandert von vorne nach rechts, das Becken wandert von hinten nach links (Bild 05).
- Kopf wandert nach hinten, Wirbelsäule überstreckt sich, Becken schiebt sich nach vorne (Bilder 06 und 07).
- Bildliche Vorstellung: Male Kreise mit dem Kopf an die Decke und Kreise mit der Hüfte darunter: Der Kopf hat aber immer einen Halbkreis Vorsprung (oder er liegt immer einen Halbkreis zurück – wie man es sieht).
- Wähle zu Beginn ein langsames Tempo. Achte darauf, dass sich die Becken-Kopf-Positionen im Verhältnis immer gleich bewegen und einander gegenüberstehen.
- Achte darauf, dass sich die Brust- und Halswirbelsäule wirklich überstreckt und du den Kopf nicht in einer neutralen Position hältst. Der Kopf muss in jede Richtung stark gekippt werden – sonst fehlt die Aktivierung im Innenohr.
- Beginne mit drei Umdrehungen in jede Richtung. Habe ich schon gesagt, dass du sehr langsam in Zeitlupe starten sollst? Und: Atme. Das hilft! Gerne im Rhythmus der Bewegung!
- Re-Test – warte aber ab, bis sich ein etwaiger Schwindel gelegt hat. Trage die jeweiligen Ergebnisse in der Tabelle ein.

TRAININGSTIPPS SANDUHR

- Zu Beginn ist es einfacher, wenn du während der Bewegung einen Punkt etwas über Augenhöhe vor dir fixierst. Später kann dein Blick ruhig an die Decke wandern.
- Schwindel? Hast du eine der Zungenpositionen positiv getestet (siehe Seite 70)? Probiere aus, ob diese Zungenposition, die du während der Ausführung beibehältst, dein Schwindelgefühl verringert.
- Wenn du schlecht re-testest, beginne mit den anderen vestibulären Drills und versuche dich nach 3 – 4 Wochen Training wieder an dieser Übung.

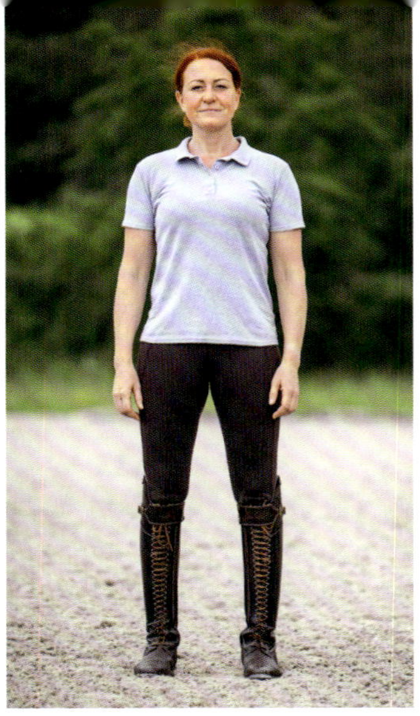

01

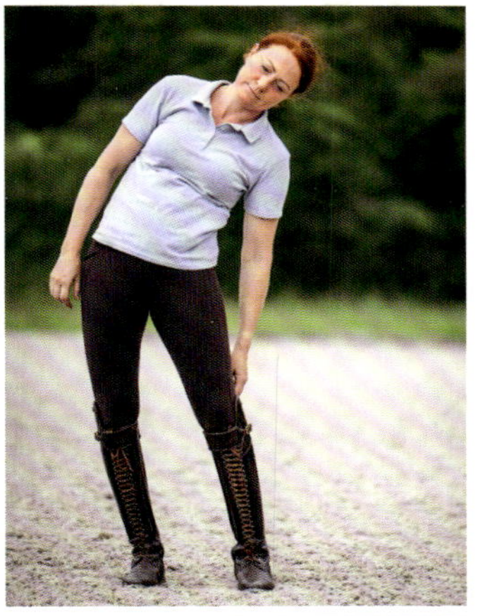

02

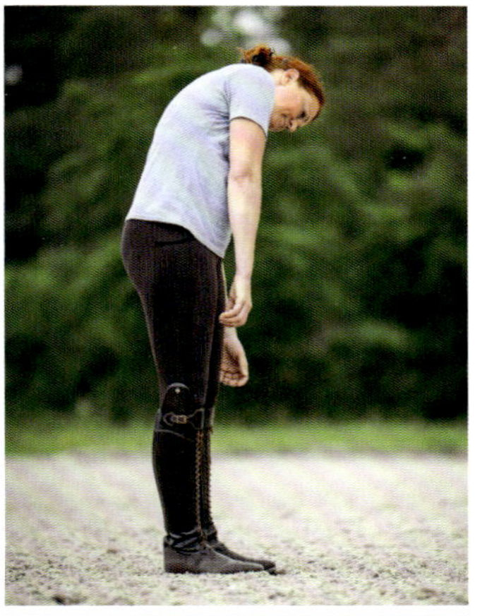

03

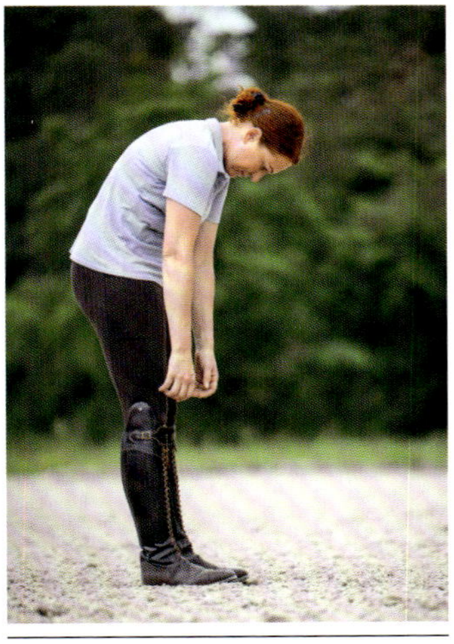

04

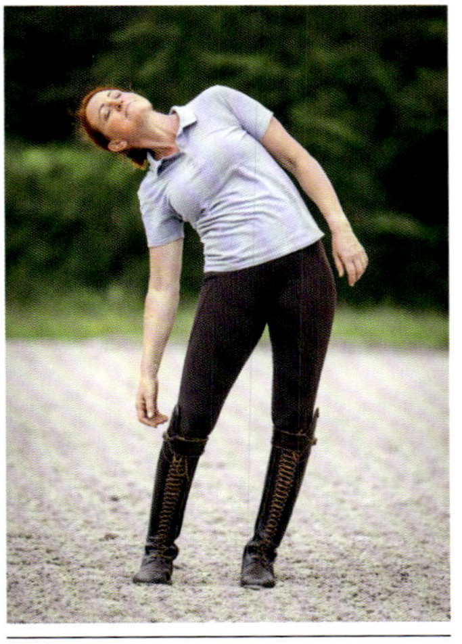

05

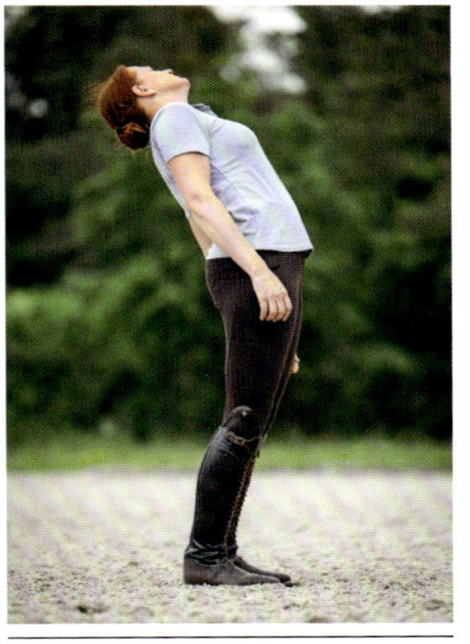

06

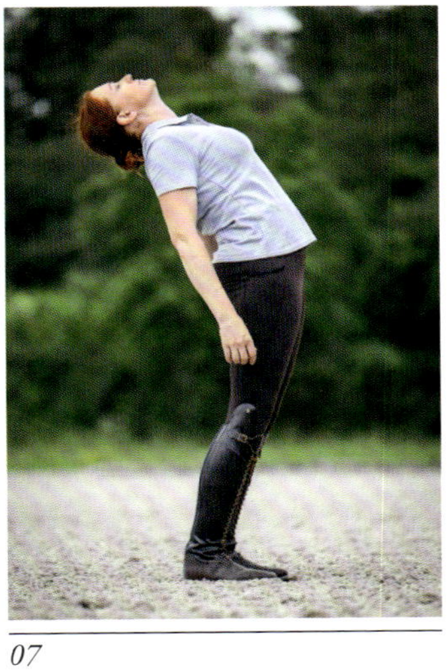

07

01 – 03 Starte im schulterbreiten Stand, Kopf/Schultern vor und Becken nach hinten, Becken nach rechts, Kopf nach links.

04 – 06 Kopf und Schultern kreisen, das Becken kreist. Beide Körperteile befinden sich immer genau an gegenüberliegenden Punkten der Kreise.

07 Die Arme hängen locker herab. Absolviere diese Übung sehr achtsam, zuerst in Zeitlupentempo (siehe Seite 44).

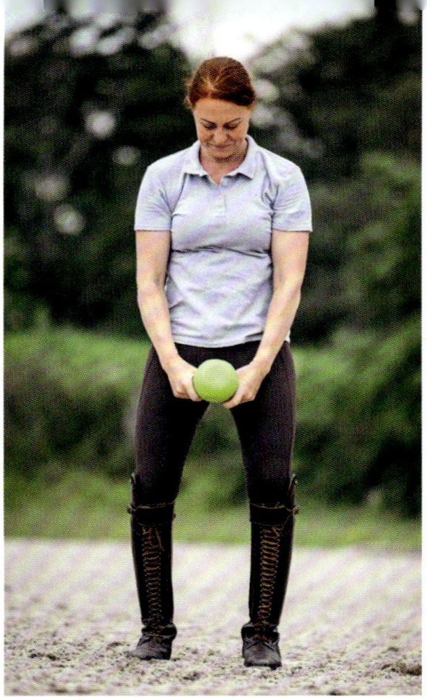

Riesenrad: Starte schulterbreit

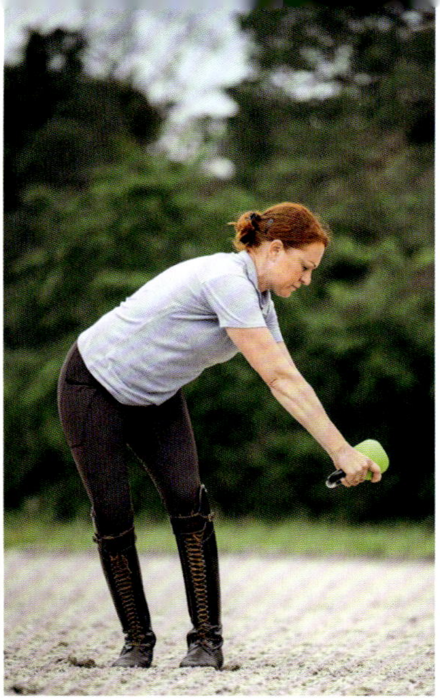

Der Blick klebt auf der Kugel.

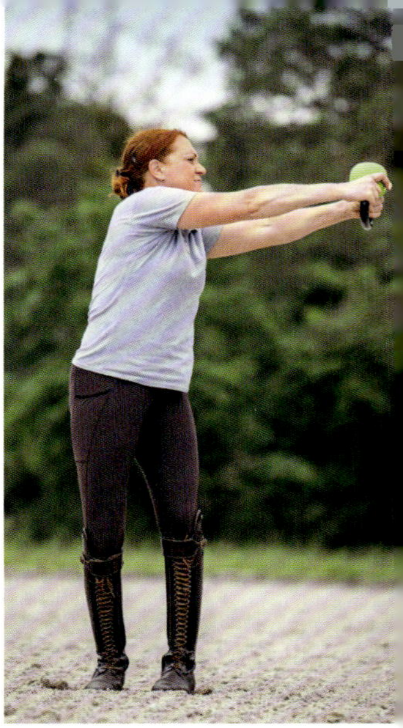

Erzeuge einen maximal großen Kreis.

RIESENRAD MIT BLICK-STABILISIERUNG

Ein Drill zur Stimulation für das Gleichgewichtssystems und zur Kräftigung der Rumpfmuskulatur. Du brauchst eine gefüllte 1,5 Literflasche Wasser, eine kleine leichte Kugelhantel oder irgendetwas anderes, das du mit beiden Händen greifen und kreisen lassen kannst. In den Fotos ist eine 6-Kilo-Kugelhantel im Einsatz.

Fokuspunkt: Maximal großer Kreis, Blick bleibt stets fixiert auf das Ziel!

— Test durchführen

— Neutraler Stand (Seite 72). Du beginnst aufrecht stehend und fixierst mit deinem Blick die Hantel. Beginne nun, mit gestreckten Armen mit dem Gewicht in den Händen einen maximal großen Kreis vor dir in die Luft zu malen. Deine Augen fixieren das Gewicht, während du die Kreise ausführst. Bringe das Gewicht mit gestreckten Armen über deinen Kopf, soweit nach links wie möglich, dann bis zum Boden, dann wieder rauf nach rechts, dann wieder über deinen Kopf – immer mit Blick und Fokus auf einen Punkt des Gewichts. Starte mit drei bis fünf Umdrehungen in jede Richtung.

— Re-Test. Warte aber kurz ab, bis sich etwaiger Schwindel gelegt hat. Trage die jeweiligen Ergebnisse in der Tabelle ein.

VESTIBULÄR-OKULARER REFLEX IN 8 RICHTUNGEN

Fokuspunkt: Blitzschnelle Kopfrotationen mit Blickfixierung in der schwierigsten Standposition.

Warum benötige ich hier so viele verschiedene Testrichtungen, wirst du dich fragen? Ganz einfach: Jede Kopfbewegung aktiviert präzise einen Bogengang im Innenohr und hemmt den gegenüberliegenden Partner im Bogengang. Es kann sein, dass nur einer von deinen insgesamt sechs Bogengängen eine Aktivierung braucht – so kannst du dies austesten und dir möglicherweise viele allgemeine Aktivierungen sparen.

— Test durchführen

— Neutraler Stand (Seite 72). Fixiere ein visuelles Ziel ca. eine Armlänge vor deinen Augen.

— Mache eine blitzschnelle halbe Kopfrotation nach rechts – deine Augen bleiben dabei am Ziel kleben!

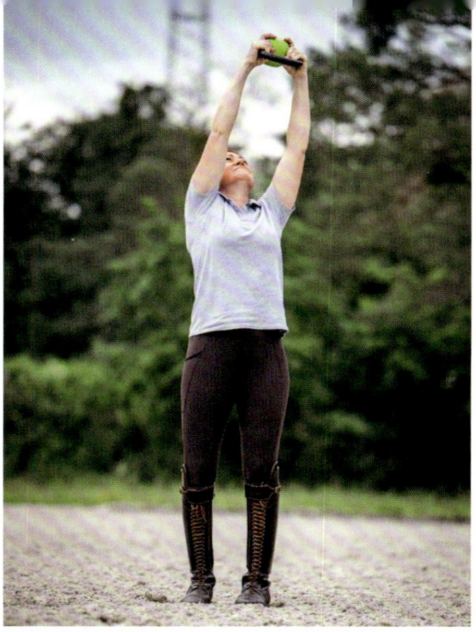

Du darfst dich gerne überstrecken.

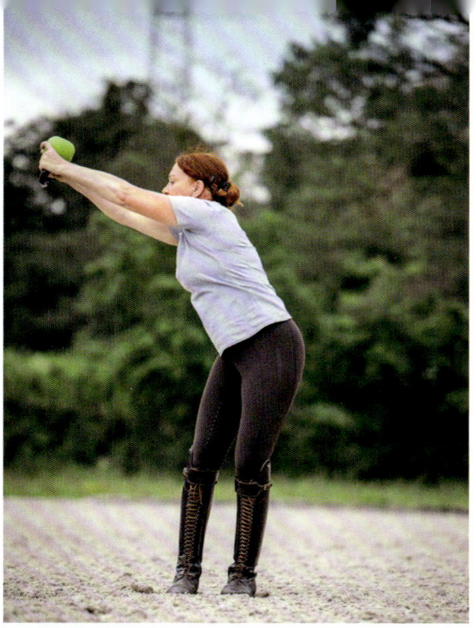

Nun abwärts, das Ziel bleibt fokussiert.

— Am Ende des halben Neins stoppst du die Bewegung – fixierst immer noch das Ziel an – schließt dann die Augen. Zähle von einundzwanzig bis vierundzwanzig, während du deinen Kopf sehr langsam mit geschlossenen Augen wieder bis zur Mitte zurückbringst – sehr langsam, weil du sonst den horizontalen Partnerkanal auf der Gegenseite aktivieren würdest, aber wir wollen ein isoliertes Ergebniss für den rechten horizontalen Kanal ermitteln.

— Öffne die Augen wieder, fixiere sofort dein Ziel und beginne von vorne.

— Absolviere ca. fünf Wiederholungen wie beschrieben.

— Re-Test. Und weiter geht's zum nächsten Kanal. Trage die jeweiligen Ergebnisse in der Tabelle ein.

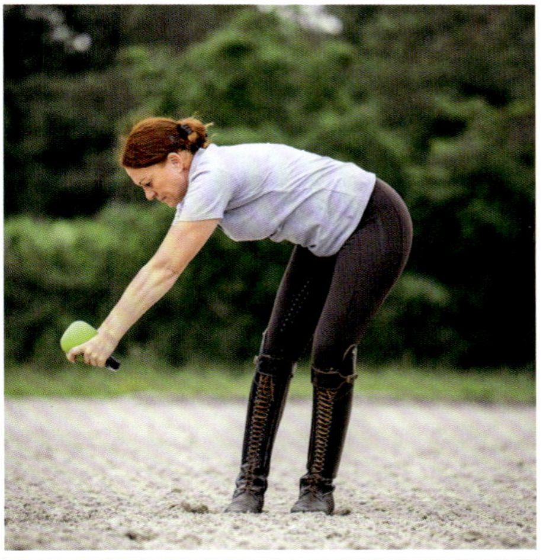

Zurück zum Startpunkt und weiter.

TRAININGSTIPPS

— Wenn unser Gleichgewichtssystem seinen Job nicht gut macht, dann schaffen wir es nicht, unsere Augen konstant auf dem Ziel zu halten und es scharf zu sehen. Du merkst das daran, dass dein Ziel während des Drills verschwimmt, unscharf wird oder deine Augen sich zunächst mit dem Kopf weg vom Ziel bewegen.

— Reduziere dann zunächst das Tempo der Kopfbewegung und übe weiter. Gelingt es dir häufiger nicht, deine Augen stabil auf einem Ziel zu halten, dann kommt jetzt deine Zunge ins Spiel: Probiere das Halbe Nein (Seite 78) mit dem Zungenverstärker: Teste auch den Zungendruck in die Wange rechts oder links (Seite 70).

— Wenn das hilft, mach mehr davon, wenn nicht, probiere hochfrequente Vibration über einen Knochenschall-Kopfhörer. Mehr Informationen dazu findest du im Blog auf www.neuro-rider.com.

DIE ACHT KOPFBEWEGUNGSRICHTUNGEN FÜR VOR

Ich beschreibe dir jetzt in Kürze die anderen Kopfbewegungen.

01 nach links oben	schnelle Kopfbewegung mit der Nase nach links oben – halbe Extension und Rotation
02 nach links	schnelle Kopfbewegung mit der Nase nach links – halbe Rotation
03 nach links unten	schnelle Kopfbewegung mit der Nase nach links unten – Flexion und Rotation – als ob du dein rechtes Ohr zum Boden richten wolltest
04 nach rechts oben	schnelle Kopfbewegung mit der Nase nach rechts oben – halbe Extension und Rotation
05 nach rechts	siehe Drillbeschreibung
06 nach rechts unten	schnelle Kopfbewegung mit der Nase nach rechts unten – Flexion und Rotation – als ob du dein linkes Ohr zum Boden richten wolltest
07 nach oben	schnelle Kopfbewegung mit der Nase nach oben – Extension – als ob du einen Kinnhaken bekommen würdest
08 nach unten	schnelle Kopfbewegung mit der Nase nach unten – Flexion – als ob du wie ein Stier deine Hörner in Angriffsposition bringen würdest

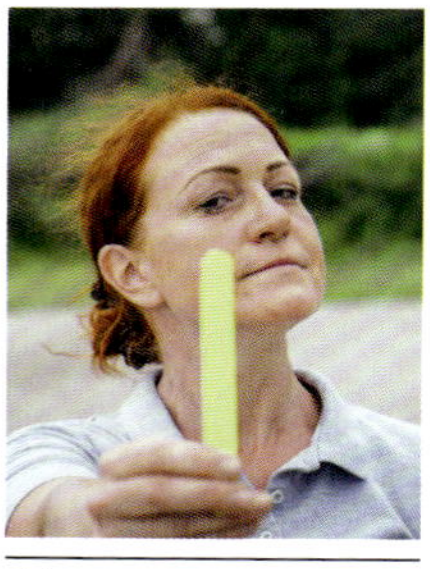

01

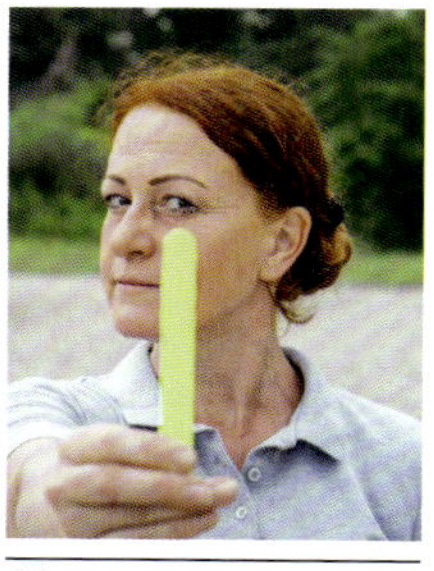

02

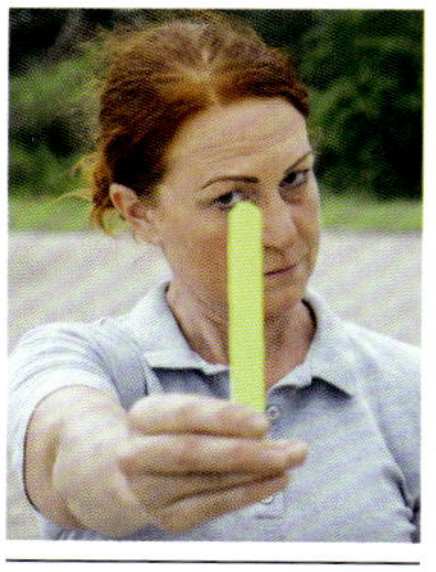

03

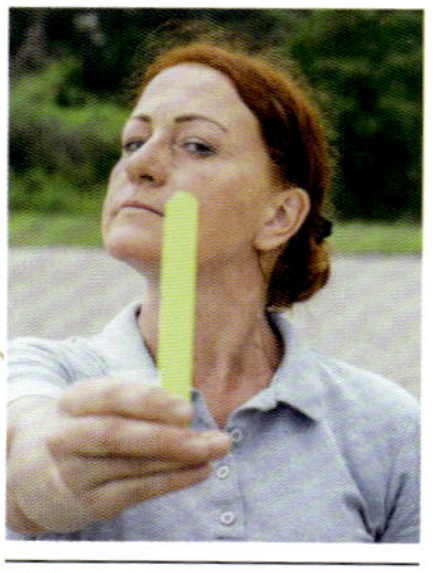

04

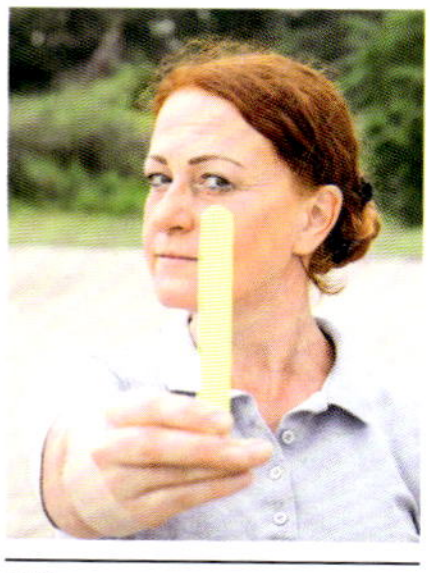

05

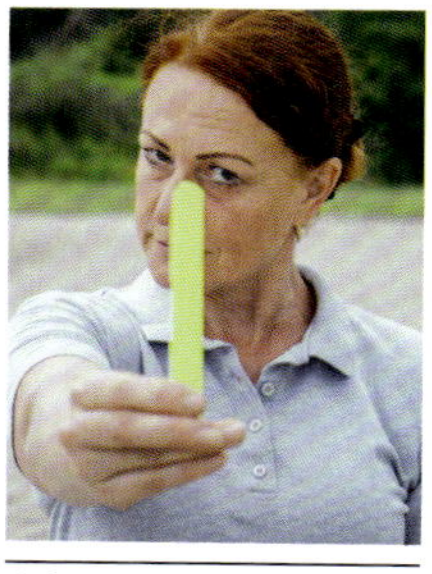

06

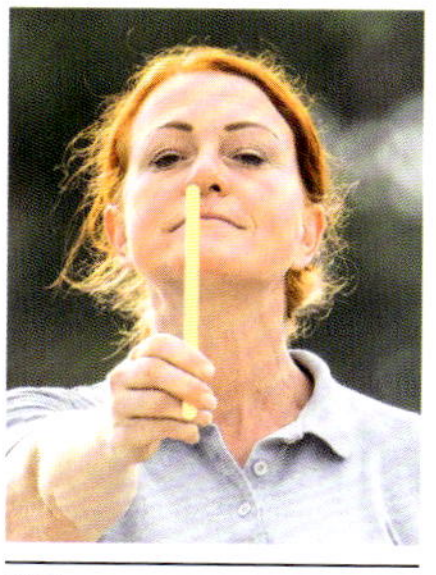

07

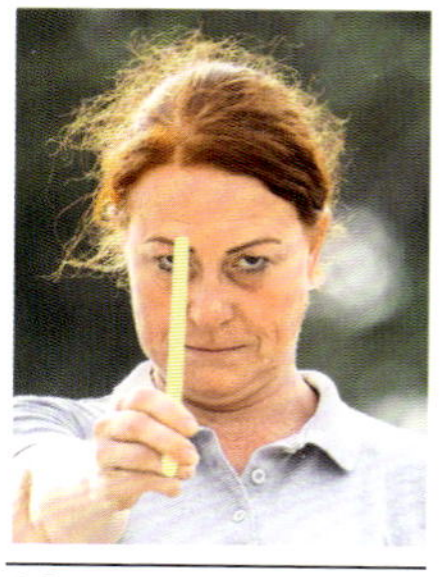

08

005

Vestibulär-okularer Reflex
Im Video kannst du die Kopfbewegungen in 8 Richtungen nachvollziehen.

006

Nein- und Ja-Kopfbewegungen
Im Video siehst du, wie die Kopfbewegungen im Vorwärts- und Rückwärtsgang funktionieren.

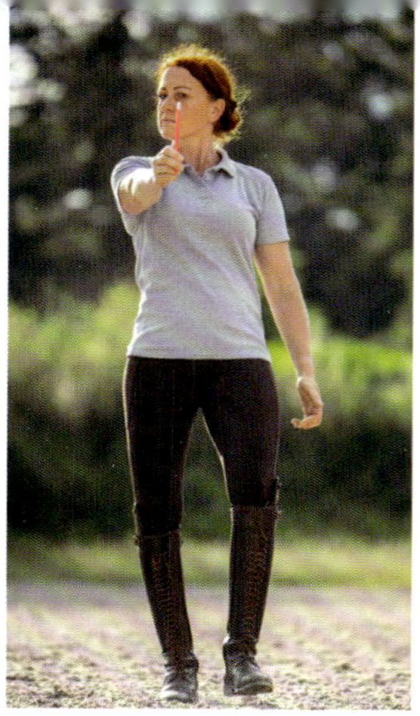

01

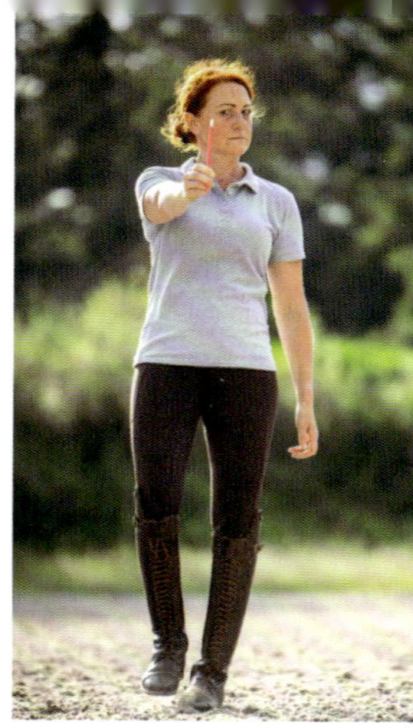

02

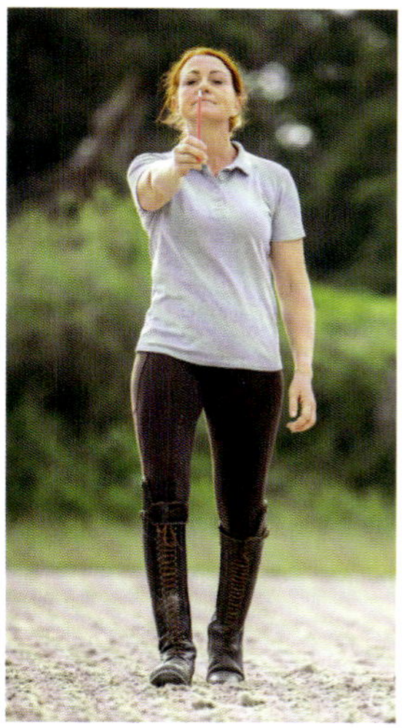

03

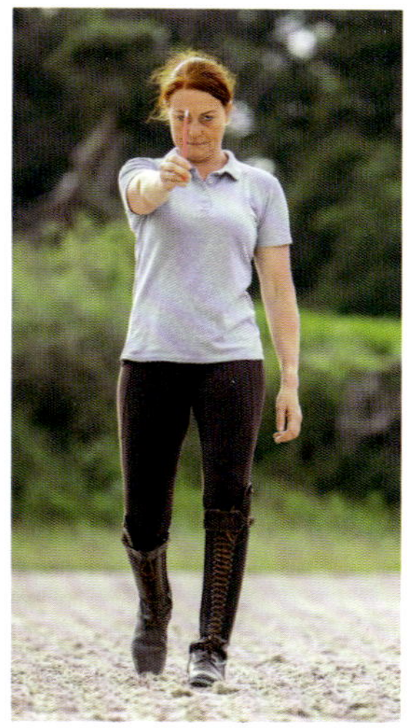

04

01 – 02 Gehen mit Richtungswechsel und Nein-Nein-Kopfbewegung. Variante: seitlich gehen.

03 – 04 Gehen mit Richtungswechsel und Ja-Ja-Kopfbewegung. Variante: seitlich gehen

NEIN- UND JA-KOPF-BEWEGUNGEN MIT BLICKSTABILISIERUNG

Fokuspunkt: Kopfbewegungen beim Gehen vorwärts und rückwärts im Wechsel. Hört sich easy an. Probiere es aus – aber ohne zu torkeln!

— Test durchführen
— Halte dein visuelles Ziel in Augenhöhe vor dich und fixiere es. Beginne zu gehen, bewege dazu gerne im Rhythmus deiner Schritte den Kopf wie bei einer Rotation beim übertriebenen Nein-Sagen von rechts nach links entsprechend der gesamten horizontalen Linie. Die Bewegungsweite des Kopfes sollte so groß sein wie die Rotation beim Drill Halbes Nein (Seite 78). Gehe zehn Meter vorwärts und dann mit sofortigem Richtungswechsel zehn Meter wieder zurück. Hin und her. Eine Minute lang.

FILME DICH SELBST

Lasse dich beim Drill filmen: Ist die Kopfrotation sauber wie im Übungsteil auf Seite 78 gelernt? Wird dein Schritt breiter? Hältst du die Linie schnurgerade oder beginnst du zu taumeln?

- Re-Test. Wiederhole die Prozedur mit Ja-Kopfbewegungen, entsprechend der gesamten vertikalen Linie auf dem A-Chart. Trage die jeweiligen Ergebnisse in der Tabelle ein.

FERSENPRELLER MIT BLICKSTABILISIERUNG

Fokuspunkt: Aktivierung für den Sakkulus beidseitig

- Test durchführen
- Neutraler Stand (Seite 72), diesmal mit gestreckten Kniegelenken.
- Fokussiere ein fixiertes Ziel an einer Wand: Box, Bücherregal, den Sattel oder Ähnliches auf Augenhöhe. Stelle dich auf die Zehenspitzen und lasse dich ruckartig wieder auf die Fersen plumpsen – ohne mit den Kniegelenken nachzufedern. Versuche, eine schnelle Frequenz von aufeinanderfolgenden Prellern zu erzielen. 30 Sekunden lang.
- Re-Test. Trage die jeweiligen Ergebnisse in der Tabelle ein.
- Die gleiche Prozedur absolvierst du bitte sowohl mit dem Kopf seitlich nach rechts gekippt als auch mit dem Kopf seitlich nach links gekippt. Achte darauf, dass du die gekippten Positionen während der Preller beibehältst.
- Re-Test. Trage die jeweiligen Ergebnisse in der Tabelle ein.

ACHTERLAUFEN MIT BLICKSTABILISIERUNG

Fokuspunkt: Immer vorwärts gehen! Eine wunderbare integrative Übung für mehrere deiner Systeme, die auch geritten

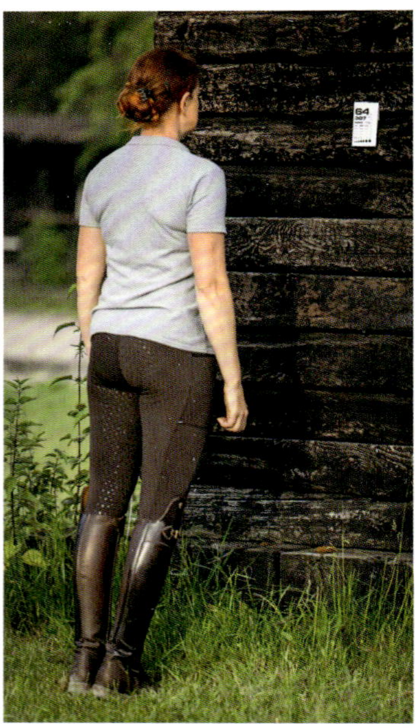

Fersenpreller mit gerader Kopfposition

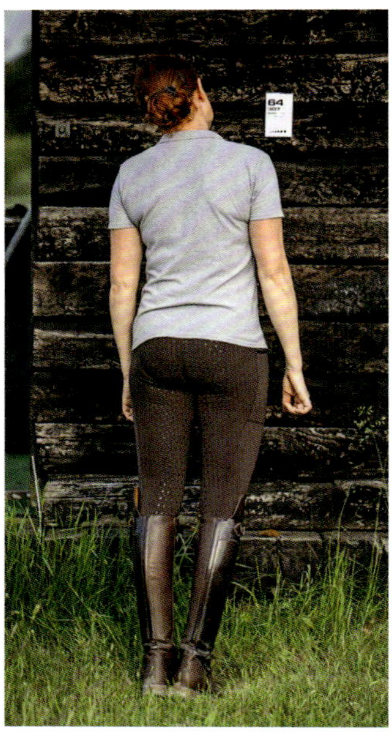

Kopfposition nach links gekippt

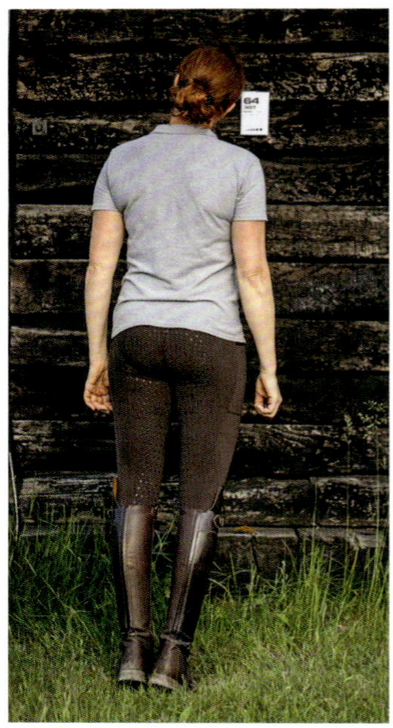

Kopfposition nach rechts gekippt

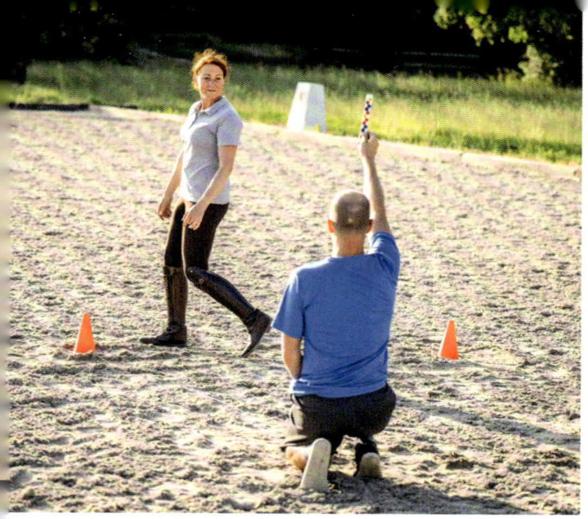

Achterlaufen sieht einfach aus, ist aber …

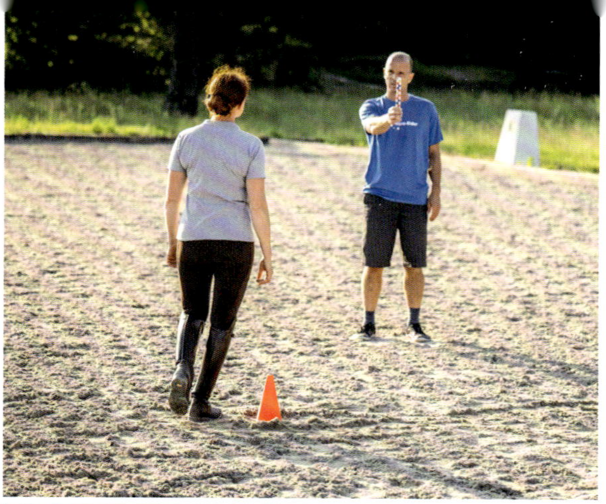

… neurologisch komplex. Nackenmuskeln, …

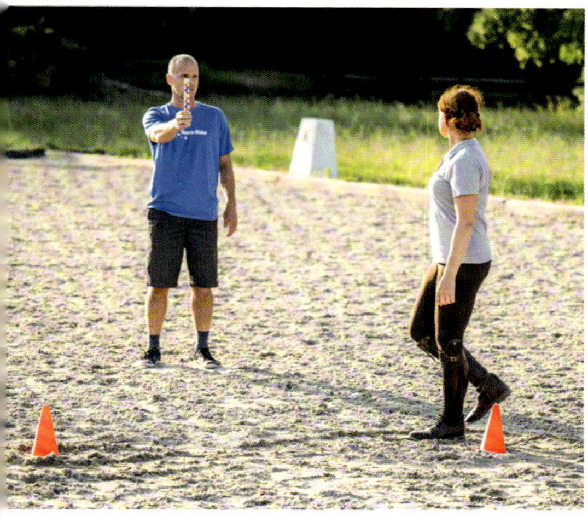

… Augen, Wirbelsäulenmuskeln müssen …

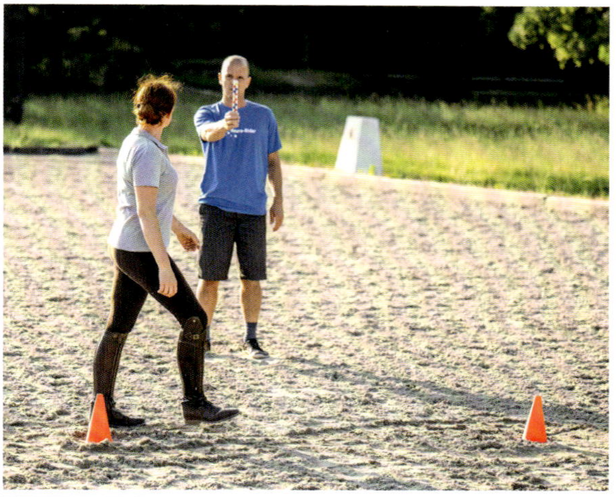

… sehr gut zusammenspielen.

werden kann, wenn sie am Boden zu Fuß gut gelingt. Du brauchst ein wenig Platz, zwei Pylonen oder Ähnliches und ein visuelles Ziel. Die Bodenmarkierungen/Pylonen stehen ca. zwei Meter voneinander entfernt. Das visuelle Ziel befindet sich in Höhe der Mitte in ca. zwei Meter Abstand auf Augenhöhe an der Wand. Dein Achterlauf beginnt am X-Punkt zwischen den Pylonen.

- Test durchführen
- Bewege dich immer vorwärts eng um die Pylonen herum, ohne den Blick vom Ziel an der Wand zu lösen und ohne die Pylonen zu berühren. Gehe möglichst flüssig und zügig eine Minute lang.
- Re-Test. Trage die jeweiligen Ergebnisse in der Tabelle ein.

007

Achterlaufen

Im Film siehst du den Ablauf des Achterlaufs.

BEWEGUNGSTIPP

Du wirst merken, dieser Drill ist nicht ganz so einfach. Du solltest sehr darauf achten, die Pylonen in deinem peripheren Sichtfeld wahrzunehmen – und dann deine Schrittlänge und dein Tempo und die Drehungen darauf abzustimmen. Du brauchst eine präzise Rotation des Kopfes und der Wirbelsäule, während das Becken immer in Gangrichtung ausgerichtet bleiben sollte.

ÜBUNGEN FÜRS ATMUNGSSYSTEM

— besser atmen

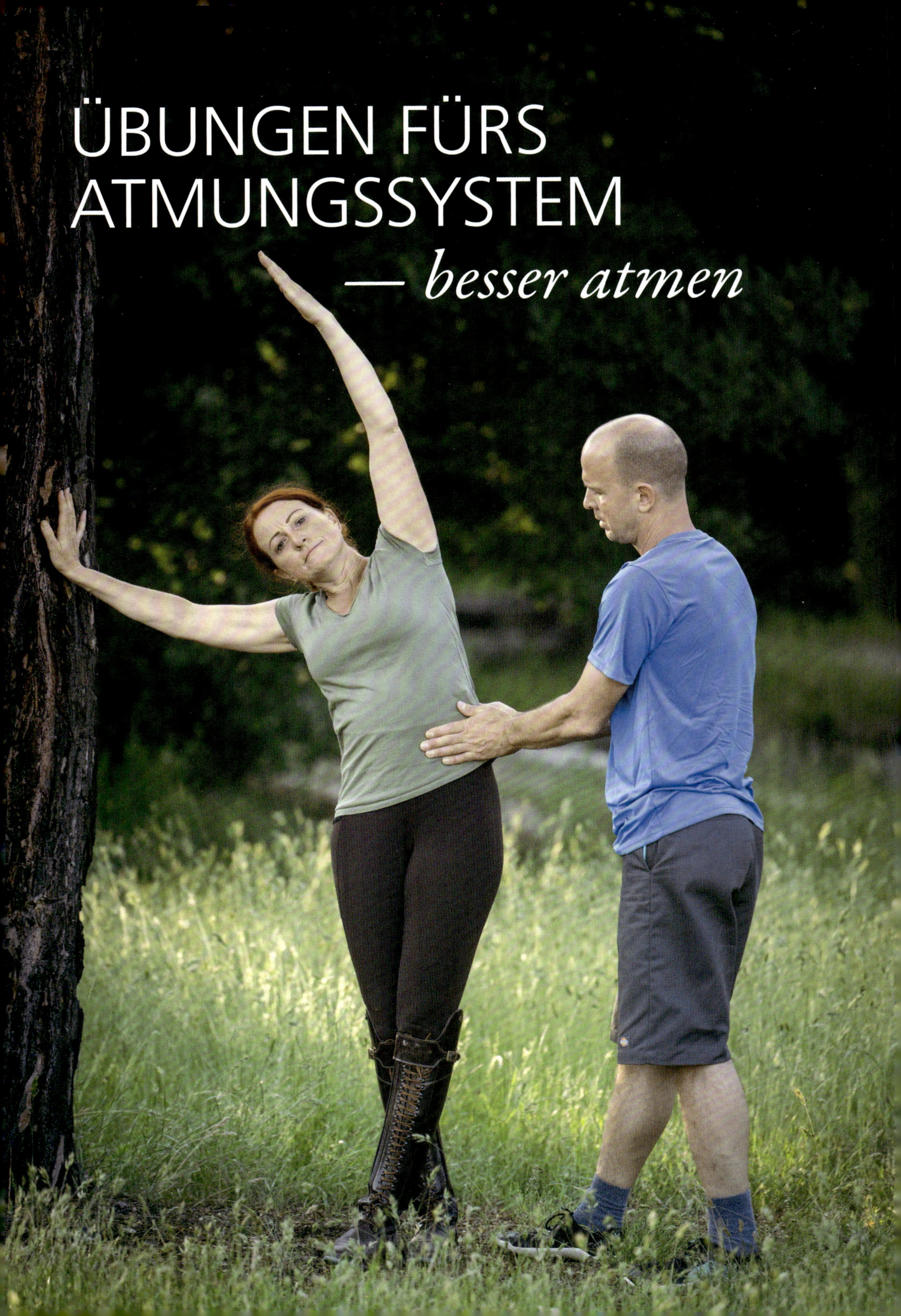

NEURO-ÜBUNGEN FÜR DEIN ATMUNGSSYSTEM

Wir atmen 20.000-mal pro Tag. Viele von uns atmen stressbedingt zu viel und zu oft durch den Mund. Viele von uns hatten Erkrankungen der Atemwege wie Lungenentzündungen, Bronchitis oder Covid-19. Welcher Reiter hatte noch keine Rippenprellungen oder -brüche?

ACHTE AUF DEINE ATMUNG!

Stressoren, auch Krankheiten und Verletzungen verändern unsere Atemmechanik, Atembiochemie und Atemgewohnheiten und damit durch veränderte Blutgaskon zentrationen auch die Sauerstoffversorgung unseres Gehirns. Des Weiteren ist aktives Atmen ein hervorragender Stimulus für sehr viele Gehirnbereiche. Die alten Yogis wussten zwar nicht, was sie auf neuronaler Ebene genau bewirkten, aber wir wissen heute, warum ihre Atemtechniken so wertvoll sind.

STROHHALMATMUNG

Fokuspunkt: Zähle deine Atemzüge mit. Mehr als sechs komplette Atemzüge pro Minute sollten es nicht sein.

— Test durchführen

— Neutraler Stand (Seite 72). Atme ca. drei Sekunden durch die Nase ein und lasse dann die Luft durch den Strohhalm entweichen. Deine Atemfrequenz wird sich stark reduzieren. Presse die Luft nicht durch den Strohalm. Atme entspannt weiter, das Gefühl von leichtem Lufthunger ist normal. Versuche, nicht mit stärkerem Einatmen zu reagieren. Halte

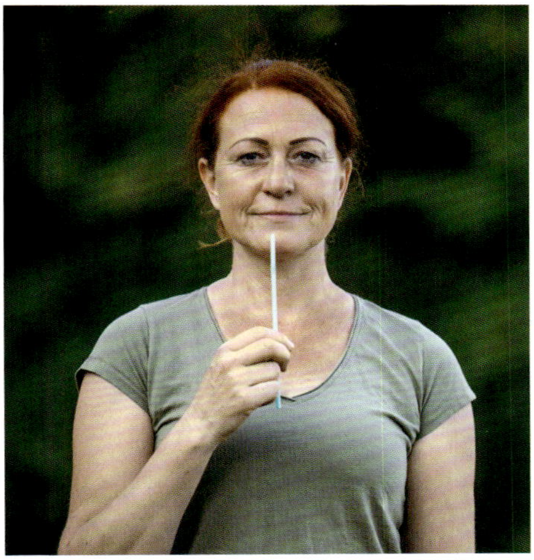

High-Tech im Einsatz: Strohhalmatmung.

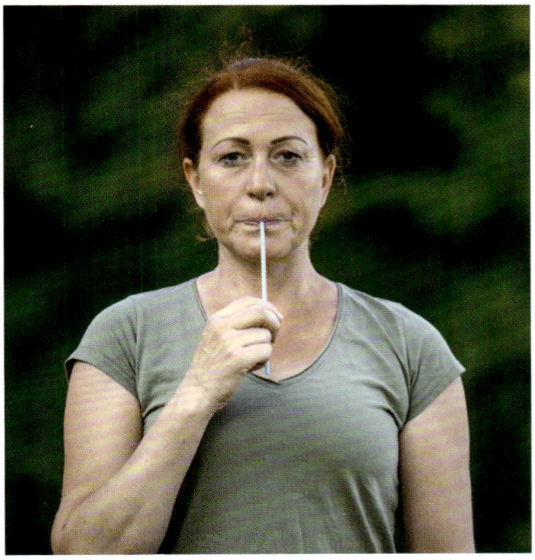

Sehr hilfreich bei Stress und Nervosität.

Tests und Übungen Atemsystem	auf Seite	Neutral	Reha	Power
Strohhalm-atmung	141			
360°-Atmung	142			
Bandatmung	143			
Atemleiter	144			
rechts öffnen				
links öffnen				
Zwerchfell-Stretch sitzend	145			
Lufthunger	146			
Tütenatmung	147			

es aus. Starte mit einer Minute, das Ziel sind drei bis fünf Minuten.

— Re-Test. Trage die jeweiligen Ergebnisse in der Tabelle ein.

360°-ATMUNG

Fokuspunkt: Benutze das Feedback des Gummibandes. Spüre, ob dein Atem das Band in alle Richtungen ausdehnt?

— Test durchführen

— Neutraler Stand (Seite 72). Reibe mit deinen Händen kräftig deinen kompletten Rumpf und deine Rippen ab. Drücke deine ausgestreckten Hände seitlich in deine unteren Rippen, sodass deine Daumen den hinteren Rippenbogen und deine anderen Finger den vorderen Rippenbogen umfassen.

— Atme nun langsam durch die Nase ein und konzentriere dich darauf, dass sich deine Rippen in alle Richtungen absolut gleichmäßig ausweiten. Atme maximal ein und lege am Ende des Einatmens eine dir angenehme kurze Atempause ein, bevor du sehr langsam durch die Nase ausatmest. Atme so für zwei bis drei Minuten, das entspricht ungefähr zehn langsamen Atemzügen.

— Re-Test. Trage die jeweiligen Ergebnisse in der Tabelle ein.

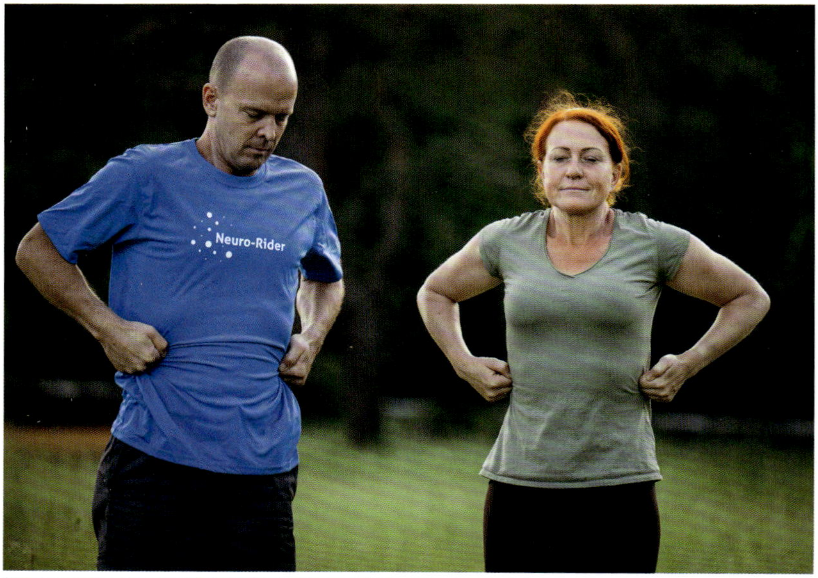

Vor den Atemdrills sensorisch aktivieren, …

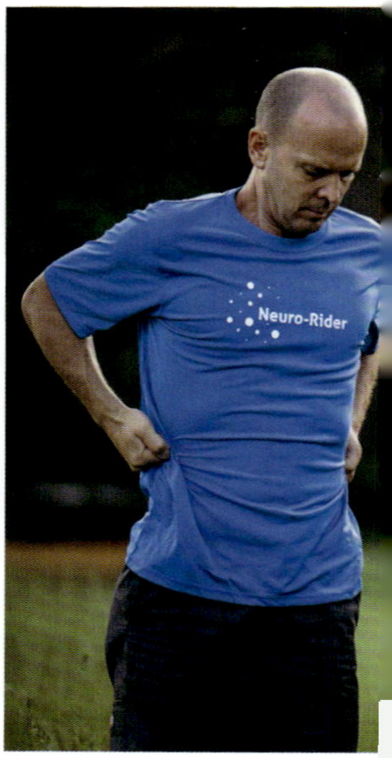

… Rippenbögen und

BANDATMUNG

Fokuspunkt: Achtsames ein- und ausatmen mit Widerstand. Du brauchst ein Gummi- oder Flossingband (siehe www.neuro-rider.com).

— Test durchführen

— Neutraler Stand (Seite 72). Reibe mit deinen Händen kräftig deinen kompletten Rumpf und deine Rippen ab. Lege das Band unter dem Brustmuskel einmal um deinen Rumpf und bringe es auf Spannung, sodass dein Rippenbogen beim Einatmen einen Widerstand hat.

— Atme nun gleichmäßig durch die Nase tief ein. Atme zuerst in den Bauch und versuche dann, das Gummiband in alle Richtungen gleichmäßig auszudehnen, nach vorne, zu beiden Seiten und auch nach hinten. Atme langsam durch die Nase aus. Absolviere am Ende des Ein- und Ausatmens jeweis eine angenehme Atempause. Atme fokussiert für ungefähr zwei Minuten.

— Re-Test. Trage die jeweiligen Ergebnisse in der Tabelle ein.

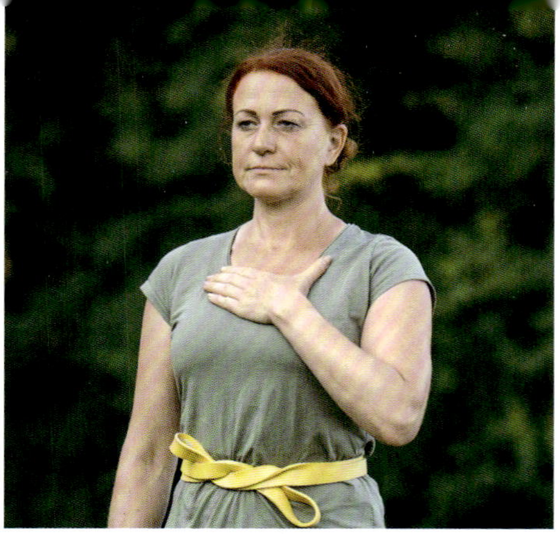

Die Hand auf der Brust: Der Brustkorb soll …

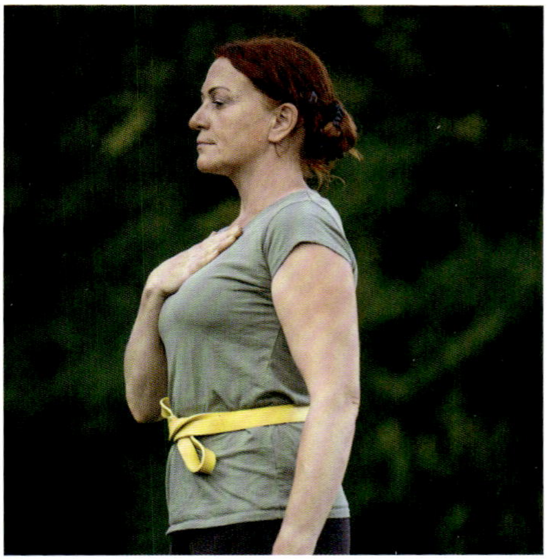

… beim Atmen in den Bauch ruhig bleiben.

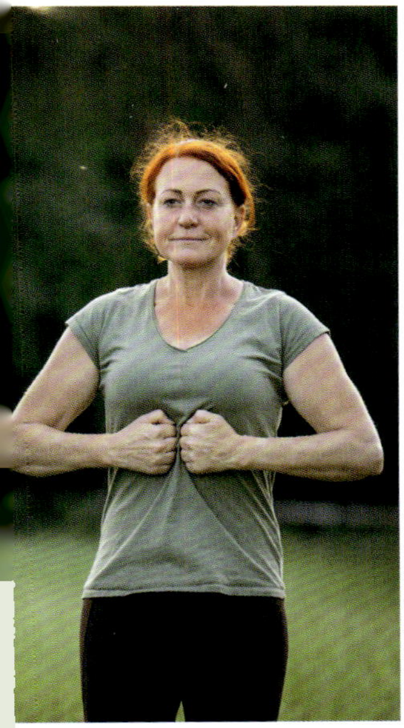

Sternum abreiben.

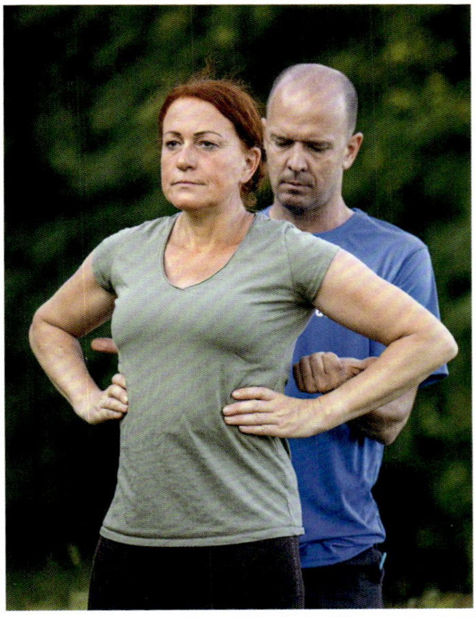

„Drücke deinen Rippenbogen nach außen."

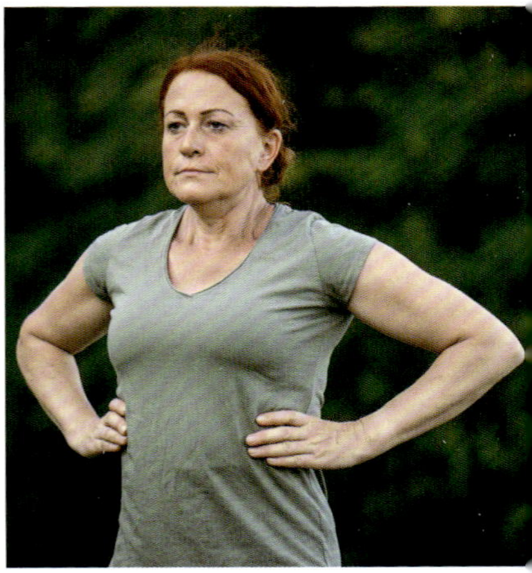

Spüre die gleichzeitige Ausdehnung.

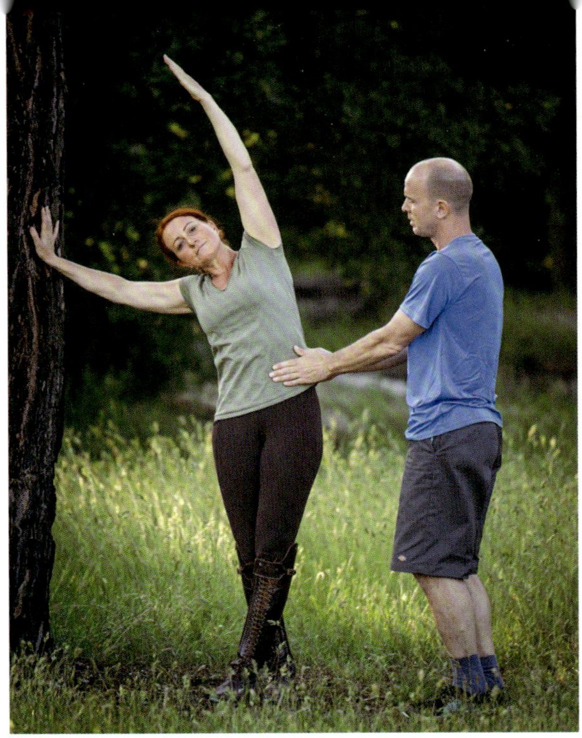

„Erzeuge Bewegung unter meinen Händen."

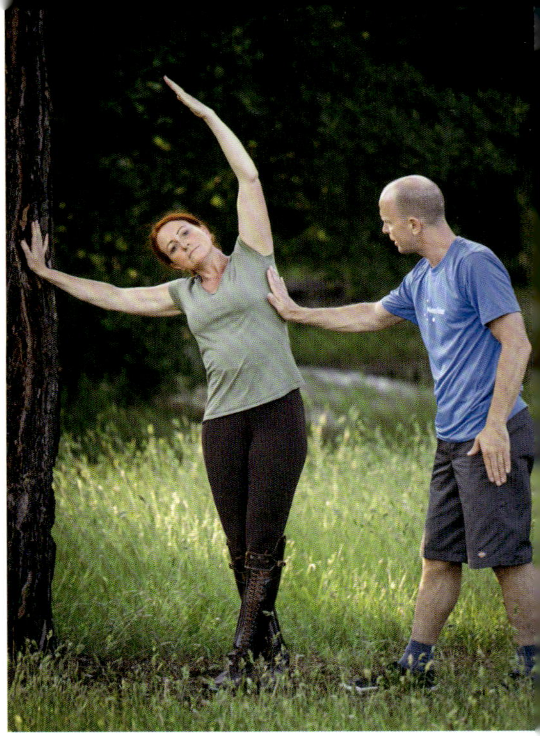

„Erzeuge hier Bewegung durch das Atmen!"

ATEMLEITER LINKS ÖFFNEN

Fokuspunkt: Erzeuge Bewegung durch deine Atmung in bestimmten Bereichen, erst isoliert, dann nacheinander.

— Test durchführen

— Neutraler Stand (Seite 72). Reibe mit deinen Händen kräftig deinen kompletten linken Rumpf ab, die vorderen und seitlichen Rippen von oben bis unten. Beuge deinen Körper weit nach rechts, stütze dich dazu mit der linken Hand auf einem Stuhl oder an einer Wand ab. Bringe auf der gestreckten Seite möglichst viel Strecke zwischen deine Achselhöhle und deinen Beckenkamm.

— Lege deine rechte Hand etwas oberhalb deines rechten Beckenkamms auf. Die rechte Seite ist geöffnet und weit überstreckt. Beginne nun, langsam durch die Nase tief in Richtung deiner rechten Hand zu atmen. Versuche mit einigen Atemzügen, den Bauch und auch den Rücken im unteren Bereich auszudehnen. Es geht um Millimeter und um die Aufmerksamkeit in diesen Bereich. Die tatsächliche Ausdehnung ist sekundär.

— Atme ruhig und langsam durch die Nase und konzentriere dich darauf, den Bereich deines rechten Rippenansatzes auszudehnen, wiederum sowohl nach vorne als auch nach hinten. Erkunde diesen Bereich für einige Zeit und finde eine entsprechende Ansteuerung.

— Jetzt atmest du bewusst nur in deine Schulter. Erzeuge Ausdehnung des oberen Rippenbogens, das Schlüsselbein hebt sich, das Schulterblatt ebenso. Verbleibe einige Atemzüge mit dem Fokus auf Stufe 3.

— Jetzt verbindest du alle Stufen gleichmäßig in einem einzigen Atemzug. Ein- und ausatmen. Absolviere zwei oder drei koordinierte, gleichmäßige Atemzüge. Sehr langsam. Bravo! Geschafft!

— Re-Test. Wiederhole die Atemleiter auf der anderen Seite. Trage die jeweiligen Ergebnisse in der Tabelle ein.

ZWERCHFELL-STRETCH IM SITZEN

Fokuspunkt: Mit zwei Atemzügen nach dem Lufthunger wieder volle Kontrolle über den Atem haben, ruhig weiteratmen.

— Test durchführen

— Sitze gerade auf einem Stuhl. Verschränke die Hände hinter deinem Kopf und ziehe die Ellbogen nach hinten, der Nacken ist leicht überstreckt. Öffne den Mund, jetzt atmest du alle Luft, die in deinen Lungen steckt, in einem einzigen, ultra langgezogenen Atemzug aus. Und wenn du denkst, alles ist raus, dann fängt der Spaß erst richtig an: Es geht um den letzten Kubikmillimeter Luftgemisch, der sich in deinen Lungen befindet – raus damit. Pressen, pressen, pressen. Benutze alle Muskeln, die helfen können. Die Arme bleiben hinterm Kopf! Es kann sein, dass du röcheln musst, dass es pfeift, dass deine Rippen krampfen, das ist normal. Du wirst die letzten Marlboros möglicherweise bereuen. Kein Problem. Taste dich ran. Trau dich!

— Am Ende des maximalen Ausatmens machst du den Rachen dicht und hältst so die Luft an. Jetzt ist nahezu ein Vakuum in deinen Lungen. Du solltest in einer gebeugten Position sitzen. Entspanne deinen Bauch vollkommen. Richte dich aus dieser Position langsam voll auf, überstrecke deine Wirbelsäule leicht. Deine

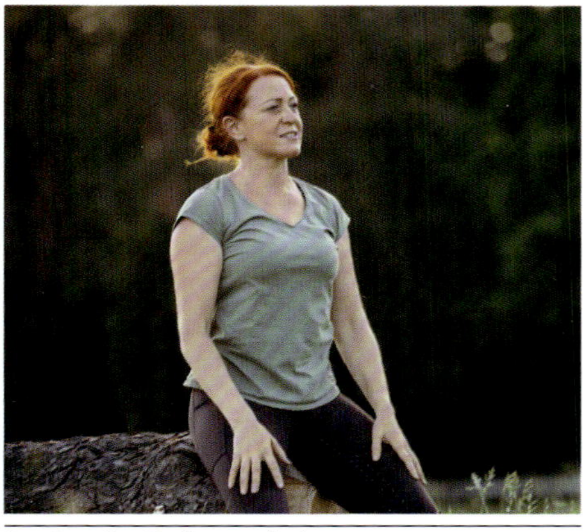

Im Sitz das Becken aufrichten, …

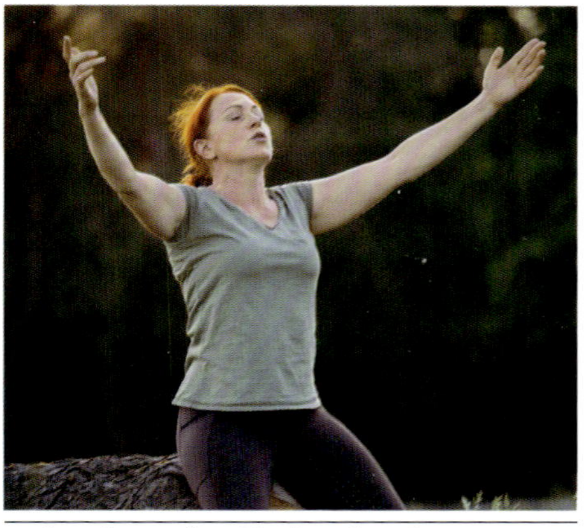

… Arme hinter dem Kopf verschränken, …

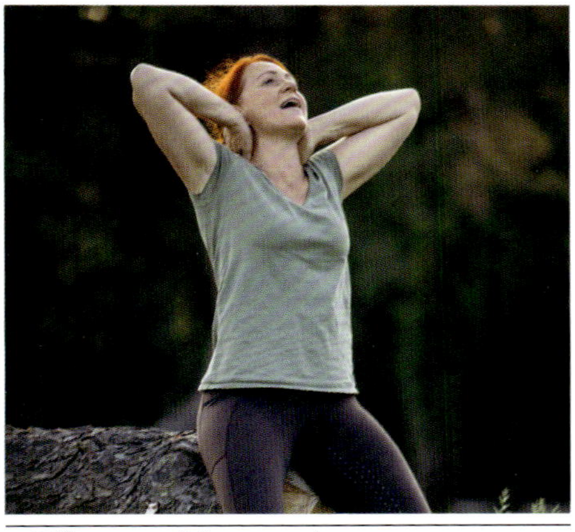

… Ellbogen nach hinten ziehen, …

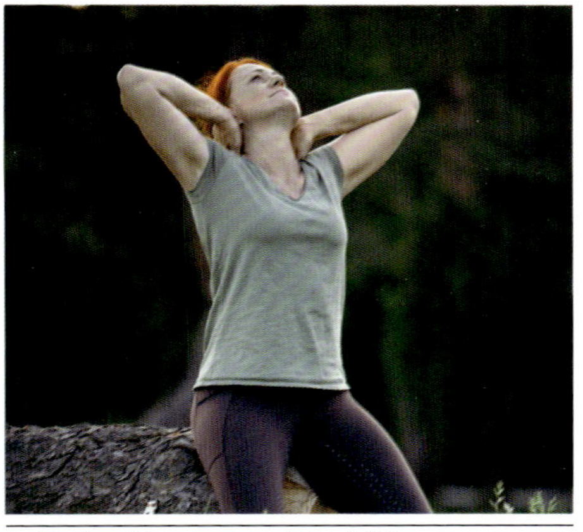

… Nacken überstrecken, Mund öffnen – pressen.

NUR NICHT AUFGEBEN!

Dieser Drill kann tatsächlich zu Krämpfen führen oder Hustenanfälle auslösen. Ich verspreche dir, das legt sich. Taste dich, wenn nötig, langsam Schritt für Schritt heran. Ziehe die anderen Drills vor, komme immer wieder zum Zwerchfell-Stretch zurück. Es lohnt sich. Dieser Drill kann sich zu Beginn schrecklich anfühlen. Aber dahinter verbirgt sich pures Gold. Du wirst ihn lieben lernen.

Bauchhöhle sollte nach innen gezogen werden. Jetzt lassee die Kehle locker und die Luft in einem Stoß wieder in deine Lungen einstömen.

— Mache eine kurze Pause von ungefähr 20 Sekunden und starte neu. 3 – 6 Wiederholungen.
— Re-Test. Trage die jeweiligen Ergebnisse in der Tabelle ein.

LUFTHUNGER

Fokuspunkt: Atmung kontrollieren und anhalten

— Test durchführen
— Atme locker fast vollständig aus. Nun absolviere irgendeine neutrale körperliche Aktivität, von der du weißt, dass sie keinen Einfluss auf deinen Re-Test hat. Gehen. Kniebeugen. Staubsaugen, Treppen hinaufsteigen – egal. Es geht nur darum, dass deine Muskeln CO_2 produzieren und du dieses CO_2 nicht abatmest. Halte so lange wie möglich die Luft an, während du dich bewegst. Wenn es unangenehm wird und der Einatmungsreflex einsetzt, wenn du anfangen musst, zu schlucken, dann kannst du wieder einatmen.
— ABER: Jetzt geht es darum, nicht unkontrolliert und mega tief die Luft einzusaugen wie ein halb toter 400-Meter-Sprinter im Ziel, sondern höchstens drei

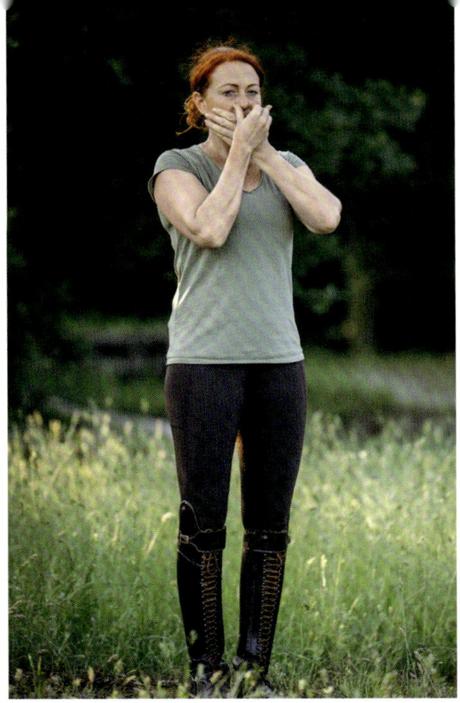

Lufthunger: ein Kinderspiel!

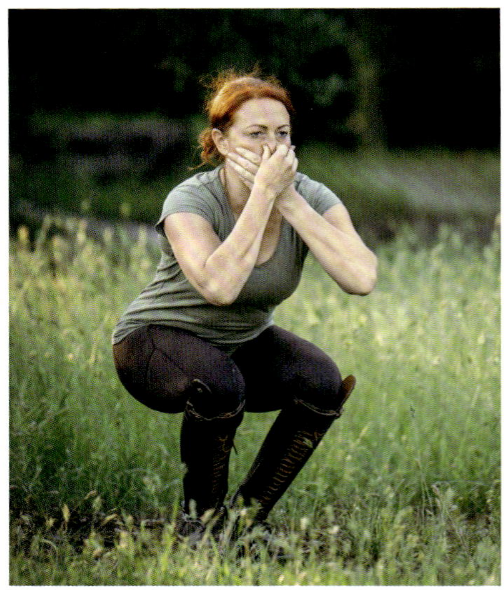

Du musst dir nicht unbedingt Mund und Nase zuhalten.

BLEIB DRAN!

Ja, dieser Drill ist nicht sehr angenehm – aber er lohnt sich. Absolviere den Lufthunger drei Wochen lang mehrmals täglich und dein Fitness-Level steigt um Klassen, ganz ohne Ausdauertraining.

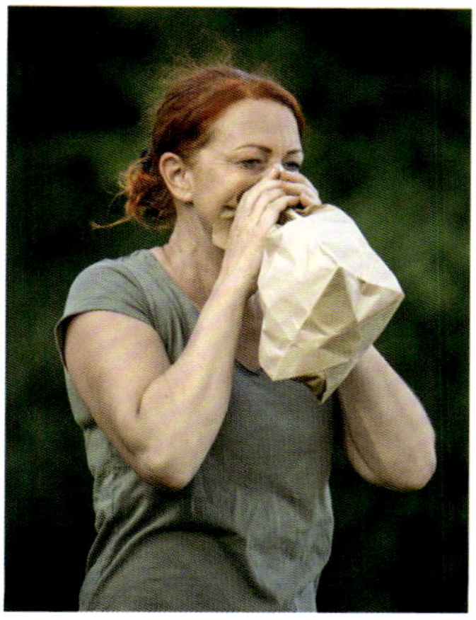

Tüte über Mund und Nase ziehen.

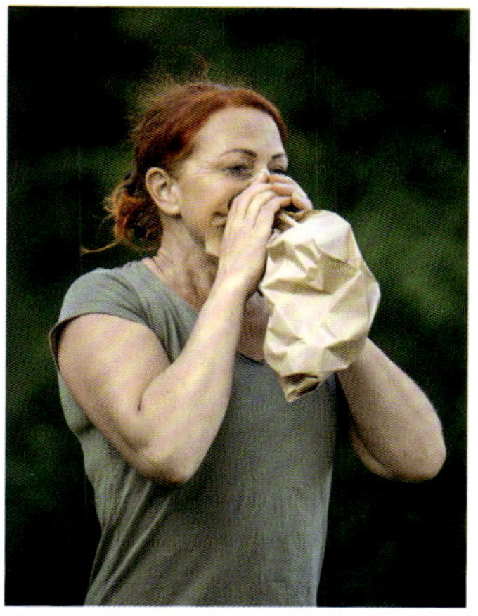

Entspannt in die Tüte atmen.

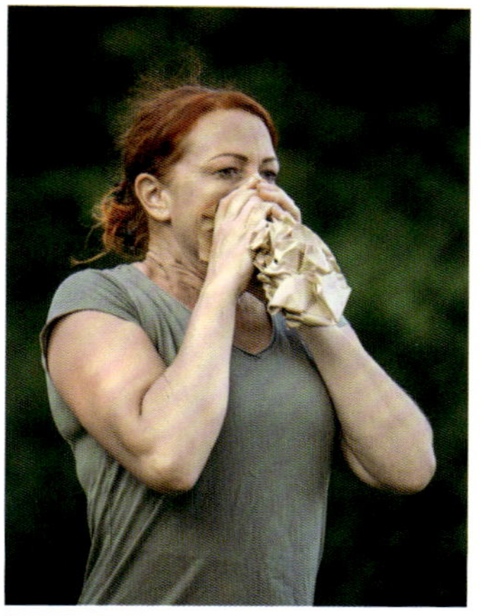

Bei Bedarf Frischluft reinlassen.

normale Atemzüge zu machen – dann solltest du wieder ein entspanntes Pläuschchen führen können. Es geht darum, einerseits den CO_2-Gehalt zu erhöhen und deine ph-Rezeptoren darauf zu eichen, dass höhere CO_2-Spiegel super sind und darum, kognitive Kontrolle über das Atmen zu behalten und zu lernen, dass es gar nicht so schnell ein Sauerstoffmangelproblem bei halbwegs gesunden Menschen gibt.

— Re-Test. Trage die jeweiligen Ergebnisse in der Tabelle ein.

TÜTENATMUNG

Fokuspunkt: CO_2-Anteil in der Atemluft erhöhen

Du brauchst eine Tüte. Gerne aus Papier – muss aber nicht. Das ist der einfachste Drill, den man absolvieren kann, um CO_2 im Blut und somit die Sauerstoffabgabe im Gewebe zu erhöhen (suche einmal nach dem Bohr- und Haldane-Effekt).

— Test durchführen

— Atme in die Tüte. Du musst die Ränder der Tüte nicht komplett luftdicht um Mund und Nase abschließen, dann wäre der Drill zu schnell vorbei. Das Ziel ist einfach, das mit mehr Ausatemluft (CO_2) angereicherte Gasgemisch aus der Tüte wieder einzuatmen. In der Regel tritt schnell eine Entspannung ein. Atme für drei bis vier Minuten CO_2-angereicherte Luft ruhig durch die Nase ein und langsam wieder aus.

— Re-Test. Trage die jeweiligen Ergebnisse in der Tabelle ein.

GEGEN PANIK

Tütenatmung ist der Klassiker bei Panikattacken. Die Wirkung für Menschen kann sich potenzieren, wenn Power-Augendrills wie Nah-Fern-Sprünge (Seite 122) oder Blicksprünge (Seite 112) gleichzeitig ausgeführt werden. Der Drill ist auch ideal für Serienpausen beim Training. Oder um sich allgemein zu beruhigen. Oder ganz einfach, um Hände und Füße warm zu bekommen – wenn vorheriges Überatmen durch Stress oder Ähnliches die Ursache war.

NEURO-RIDER-TRAINING — *Fragen und Antworten*

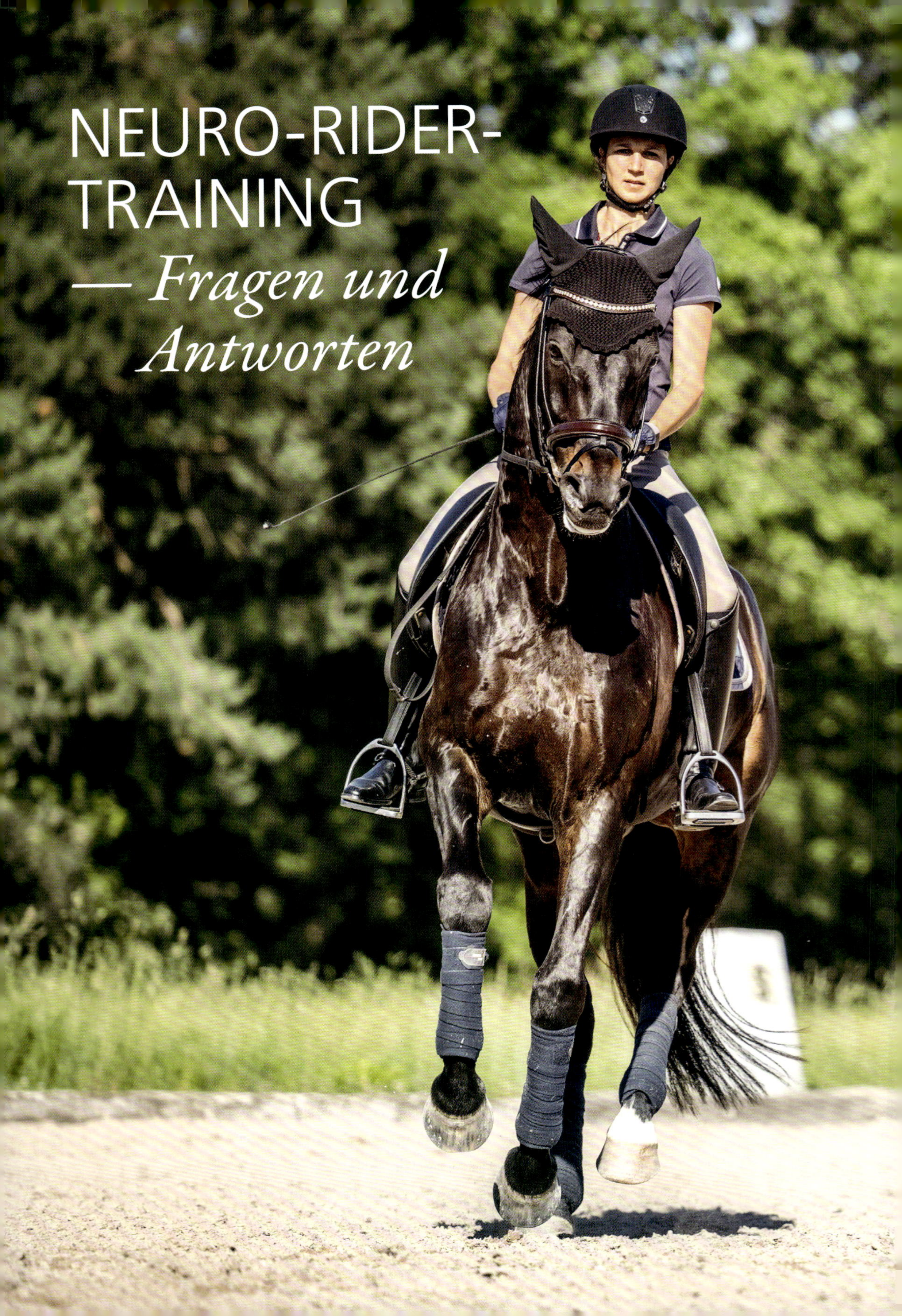

DAS NEURO-RIDER-TRAINING GESTALTEN

Herzliche Gratulation. Du hast jetzt den ersten Schritt getan, das Testen und Re-Testen gelernt und alle Drills kennengelernt. Was kommt jetzt? Hier sind ein paar Anregungen dafür, wie du das Neuro-Rider-Training in deinen Alltag integrieren und regelmäßig trainieren kannst.

WIE LANG, WIE OFT, WIE VIEL?

Du hast dich jetzt mit dem Testen und Re-Testen vertraut gemacht und dabei hoffentlich schon etwas über deinen Körper und dein Gehirn gelernt. Die Antworten auf die Fragen oben sind einfach: Du entscheidest. Nimm dir nicht zu viel vor. Das demotiviert. Nimm dir eine Übung pro Tag vor. Mache es zu einem langfristigen Projekt. Jeden Tag ein paar Minuten. Wenn du mehr Zeit hast, mache mehr. Spaß ist wichtig. Du sollst lernen, das Training zu lieben – weil es dich besser macht! Also entspanne dich – und spiele ein bisschen!

Wenn du es auf die harte Tour willst und weißt, dass du damit klarkommst: Übe jeden Tag 2 – 6 Mal für fünf bis fünfzehn Minuten. Mache es so, dass es zeitlich realistisch für dich ist. Nimm dir einen Tag pro Woche frei vom Training.

Plane die Einheiten so, dass du sie nicht nur an einem optimalen, sondern auch an einem Tag schaffst, an dem alles schiefläuft – du weißt, was ich meine.

Eine Regel: Never miss it twice. Es kann immer passieren, dass du ein Training an einem Tag auslässt. Shit happens. Aber versuche eisern, das Training nie komplett an zwei aufeinanderfolgenden Tagen ausfallen zu lassen. Mache deine Power-Drills zumindest immer, bevor du dich auf ein Pferd setzt.

DIE LAISSEZ-FAIRE-VARIANTE

Starte damit, lediglich die Power-Drills zu trainieren.

Wann auch immer du etwas tun möchtest, ob nach dem Aufstehen, nach dem Frühstück, in kurzen Pausen bei der Arbeit, vor einem wichtigen Termin im Job, als Mini-Pause während der Bildschirmtätigkeiten, zum Vorbereiten auf deine Reitstunde, in der Stallgasse, beim Führen des Pferdes, vor dem Aufsitzen, als Unterbrecher und zum Nachjustieren während einer Reitstunde, als Entspannung am Abend oder als längere Sequenz, wenn du mal eine halbe Stunde Zeit hast. Alles ist möglich. So, wie es in dein Leben passt, ist es gut.

Schau, das du jeden Tag ein paar Minuten deine Power-Drills absolvierst. Mehr ist natürlich auch erlaubt.

Alle 4 – 8 Wochen solltes du mal eine längere Session einbauen, alle Drills noch mal testen und re-testen und deine Trainingsdrills entsprechend aktualisieren.

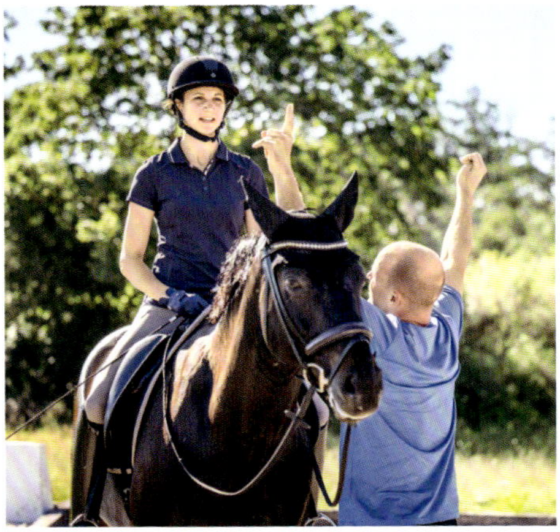

Training zu Pferde

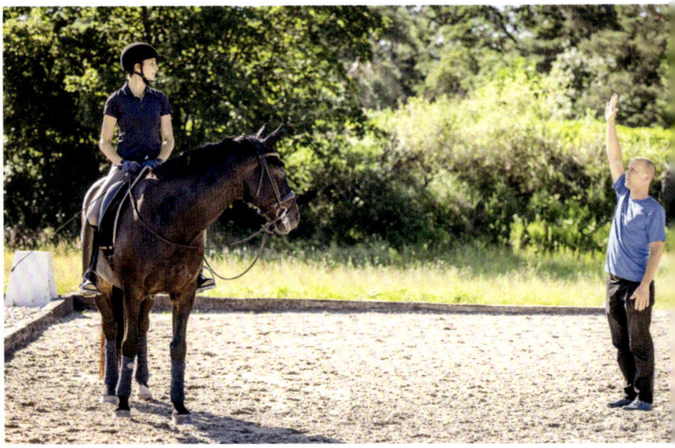

Peripheres Sehen und Blicksprünge

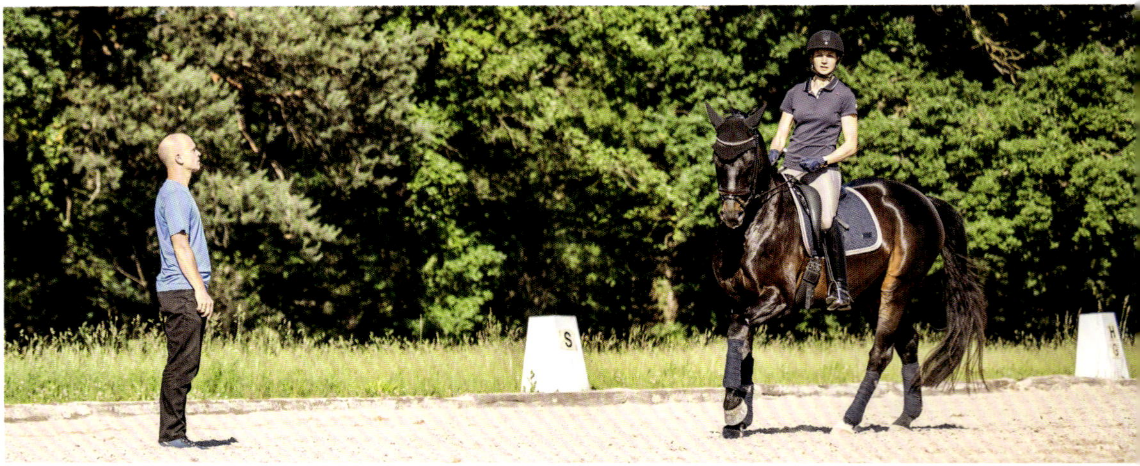

Erst wenn die Übung „off-horse" gelingt, sollte ein Transfer „on-horse" stattfinden.

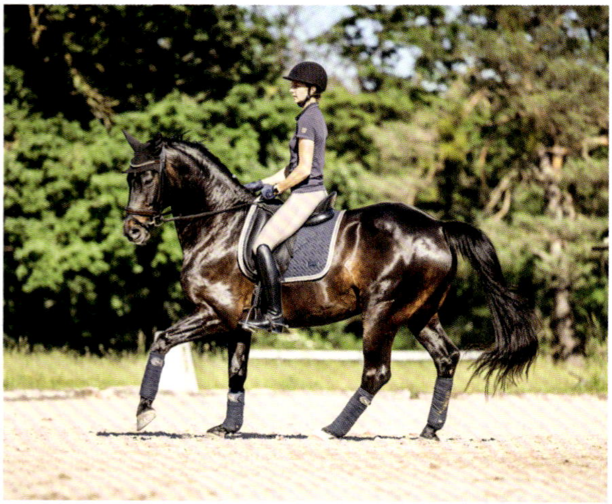

Bessere neuronale Basics …

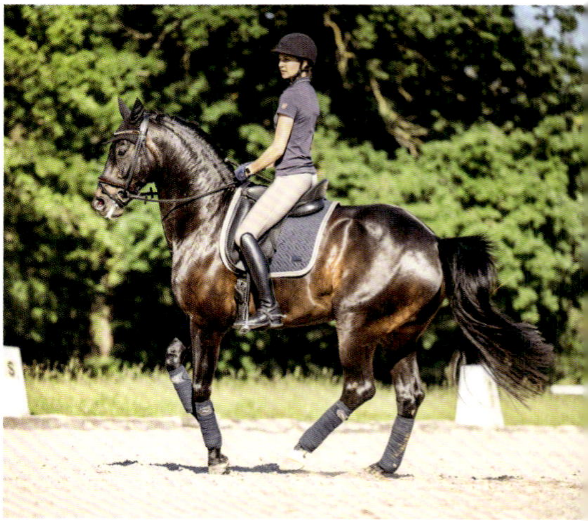

… lassen Pirouetten endlich gelingen.

DIE ALL-IN-VARIANTE

In den nächsten sechs Wochen trainierst du ausschließlich mit deinen Power-Drills. Versuche, täglich 10 – 30 Minuten zu üben. Du kannst am Stück trainieren oder in mehreren kürzeren Zeiteinheiten, das spielt keine Rolle.

Nach sechs bis acht Wochen testest du noch mal alle Drills durch und schaust, ob sich die Reha-Drills vom ersten Testing schon quasi von selbst rehabilitiert haben. Wenn du Glück hast, dann sind es nun schon einige weniger.

Dann machst du mit dem Training weiter, aber du nimmst dir pro Woche immer drei oder maximal vier Reha-Drills dazu. Die Reha-Drills bearbeitest du etweder nach dem Hamburger- oder nach dem Paarungs-Prinzip.

Das Hamburger Prinzip geht so: Du machst einen Power-Drill, sofort danach einen Reha-Drill, gefolgt von einem Power-Drill. Easy.

Das Paarungs-Prinzip funktioniert zeitsparender, ist aber bisweilen etwas komplizierter auszuführen und klappt nicht immer für alle Drills: Du kombinierst einen Reha-Drill mit einem Power-Drill. Wenn keiner deiner Power-Drills sich zum Kombinieren eignet, dann nimmst du einen geeigneten neutralen Drill hinzu, den du sehr gut beherrscht.

Achte darauf, dass du jede Mini-Trainingseinheit mit einem Power-Drill beendest. Bei jedem Training sollst du nachher besser sein als vorher.

PS: Der Satz, der über diesem Satz steht, ist zwar kurz und einfach. Deswegen aber nicht unwichtig. Okay. Also noch mal in fett gedruckt: **Bei jedem Training sollst du nachher besser sein als vorher.**

Nach spätestens sechs weiteren Wochen solltest du die meisten Reha-Baustellen behoben haben. Dann kommen die nächsten dran – wenn noch welche da sind. Jetzt kommt noch ein äußerst wichtiger Hinweis.

SEI DEIN GRÖSSTER FAN – NACHHALTIG LERNEN UND TRAINIEREN

Um alle Drills in diesem Buch so zu lernen, dass du sie im Schlaf beherrscht, braucht es ein paar Faktoren, die ich kurz mit dir besprechen möchte, nämlich:

— Frequenz
— Aufmerksamkeit
— Neuheit.

FREQUENZ

Wenn du besser reiten möchtest, dann brauchst du ein gewisses Maß an regelmäßiger Wiederholung. Kein Sportler kommt darum herum. Dein Gehirn muss immer wieder daran erinnert werden, dass du besser reiten willst. Wenn du die Drills nicht regelmäßig in deinen Alltag einbaust, dann denkt es, dass du kein Interesse hast, das Gelernte zu behalten und zu konservieren.

AUFMERKSAMKEIT

Aufmerksamkeit ist die Grundwährung fürs Lernen. Die besten Athleten der Welt trainieren ohne Handystörungen, die Freundin oder der Freund darf nicht anwesend sein, Störungen werden konsequent vermieden. Quatschen ist nett – aber in den Pausen. Dein Gehirn muss bereit sein, ein paar ensthafte Veränderungen zu machen.

NEUHEIT

Nach ein paar Wochen Training könnten manche Power-Drills ihre Magie etwas verlieren. Wenn das passiert, dann ist die Zeit gekommen, Neuheiten in dein Training einzubauen und die Schwierigkeit eventuell zu erhöhen. Damit kannst du auch deine Aufmerksamkeit wieder erhöhen:

— Verändere die Körperhaltung, indem du die Position irgendeines deiner Gelenke veränderst.
— Wähle eine schwierigere Standposition.

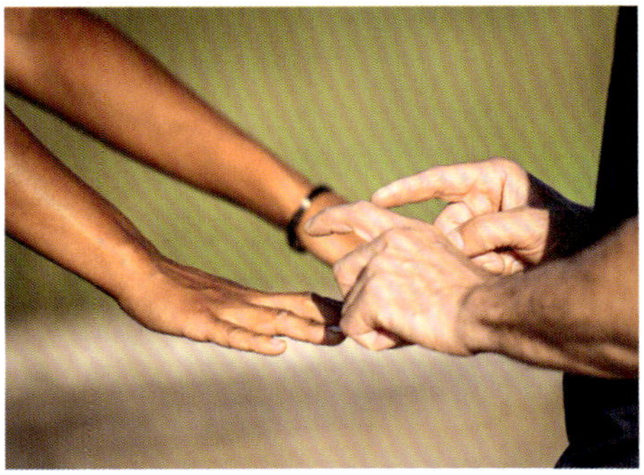

01

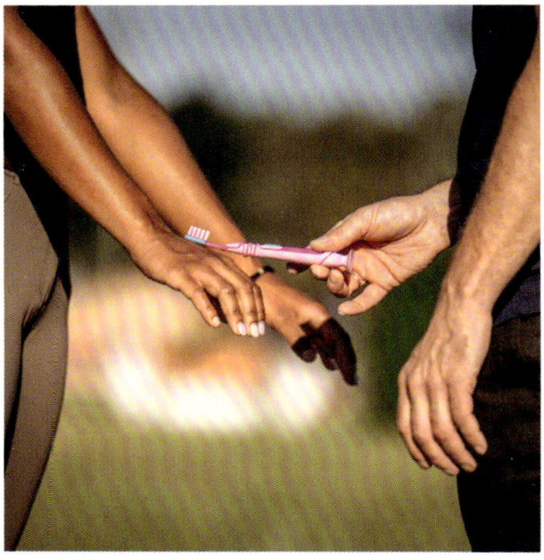

02

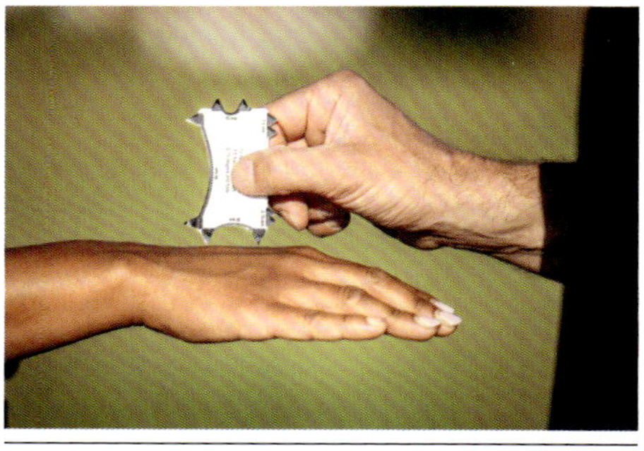

03

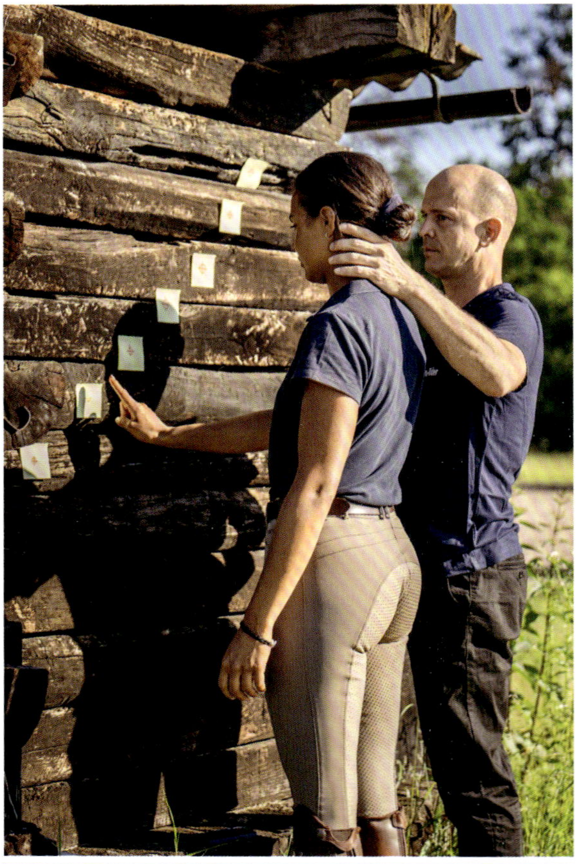

04

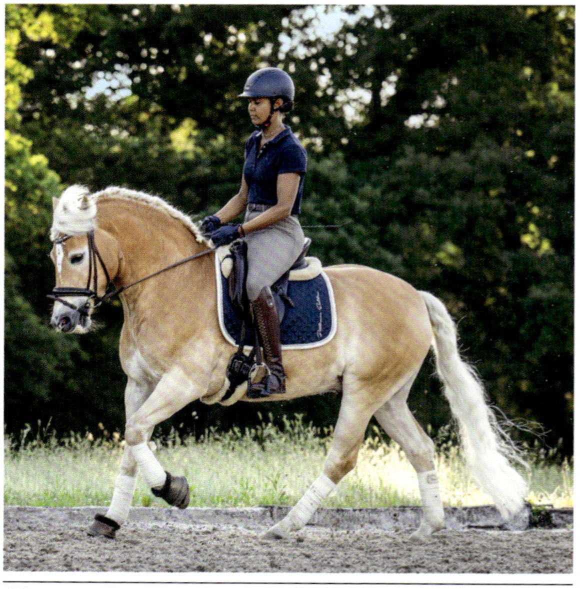

05

01 Auch das gehört zum Neuro-Rider-Training:

02 Sensorisches Testen und Aktivieren

03 Test der Zwei-Punkte-Diskrimination

04 Blicksprünge + Handbewegung mit Rhythmus

05 Eine stabilere Wirbelsäule des Reiters hilft den Hals des Pferdes gerader zu richten.

- Führe die Drills in verschiedenen Ausfallschrittpositionen des Kompasses durch.
- Verändere die Augenposition beim Ausführen des Bewegungsdrills.
- Rotiere den Rumpf oder den Kopf nach rechts oder links.
- Mache die Drills sehr präzise im Rhythmus zu einem Metronom oder zu Musik.
- Verändere und spiele mit dem Atemrhythmus.
- Trainere an unterschiedlichen Orten.
- Führe Übungen auf dem Pferd durch, soweit wie möglich.
- Melde dich zu einem weiterführenden Neuro-Rider-Kurs an, um mehr Anleitung und Ideen zu bekommen.

SCHWIERIGKEITSGRAD ERHÖHEN

BEISPIEL KOMPASS-AUSFALL-SCHRITT-VARIATIONEN

Damit du dich weiterentwickelst, musst du dein Training mit der Zeit schwieriger gestalten. Es muss so fordernd für dich sein, dass du dich wirklich anstrengen musst, um die Übungen in sauberer Ausführung und mit Stabilität zu schaffen.
Beispielsweise kannst du diese fünf verschiedenen Schrittpositionen pro Seite nutzen, um die Drills auf eine breitere (Stand-)Basis zu stellen und alle Bewegungen in unterschiedlichen Belastungssituationen zu trainieren. Wenn du alle Drills im neutralen Stand beherrscht, kannst du die Schwierigkeit entsprechend deines Leistungsstandes erhöhen, indem du die gleichen Drills in den Ausfallschritt-Positionen übst. Fange einfach mal an, indem du „Becken aufrichten und kippen“ in allen zehn Ausfallschrittpositionen übst. Du wirst dich wundern, wie unterschiedlich das Gefühl der Ansteuerung in diesen Positionen ist.
Vergiss das testen und re-testen nicht.

008

Kompass
Hier findest du die Kompass-Vorlage zum Download.

FRAGEN SIND GUT!

MIT DEM TRAINING STARTEN UND DANACH FRAGEN

WERDE ICH MICH DURCH FÜNF MINUTEN AM TAG VERBESSERN?

Ja. Wenn du bisher nichts trainiert hast und jetzt nur eine Minute trainierst, dann ist das eine Steigerung von 100 %. Du wirst dich besser fühlen. Und wirst auch besser reiten. Und das Experimentieren mit den Drills und der Transfer zum Reiten wird dir großen Spaß machen. Und vielleicht machst du dann langsam automatisch mehr davon. Mache das Training erst zu einem Habit, einer Gewohnheit. Belohne dich für Erfolge. Stelle dir vor, du würdest jede Woche eine Minute länger trainieren. Nach einem Jahr wärst du bei 52 Minuten. So geht Training. Langfristig. Babysteps sind mächtig, wenn sie kontinuierlich gemacht werden. Mach eine Gewohnheit daraus!

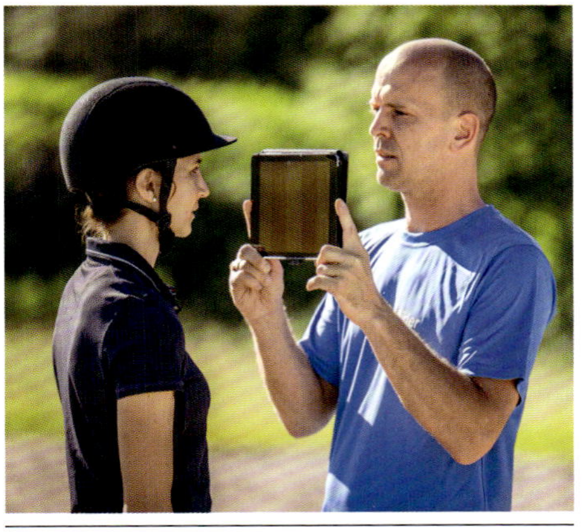

Optokinetische Reflexstimulation

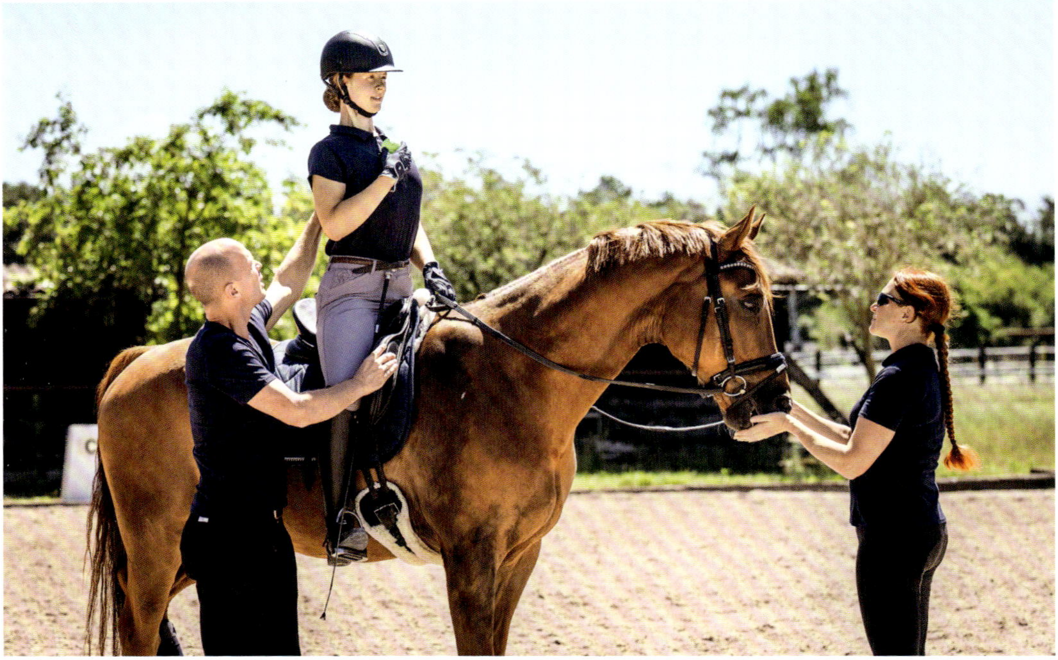

Brustwirbelsäulengleiten auf dem Pferd – aber bitte vorher „off-horse" lernen und testen!

ICH TRAINIERE SCHON IM STUDIO. KANN ICH NEURO-RIDER-TRAINING DAMIT KOMBINIEREN?

Unbedingt. Nutze die Drills zum Warm-up, als direkte Vorbereitung von Kraftübungen. Wichtiger: Wende die gelernten Prinzipien wie Test/Re-Test an, um dein gesamtes Training zu überprüfen. Jede einzelne deiner Übungen im Studio. Lasse alles weg, was dich schlechter macht. Mach mehr von dem, was dich besser macht. Dann geht's ab! Do it!

MEINE RE-TESTS WERDEN SCHNELL SCHLECHTER UND UNKONSTANT. WAS MACHE ICH FALSCH?

Nichts. Meistens ist der Stoffwechsel das Problem. Konzentriere dich für 2 – 3 Wochen auf Atemdrills, mache viel mehr davon. Gerne, so viel du kannst. Trinke mindestens einen Liter Orangensaft am Tag, Zucker erhöht CO_2. Nimm genügend Proteine zu dir. Dann noch mal ran!

IST ES EGAL, OB ICH EINMAL 20 MINUTEN ODER 4 MAL 5 MINUTEN TÄGLICH TRAINIERE?

Ist egal. So, wie es besser in dein Leben passt. Ich trainiere gerne 20 x eine Minute am Tag. Manchmal auch nur 5 x eine Minute. Aber jeden Tag. Ab und zu mal auch gerne länger. I love it.

ICH BIN LEICHT PERFEKTIONISTISCH. WAS WÄRE DENN AUS WISSENSCHAFTLICHER SICHT OPTIMAL?

Es gibt kaum Daten. Menschen sind verschieden. Ich kenne dich leider nicht. Teste es aus. Um dauerhafte Veränderungen im Gehirn zu erzielen, braucht es 20 bis 40 Stunden gezielten und starken Stimulus. Netto! Die Pausen zählen nicht. 20 Stunden bei Leuten, die einen guten Stoffwechsel haben! Länger, wenn der Stoffwechsel durch Training und Ernährung oder durch Krankheit geschädigt ist. Do what makes you better.

GIBT ES DENN KEINE ERFAHRUNGSWERTE?

Doch. Wenn Menschen täglich 15 Minuten fokussiert trainieren, passieren nach ca. sechs Wochen die ersten coolen KDS-Erlebnisse (siehe Seite 13). Nach zwölf Wochen werden die Ergebnisse oft dramatisch besser. Rechne es aus: Das sind 22,5 Stunden Trainingszeit in zwölf Wochen. Aber manche Menschen brauchen doppelt so lang. Und manche müssen erst ihren Stoffwechsel heilen, bevor ein Change möglich ist.

STICHWORT ERNÄHRUNG. WIE KANN ICH MEINEN STOFFWECHSEL VERBESSERN?

Diese Frage wäre ein paar Doktorarbeiten wert. Einfache Antwort zum Starten: Tests/Re-Tests. Teste: Messe deine Körperbasaltemperatur und deinen Puls am Morgen vor dem Aufstehen im Bett. Alles, was Körpertemperatur und Puls erhöht, ist gut. Mehr davon. Ab und zu gebe ich Online-Seminare dazu, siehe Seite 156.

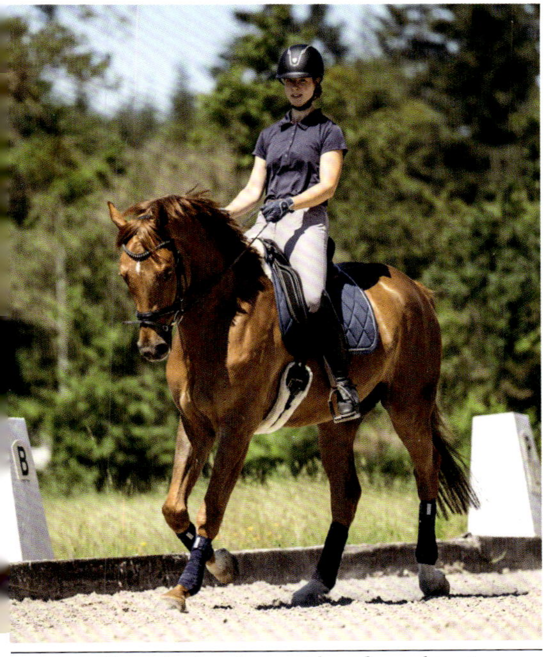

Happy brain – happy rider – happy horse!

SCHLUSSWORT

Dieses Buch ist eine gute Trainingsstarthilfe für dich und zeigt, wie der Einstieg in das sehr umfassende Repertoire des Neuro-Rider-Trainings gelingen kann. Es ist ein guter Anfang. Doch wir kennen es ja: Der Anfang ist nicht immer so einfach. Vielleicht hast du dein Training begonnen, aber dann kam irgendetwas dazwischen und du hast nicht weitergemacht. Wusstest du, dass die meisten Menschen mehr als acht Versuche brauchen, um sich eine neue Verhaltensweise wie regelmäßiges Training anzugewöhnen? Ich finde das tröstend. Es zeigt, dass es normal ist, zu scheitern. Also, kein Problem. Aber: Bitte analysiere vor dem Neustart, wie und wann du dein Training anders organisieren kannst, mache dir einen neuen, besseren Plan und dann: Starte einfach neu! Zum Schluss habe ich noch ein Geschenk für dich, es ist mir wichtig, dass du es bekommst und benutzt: Ich schenke dir einen kompakten Videokurs für das neue Neuro-Rider Warm-up. Es ist das beste Warm-Up für Reiter für den perfekten Einstieg in dein Training und in jede Reitstunde. Mit diesem Warm-Up wirst du sofort ein neues Reitgefühl haben: geschmeidiger sitzen, präziser einwirken und in eine neue Dimension in der Kommunikation mit deinem Pferd eintauchen. Hole es dir am besten gleich ab unter unter www.neuro-rider.com/warmup

Alles Gute – viel Spaß und tolle Stunden beim Reiten!

Marc Nölke

SERVICE

NÜTZLICHE ADRESSEN

Neuro Rider – Marc Nölke
Mail: info@marcnoelke.de
www.neuro-rider.com
Instagram:
neurorider.official und noelkemarc

Alexandra Kappes
Neuro-Rider- und EM-Trainerin
Mail: alexandra.kappes@t-online.de
Instagram: reiten_und_bewegen

Reitsimulator Sir Waldo
Mail: info@reitsimulator-walldorf.de
www.reitsimulator-walldorf.de

Deutsche Reiterliche Vereinigung (FN)
Mail: fn@fndokr.de
www.pferdaktuell.de

Bundesvereinigung der Berufsreiter im Deutschen Reiter- und Fahrer-Verband e. V.
Mail: geschaeftsstelle@berufsreiterverband.de
www.berufsreiter.com

Vereinigung der Freizeitreiter und -fahrer in Deutschland (VFD)
Mail: vfd@vfdnet. de
www.vfdnet.de

Österreichischer Pferdesportverband (OEPS)
Mail: office@oeps.at
www.oeps.at

Schweizerischer Verband für Pferdesport (SVPS)
Mail: info@fnch.ch
www.fnch.ch

Schweizer Freizeitreitverband (SFRV)
Mail: info@sfrvasel.ch
www.sfrvasel.ch

ZUM WEITERLESEN

Charles, Iris: **Fit aufs Pferd**, Kraft, Koordination, Körperspannung, KOSMOS 2021
Nicht nur das Pferd, auch der Reiter im Sattel braucht eine gewisse Fitness, um zusammen mit dem vierbeinigen Partner eine optimale Leistung zu erzielen. Die Sportpädagogin und Reitlehrerin Iris Charles zeigt, wie man Sitzfehler und Reitprobleme erkennt, richtig einschätzt und gezielt durch einfache und effiziente Übungen überwindet. Die individuellen Work-outs stärken Reitermuskeln, verbessern Körpergefühl und Balance und machen den ganzen Körper locker und beweglich.

Jones, Janet: **Horse Brain – Human Brain**, Erkenntnisse aus der Neurowissenschaft; KOSMOS 2022
Die Hirnforscherin und erfolgreiche Trainerin Janet Jones erklärt leicht verständlich und aus der Praxis heraus gedacht, welche Gemeinsamkeiten und Unterschiede es in Aufbau und Funktion des Gehirns bei Mensch und Pferd gibt und wie wir dieses Wissen anwenden, um ohne Missverständnisse mit dem Pferd zu kommunizieren, Ausbildung/Training effizient und lösungsorientiert zu gestalten und die Welt mit den Augen des Pferdes zu sehen.

Masterson, Jim, mit Reinhold, Stefanie: **Körperarbeit für Pferde**; Locker, entspannt, gelöst mit der Masterson-Methode; Edition WuWei 2018
Jim Masterson löst mit seiner Art der Körperarbeit und Massage tiefe Verspannungen beim Pferd und bringt es in einen ganzheitlich entspannten Zustand. In vielen Detailaufnahmen werden die einzelnen Handgriffe und speziellen Anwendungsgebiete gezeigt, sodass jeder Reiter sein Pferd individuell behandeln kann. So lockern sich körperliche und seelische Spannungen, und als zusätzlicher positiver Nebeneffekt vertieft sich die Beziehung des Menschen zu seinem Pferd.

Meyners, Eckart: **Aufwärm- und Übungsprogramm für Reiter**; KOSMOS 2015
Reiter sind Athleten, aber ihr Sport unterscheidet sich von allen anderen Disziplinen. Beim Reiten geht es um Balance, um das richtige Gefühl und Geschmeidigkeit. Eckart Meyners hat ein spezielles Aufwärm-, Fitness- und Bewegungsprogramm entwickelt, mit dem Reiter das Beste aus ihrem Körper herausholen können.

Meyners, Eckhart: **Wie bewegt sich der Reiter?**, Bewegungsabläufe verstehen Sitz & Hilfengebung verbessern; KOSMOS 2016
Der Bewegungsexperte Eckhart Meyners gibt einen Überblick über die Anatomie des Reiters auf Basis neuester wissenschaftlicher Erkenntnisse und macht verständlich, was beim Reiten im Körper passiert. Er schlägt Faszienübungen vor, die helfen sollen Haltung, Fitness und Beweglichkeit zu verbessern. Auch als E-Book erhältlich.

Meyners, Eckart: **Reiten mit Franklin-Bällen**, Mit neuer Beweglichkeit zum besseren Sitz; KOSMOS 2017
Reiten mit Franklin-Bällen bringt jeden Reiter aus starren Formen und führt zu vielfältigen Bewegungsmustern. Reiter erleben, wie sie lockerer auf dem Pferd sitzen und wie ihre Hilfengebung effektiver wird. Bewegungsexperte Eckart Meyners erklärt das Reiten mit Franklin-Bällen anhand von Übungen: die Wirkungen, welche Bälle und Rollen sich für welche Körperbereiche eignen, was dabei im Körper passiert und gibt zusätzlich wichtige Informationen über Faszien und Leitbahnen. Auch als E-Book erhältlich.

Nölke, Marc: **Long Covid Training**, Mit Neuroathletik schneller regenerieren; herbig 2021
Mit diesem Buch lernen Betroffene, wie sie die wichtigsten neurologischen Zusammenhänge erkennen können und bekommen eine Step-by-Step-Anleitung samt Übungen und Tests, mit der sie ihr Long-Covid-Training beschleunigen und die Nachwirkungen der Erkrankung schneller eindämmen können.

Obst, Katrin: **Fitnessstudio für mein Pferd**; KOSMOS 2018
Faszientraining, Muskelaufbau, Balance und Koordination – mit diesem umfassenden und abwechslungsreichen Physioprogramm für Pferde gelingt es, Verspannungen, Rückenleiden und anderen Beschwerden gezielt vorzubeugen. Das Ganzkörpertraining der erfahrenen Pferde-Physiotherapeutin Katrin Obst stärkt die Tiefenmuskulatur, verbessert die Beweglichkeit und hilft, Blockaden und Muskelprobleme zu vermeiden. Auch als E-Book erhältlich.

Rolmanis, Debbie, **Biomechanik für den Reiter**, Gute Bewegungen – gutes Reiten; KOSMOS 2022
Haben Sie mit Rückenschmerzen, mangelnder Beweglichkeit oder einer Reithaltung zu kämpfen, die sich nicht verbessern will? Dieser Ratgeber zeigt Ihnen, was Ihre Steifheiten verursacht und durch welche Bewegungsabläufe Sie diese Unannehmlichkeiten hinter sich lassen können.

REGISTER

009
Hier findest du die ausführliche Quellen-Liste.

BILDNACHWEIS

Mit 330 Fotos von Anna Auerbach/KOSMOS, die für dieses Buch angefertigt wurden. Mit drei Grafiken von KOSMOS Kartografie, Stuttgart (Seite 18), Atelier Krohmer (Seite 49) und acht Zeichnungen von Cornelia Koller/KOSMOS (Seite 13, 15, 20, 35, 38, 44, 45, 63).

IMPRESSUM

Umschlaggestaltung von Gramisci Editorialdesign, Isabelle Fischer, München unter Verwendung von zwei Fotos von Anna Auerbach/KOSMOS.

Mit 330 Farbfotos und 8 Illustrationen

Alle Angaben und Methoden in diesem Buch sind sorgfältig recherchiert, erwogen und geprüft. Sie entbinden den Pferdefreund nicht von der Eigenverantwortung für sein Tier und sich selbst. Die Anwendung der beschriebenen Methoden liegt in eigener Verantwortung. Der Verlag und der Autor übernehmen keine Haftung für Personen-, Sach- oder Vermögensschäden, die aus der Anwendung der vorgestellten Materialien und Methoden entstehen.

Unser gesamtes Programm finden Sie unter **kosmos.de**.
Über Neuigkeiten informieren Sie regelmäßig unsere Newsletter, einfach anmelden unter **kosmos.de/newsletter**

Gedruckt auf chlorfrei gebleichtem Papier

ISBN 978-3-440-17225-4
Redaktion: Gudrun Braun
Gestaltungskonzept: Peter Schmidt Group GmbH, Hamburg
Gestaltung und Satz: Atelier Krohmer, Dettingen/Erms
Produktion: Claudia Frank
Druck und Bindung: Westermann Druck Zwickau GmbH, Zwickau
Printed in Germany / Imprimé en Allemagne

FSC
www.fsc.org
MIX
Papier aus verantwortungsvollen Quellen
FSC® C110508